主　　编　孙晓勇　国家法官学院院长

　　　　　　　　　最高人民法院司法案例研究院院长

副 主 编　彭永和　最高人民法院司法案例研究院副院长

　　　　　刘　畅　最高人民法院司法案例研究院规划部主任

　　　　　黄　斌　国家法官学院科研部负责人

主编助理　边疆戈　国家法官学院科研部编辑

　　　　　赵文轩　最高人民法院司法案例研究院规划部编辑

　　　　　刘丽媛　最高人民法院司法案例研究院规划部编辑

《中国法院年度案例》编辑人员（按姓氏笔画）

刘　畅　朱建伟　朱　琳　李晓果　杨小利

罗胜华　胡　岩　赵文轩　唐世银　袁登明

曹海荣　梁　欣　程　瑛

本书编审人员　胡　岩

中国法院

2021年度案例

国　家　法　官　学　院
最高人民法院司法案例研究院◎编

侵权赔偿纠纷

中国法制出版社
CHINA LEGAL PUBLISHING HOUSE

《中国法院年度案例》通讯编辑名单

序

党的十八大以来，以习近平同志为核心的党中央高度重视法治在推进国家治理体系和治理能力现代化中的重要作用，中央全面依法治国工作会议更是明确习近平法治思想在全面依法治国中的指导地位，为全面依法治国提供了根本遵循和行动指南。近年来，人民法院始终将加强司法案例研究作为推进全面依法治国的重要途径，通过发布具有普遍指导意义的典型案例，统一法律适用、提高审判质量，不断推进人民法院严格公正司法。《中国法院年度案例》丛书，旨在完善中国特色案例指导制度，总结提炼典型案例的裁判规则和裁判方法，发挥司法规范、指导、评价、引领的重要作用，大力弘扬社会主义核心价值观，增强全民法治意识和法治素养，展现新时代我国法治建设新成就。

《中国法院年度案例》丛书自2012年编辑出版以来，已连续出版9套，受到读者广泛好评。近年来，为更加全面地反映我国司法审判执行工作的发展进程，顺应审判执行实践需要，响应读者需求，丛书2014年度新增金融纠纷、行政纠纷、刑事案例3个分册，2015年度将刑事案例调整为刑法总则案例、刑法分则案例2个分册，2016年度新增知识产权纠纷分册，2017年度新增执行案例分册，2018年度将刑事案例扩充为4个分册。自2020年起，丛书由国家法官学院与最高人民法院司法案例研究院共同编辑，每年年初定期出版。在全国各级人民法院的大力支持下，丛书编委会现编辑出版《中国法院2021年度案例》系列丛书，共23册。

《中国法院年度案例》丛书以开放务实的态度、简洁明快的风格，在编辑中坚持以下方法，努力把案例书籍变得“好读有用”：一是高度提炼案例内容，控制案例篇幅，每个案例基本在3000字以内；二是突出争议焦点，剔除无效信息，尽可能在有限的篇幅内为读者提供有效、有益的信息；三是注重对裁判文书的再加工，大多数案例由案件的主审法官撰写“法官后语”，高度提炼、总结案例的指导价值，力求引发读者思考，为司法工作提供借鉴，为法学研究提供启迪。

《中国法院年度案例》丛书编辑工作坚持以下原则：一是广泛选编案例。国家法官学院和最高人民法院司法案例研究院每年通过各高级人民法院从全国各地法院汇集上一年度审结的典型案例近万件，使该丛书有广泛的精选基础，优中选优，可提供给读者新近发生的全国各地多种类型的典型性案例。二是方便读者检索。为体现以读者为本，丛书分卷细化，每卷下还将案例主要根据案由分类编排，每个案例用一句话概括裁判规则、裁判思路或焦点问题作为主标题，让读者一目了然，迅速找到目标案例。

中国法制出版社始终全力支持《中国法院年度案例》丛书的出版，给了作者和编辑们巨大的鼓励。2021年，丛书将继续提供数据库增值服务。购买本书，扫描前勒口二维码，即可在本年度免费查阅往年同类案例数据库。我们在此谨表谢忱，并希望通过共同努力，逐步完善，做得更好，真正探索出一条编辑案例书籍、挖掘案例价值的新路，更好地服务社会主义法治国家建设、服务法治社会建设、服务学习研究法律的读者。

《中国法院年度案例》丛书既是法官、检察官、律师等法律工作者的办案参考和司法人员培训的实用教材，也是社会大众学法用法的经典案例读本，同时是教学科研机构案例研究的良好系列素材。当然，案例作者和编辑在编写过程中也难以一步到位实现最初的编写愿望，客观上会存在各种不足甚至错误，欢迎读者批评指正。我们愿听取各方建议，不断扩宽深化司法案例研究领域，实现中国特色案例研究事业的新发展。

国家法官学院

最高人民法院司法案例研究院

2021年2月22日

目　录

Contents

一、产品责任

二、医疗损害责任

三、教育机构责任

四、违反安全保障义务责任

五、环境污染责任

六、高度危险责任

七、饲养动物损害责任

八、财产损害责任

九、承揽定作损害责任

十、其　他

一、产品责任

1

产品存在警示缺陷，生产者应当承担责任

——曹某诉坤发公司、领途公司产品责任案

【案件基本信息】

1. 裁判书字号

江苏省连云港市中级人民法院（2019）苏07民终2071号民事判决书

2. 案由：产品责任纠纷

3. 当事人

原告（被上诉人）：曹某

被告（被上诉人）：坤发公司

被告（上诉人）：领途公司

【基本案情】

2017年10月6日，曹某在坤发公司购买了一辆蓄电池观光车，该车由领途公司生产。该车辆附有合格证，发证日期为2017年9月18日，车辆名称为低速电动汽车，载明“本产品经过检验，准予出厂，特此证明”。2017年10月18日，案涉车辆在保险公司投保了非机动车第三者责任保险，保险期限为2017年10月18日至2018年10月17日。每次事故责任限额为12.2万元，其中：（1）死亡责任限额为11万元；（2）人伤责任限额为1万元，其中包括医疗费、伙食补助费、营养费、误工费、护理费、伤残赔偿金、交通费；（3）财产损失责任限额为2000元。

2017年12月27日，曹某驾驶案涉车辆发生交通事故，交警部门出具事故认定书，其主要内容为：1.2017年12月27日7时41分，在连云港市海州区解放东路龙河路口，曹某无机动车驾驶证，驾驶未经公安机关登记的微型客车，沿龙河路由北向东左转行驶至事故地点，遇行人正在通过人行横道时未停车让行。该车撞到由北向南步行的张某，造成张某受伤。曹某负事故全部责任，张某无责任。2.2017年12月27日8时3分，在连云港市海州区解放东路龙河路口，曹某驾驶微型客车与行人张某发生交通事故后，曹某未按照操作规范驻车，滞留在车中的乘车人袁某（2011年4月8日出生）误操作致微型客车再次前行，碾轧张某身体，造成张某受伤。曹某负事故全部责任，张某无责任。事故发生后，曹某赔偿张某111360元。曹某认为，领途公司隐瞒涉案车辆的机动车属性，以非机动车生产销售，该类车辆属于非标车、拼装车，性能不合格，故向法院提起诉讼，要求领途公司承担赔偿责任。

【案件焦点】

1. 生产者生产的产品有合格证，是否可以排除生产者的产品存在缺陷，继而阻断侵权责任法中生产者承担的缺陷产品的无过错责任；2. 如果生产者需要承担缺陷产品的无过错责任，具体赔偿数额应如何进行考量。

【法院裁判要旨】

江苏省连云港市海州区人民法院经审理认为：《中华人民共和国侵权责任法》① 第四十一条规定，因产品存在缺陷造成他人损害的，生产者应当承担侵权责任；第四十二条第一款规定，因销售者的过错使产品存在缺陷，造成他人损害的，销售者应当承担侵权责任。缺陷是指产品存在危及人身、他人财产安全的不合理的危险。

交警部门对案涉车辆的认定结论为微型客车，属于机动车范畴。这足以证明案涉车辆本应属于机动车，但领途公司却将此类车作为非机动车生产并对外销售，让消费者误以为其不需要具备机动车驾驶证即可以驾驶该车。领途公司作为生产者，在产品警示说明方面存在缺陷，误导了作为消费者的曹某。曹某驾驶该车上路后，

---

① 《中华人民共和国民法典》于2021年1月1日起实施，《中华人民共和国侵权责任法》《中华人民共和国民法总则》等同时废止。本书收录的案例均裁判于《中华人民共和国民法典》生效前，适用的是当时有效的法律规定，下文将不再对此进行提示。

会对公共安全造成隐患，可以认定该车是有缺陷的产品。这种缺陷与本案事故之间具有一定的因果关系，领途公司应承担相应赔偿责任。

领途公司作为生产者，承担的是无过错责任。如何认定其赔偿数额是本案争议的焦点，应从以下四个方面进行考量：第一，曹某向受害人张某的赔偿数额；第二，案涉车辆投保的非机动车第三者责任保险的理赔数额；第三，曹某在行驶过程中未尽到审慎注意义务，对前方道路及行人情况注意不足，“遇行人正在通过人行横道时，未停车让行”，故对事故发生，其自身过错是主要原因；第四，案涉车辆产品缺陷与本案事故之间具有一定的因果关系。综上，酌定领途公司赔偿曹某损失的20%，计22272元（111360元×20%）。

江苏省连云港市海州区人民法院依照《中华人民共和国侵权责任法》第六条第一款、第七条、第四十一条、第四十二条、第四十三条的规定，判决如下：

一、领途公司于本判决生效后十日内赔偿曹某22272元；

二、驳回曹某的其他诉讼请求。

二审法院同意一审法院裁判意见。

【法官后语】

在大生产、大消费的现代社会，产品质量、产品安全与每个人的利益息息相关。产品责任是指缺陷产品造成他人损害时，该缺陷产品的生产者、销售者应当承担的侵权责任。产品责任不以侵权人与被侵权人之间是否存在合同关系为前提。作为合同责任的瑕疵担保责任，是指因产品的质量不符合合同的约定或法律的规定时，产品的销售者应承担的违反合同的民事责任。

通过对本案的事实分析，是侵权责任还是合同责任，存在请求权竞合。在当事人选择侵权责任后，如何认定侵权责任构成要件成为本案的焦点。生产方生产的车辆，有相应的合格证，符合相应的国家标准等，该车辆是否存在缺陷？笔者认为：

1. 肇事电动车存在设计缺陷

领途公司生产的产品已经和机动车相差无几，这无疑是置电动车的使用者和行人于危险境地。因为整车质量、额定输出功率、最高车速变大后，电动车的危险性就会随之变大：按照物理学原理，质量越大、额定输出功率越高、车速越快，则车辆的惯性就越大、制动就越难。危险越大，对驾驶人的要求就越高。无驾驶证的人员在驾驶超标电动车时必然会出现大大小小的操作问题，影响行车安全。生产者在设计产品时理应考虑到其产品的使用者大部分为无驾驶证人员的情况，从而尽量将电动车的各项性能控制在国家标准范围内，以免给使用人和行人造成不必要的危险，但其设计出来的产品所具备的性能却已经达到机动车的程度，所以可以认定生产者在设计中存在缺陷。

2. 肇事电动车存在警示缺陷

不管超标电动车是否属于机动车，其实际性能与机动车接近都是不争的事实。生产者明知其生产的电动车性能超标，无驾驶证的人员驾驶时可能存在危险，就应当采取醒目的方式提醒驾驶者注意。但本案中，领途公司没有做到这一点。

综上所述，领途公司的产品存在缺陷在一定程度上与事故的发生存在因果关系，故其理应承担相应的责任。考虑到产品超标属于事故发生的间接原因，故法院酌情确定其承担20%的赔偿责任。

编写人：江苏省连云港市海州区人民法院　张海

2

产品销售者责任取决于销售者过错程度、购买者的性质

——鑫宇飞翔公司诉勇记水产公司产品销售者责任案

【案件基本信息】

1. 裁判书字号

北京市第二中级人民法院（2019）京02民终7855号民事判决书

2. 案由：产品销售者责任纠纷

3. 当事人

原告（被上诉人）：鑫宇飞翔公司

被告（上诉人）：勇记水产公司

【基本案情】

鑫宇飞翔公司于2018年2月3日至2月6日从勇记水产公司处购买江团鱼。勇记水产公司盖章确认的签收单显示2月6日勇记水产公司向鑫宇飞翔公司销售江团鱼316斤。

2018年4月23日，北京市丰台区食品药品监督管理局对北京奇鱼夫烤鱼店作出（京丰）食药监食罚（2018）100199号《行政处罚决定书》，确定违法事实为：2018年2月6日，北京市丰台区食品药品监督管理局委托谱尼测试集团股份有限公司对你单位销售的江团鱼（购进日期：2018年2月6日）进行了抽样检验；2018年3月2日，谱尼测试集团股份有限公司出具了检验报告。经抽样检验，你单位销售的江团鱼所检项目中孔雀石绿项目不符合农业部第235号要求，检验结论为不合格。经查，2018年2月6日，你单位从鑫宇飞翔公司以16.5元/斤的价格购进11斤江团鱼，总购进价格为181.5元。截至2018年3月21日，该批次江团鱼全部销售完毕，其中6斤以16.5元/斤的价格销售给了检测机构。剩余5斤以68元/斤的价格销售给了顾客。销售总价格为439元。你单位经营上述食品货值金额181.5元，获违法所得439元。对你单位给予以下行政处罚：1. 警告；2. 没收违法所得439元；3. 罚款30000元。北京奇鱼夫烤鱼店缴纳了上述罚没款。2018年5月18日，北京市丰台区食品药品监督管理局对鑫宇飞翔公司作出（京丰）食药监食罚（2018）070248号《行政处罚决定书》，确定违法事实为：2018年3月13日，我局接到谱尼测试集团股份有限公司出具的检验报告，当事人销售的江团鱼孔雀石绿项目不符合农业部公告第235号标准要求，检验结论为不合格。2018年2月6日，鑫宇飞翔公司以16元/斤的价格从勇记水产公司采购了316斤江团鱼并以18元/斤的价格对外销售。2018年3月13日，执法人员现场对当事人经营场所进行检查，抽检批次江团鱼全部销售（其中11斤销售给北京奇鱼夫烤鱼店，剩余全部销售给个人）完毕，当事人经营的货值金额共计5688元，获违法所得5688元，无违法经营的专用工具及设备。该局最终给予鑫宇飞翔公司以下行政处罚：1. 警告；2. 没收违法所得5688元；3. 罚款100000元。鑫宇飞翔公司缴纳了上述罚没款。

庭审中，鑫宇飞翔公司为证明其损失，向法庭提交了律师费发票、江团鱼召回公告，其被北京奇鱼夫烤鱼店扣除了货款15000元的调解纠纷协议、收据等。勇记水产公司对上述证据均不认可。勇记水产公司主张其提供给鑫宇飞翔公司的江团鱼均是合格产品，对此其提交了询问笔录、检测报告。

【案件焦点】

1. 勇记水产公司是否应对鑫宇飞翔公司承担产品销售者责任；2. 勇记水产公司的责任程度。

【法院裁判要旨】

北京市丰台区人民法院经审理认为：销售者应当销售质量安全合格的产品。销售者既不能指明缺陷产品的生产者也不能指明缺陷产品的供货者的，销售者应当承担赔偿责任。因产品存在缺陷造成人身、他人财产损害的，受害人可以向产品的生产者要求赔偿，也可以向产品的销售者要求赔偿。根据本案查清的事实以及（京丰）食药监食罚（2018）070248 号《行政处罚决定书》所确定的事实，鑫宇飞翔公司于 2 月 6 日从勇记水产公司购入江团鱼，鑫宇飞翔公司又向案外人北京奇鱼夫烤鱼店出售了该江团鱼，后被抽样检验为不合格。鑫宇飞翔公司从勇记水产公司购入的江团鱼被北京市丰台区食品药品监督管理局检出孔雀石绿项目不符合相关要求，导致没收违法所得及罚款合计 105688 元，故鑫宇飞翔公司有权向销售者即勇记水产公司主张相应的侵权责任。但鑫宇飞翔公司在进货时没有尽到谨慎审查义务，亦应对损害后果承担一定责任。勇记水产公司虽提交了检测报告和询问笔录，但检测报告系其单方委托所作，而询问笔录是其单方面陈述，无法形成证据链推翻行政处罚决定书调查所确定的事实。故勇记水产公司关于涉案江团鱼是从其他处购买的辩解，于法无据，法院不予采信。关于赔偿的数额，鑫宇飞翔公司缴纳的罚没款项 105688 元以及其向案外人北京奇鱼夫烤鱼店承担的 15000 元属于鑫宇飞翔公司的合理损失范围，勇记水产公司应当赔偿，具体的赔偿数额由法院根据双方过错程度予以确定。鑫宇飞翔公司要求的律师费和其他经济损失，没有依据，法院对其该部分诉讼请求不予支持。

北京市丰台区人民法院依照《中华人民共和国侵权责任法》第四十二条、第四十三条之规定，判决如下：

一、勇记水产公司于本判决生效之日起七日内赔偿鑫宇飞翔公司经济损失 60344 元；

二、驳回鑫宇飞翔公司其他诉讼请求。

勇记水产公司不服一审判决，提起上诉。北京市第二中级人民法院经审理认为：本案一、二审过程中勇记水产公司均未提供证据证明案涉江团鱼为检测合格产品，勇记水产公司作为案涉质检不合格江团鱼的供货者应对鑫宇飞翔公司的损失承担赔偿责任，一审法院结合鑫宇飞翔公司缴纳的罚没款项及向案外人承担的赔偿责任确定勇记水产公司承担的赔偿金额并无不当，予以维持。

北京市第二中级人民法院依照《中华人民共和国民事诉讼法》第一百七十条第一款第一项规定，判决如下：

驳回上诉，维持原判。

【法官后语】

民以食为天，食以安为先。食品安全关系国计民生。因产品存在缺陷造成他人损害的，生产者应当承担侵权责任。销售者既不能指明缺陷产品的生产者也不能指明缺陷产品的供货者的，销售者应当承担侵权责任。

关于产品责任的主体。从《中华人民共和国产品质量法》《中华人民共和国民法典》可以看出，我国立法对生产者和销售者作为责任主体的规制是一致的，且二者在产品赔偿责任中承担的是不真正连带责任。

关于产品责任的归责原则。因产品缺陷危及他人人身、财产安全的，被侵权人有权请求生产者、销售者承担排除妨碍、消除危险等侵权责任。销售者与生产者对消费者承担的是无过错责任，即消费者在因产品缺陷危及其人身或财产安全时，既可以请求生产者承担侵权责任亦可以请求消费者承担侵权责任，无需证明二者存在过错。但销售者与生产者之间的内部归责原则不同，销售者承担的是过错责任，生产者承担的是无过错责任。

考虑产品销售者责任时，应当着重审查销售者的过错程度、购买者的性质。

其一，销售者的过错程度。如是否因销售者的过错使产品存在缺陷，食品销售者是否尽到严格审查义务。本案中，被告勇记水产公司系销售者，应当销售安全合格的产品。根据《中华人民共和国产品质量法》第十二条规定，产品质量应当检验合格，不得以不合格产品冒充合格产品。《中华人民共和国食品安全法》第五十三条第一款规定，食品经营者采购食品，应当查验供货者的许可证和食品出厂检验合格证或者其他合格证明。勇记水产公司称其出售给鑫宇飞翔公司的江团鱼质量均合格，但其未通过相关质检部门对案涉江团鱼进行的检测，产品售出时亦未向鑫宇飞翔公司提供相关质量检测报告，勇记水产公司作为案涉质检不合格江团鱼的供货者应对鑫宇飞翔公司的损失承担赔偿责任。

其二，购买者的性质。法院在审查时，应当考虑，购买者系普通消费者，还是食品销售企业。本案中，勇记水产公司并非把产品直接销售给消费者，而是批发销售给了食品经营企业。鑫宇飞翔公司系法人企业，经营范围包含销售食品，那么其作为食品经营者，采购食品，应当查验供货者的许可证和食品出厂检验合格证或者其他合格证明。鑫宇飞翔公司并未履行相应义务查验食品检验合格证，应当承担部分过错。本案双方作为食品经营销售者，均未尽到严格审慎义务，故应当各自承担50%的责任。

编写人：北京市丰台区人民法院　刘畅

3

食品领域惩罚性赔偿的证明标准

——刘某诉绿岛公司产品责任案

【案件基本信息】

1. 裁判书字号

重庆市第五中级人民法院（2019）渝05民终2362号民事判决书

2. 案由：产品责任纠纷

3. 当事人

原告（被上诉人）：刘某

被告（上诉人）：绿岛公司

【基本案情】

2015年10月至2017年4月，刘某分七次在天猫网络平台购买了绿岛公司生产的冻干松茸71盒，共计支付货款10100元。产品注明了企业标准，保质期为12个月。

随后刘某分别于2015年10月11日、2016年1月4日、2016年7月18日、2018年1月22日，四次委托中国商业联合会产（商）品质量监督检测中心（重庆）、英格尔检测技术服务（上海）有限公司、奥测世纪（天津）技术有限公司对其中4个生产批次中的4盒商品样本进行总砷成分检测。检测结论：总砷含量分别为19.4mg/kg、18.2mg/kg、64.34mg/kg、23.2mg/kg。

另查明，绿岛公司2009年企业标准规定：总砷（以As计），指标≤1.0mg/kg；2014年企业标准规定：总砷（以As计），指标≤0.5mg/kg。2016年1月1日实施的四川省地方标准DB51/T 2091—2015《松茸鲜品》规定：总砷（以As计），要求≤0.5mg/kg。原国家卫生部发布实施的《食品安全国家标准食品中污染物限量》（GB 2762—2012）中有如下规定：食用菌及其制品总砷（以As计），指标限量为0.5 mg/kg 。

刘某购买涉案产品后，未向市场执法部门举报并封存样本。其购买后未通知销售者、生产者产品质量问题和检验情况，起诉前也未曾索赔。刘某于2017年7月7日起诉至重庆市巴南区人民法院，以绿岛公司生产不符合食品安全标准的食品为由，要求退还货款并十倍赔偿101000元。绿岛公司以检测为刘某单方委托不应采信、GB 2762—2012不适用于松茸及其制品等理由进行抗辩。在一审诉讼中，绿岛公司申请对涉案产品总砷含量进行司法鉴定，但产品均已经超过保质期，无法鉴定，司法鉴定委托被鉴定机构退回。

【案件焦点】

1. 诉前刘某单方委托的检测结论是否应作为认定不符合食品安全标准的依据；2. 刘某对部分产品委托鉴定得到的检测结论，能否适用到其购买的所有产品；3. 因商品超过保质期导致绿岛公司应诉后无法进行司法鉴定的责任。

【法院裁判要旨】

重庆市巴南区人民法院经审理认为：刘某所购的松茸制品为绿岛公司生产。根据刘某委托鉴定的结果，总砷含量均明显超过国家食品安全标准的限值，因此对刘某主张涉案产品超过《食品中污染物限量》国家标准的意见予以采纳，即涉案食品应当认定为不符合食品安全标准的食品。绿岛公司未提供证据证明涉案产品在质保期内符合国家标准，应承担举证不能的不利后果。

重庆市巴南区人民法院依照《中华人民共和国食品安全法》第一百四十八条之规定，判决如下：

绿岛公司十倍赔偿刘某101000元。

绿岛公司不服，提起上诉。重庆市第五中级人民法院经审理认为：单方委托鉴定是否具有法律效力，应当根据鉴定可能引起的法律后果的严重程度，鉴定对象的稳定性、可靠性程度，对象被作假的可能性大小等问题进行具体分析。凡有被篡改、伪造的可能性的，鉴定对象均应当经过双方确认，共同封存，共同移交。涉案产品有其科学上的鉴定程序与方法，对于一方当事人的鉴定行为，另一方当事人有进行陈述和监督的权利。

刘某委托鉴定4盒产品，其鉴定结论在法律效力上不能推定适用于同日生产的产品，更不能推定适用于其他生产批次的产品。刘某委托鉴定部分产品，并非按照国家对抽检的要求进行。生产者既可以要求检验刘某质疑的全部产品，也可以同意只检验部分产品代表全部产品。干松茸的原材料来源复杂，每一包的成分含量可能均不相同，缺乏类推适用鉴定结论的基础。

本案中刘某购买产品后随即委托鉴定，但其迟迟未告知生产者与销售者，使对方无法采取措施形成反驳证据。刘某亦未尽快起诉至人民法院，导致绿岛公司在诉讼中委托司法鉴定时，产品因超过保质期而客观上无法再进行司法鉴定。刘某拖延主张权利导致产品过期无法进行再次鉴定，其行为的目的就是妨害对方完成反证证明责任，应当由其承担不利后果。

重庆市第五中级人民法院依照《中华人民共和国民事诉讼法》第六十四条、第一百七十条第一款第一项规定，判决如下：

一、撤销重庆市巴南区人民法院（2017）渝0113民初9580号民事判决；

二、驳回刘某的诉讼请求。

【法官后语】

本案主要涉及两个法律问题：一是十倍惩罚性赔偿的证明标准；二是消极妨碍证明的法律后果。

《中华人民共和国食品安全法》规定，生产或明知而销售不符合食品安全标准食品的，应承担退一赔十的惩罚性民事责任。十倍惩罚性赔偿的民事责任是我国法律最严的民事责任，证明食品不符合国家食品安全标准，应当达到确实充分、排除合理怀疑的程度，而不能适用民事诉讼通常的高度可能性证明标准。

民事诉讼中的证明标准应当根据个案具体案情和法律后果的严重程度予以具体确定，司法实践中对不同事实要件的证明标准有不同要求，这已成为共识。在食品消费者主张惩罚性赔偿的案件中，对不同事实要件的证明标准应有所区别。关于双方是否具有买卖合同关系、消费关系的事实，可以凭借网购记录、付款凭据等证据证明，其证明标准为通常的高度盖然性标准。但惩罚性赔偿特别是十倍惩罚性赔偿中的关键事实要件，即“不符合国家食品安全标准”，应当达到确实充分的证明标准。认定产品不符合国家食品安全标准的事实，应当达到排除合理怀疑的程度。同样，应根据产品本身的性质和高度工业化程度的不同，决定是否可以采取取样抽检代表同批次或不同批次产品的证明方法。因环境差异，野生食用菌类的总砷成分含量各不相同，不能采用抽检方式证明同批次甚至其他批次产品的成分，不宜适用一般高度盖然性证明标准。

食品领域十倍惩罚性赔偿要求刘某对关键事实的证明达到确实充分的程度，符合权利与义务对等、行为与责任相适应的原则。刘某诉前虽委托 4 次鉴定，但均为其单方委托，样本未经对方共同封存或由权威第三方第一时间封存，其真实性存疑。松茸属于初级加工农产品，其成分含量因土壤环境而异，不同于高度雷同的工业食品。因此，除双方同意抽样检验的方法外，一个单位检验结论不能推定适用于该批次全部产品，更不能类推适用于其他批次的产品。一审判决仅仅以 4 个批次中的 4 盒产品检验结论，适用于 7 个批次的 71 盒产品，显然不妥。

妨害证明是以作为或不作为方式，阻碍对方完成本证证据或反驳证据的提出的行为。本案中刘某自 2015 年即开始陆续购买产品，分期检测。但其既不告知销售者或生产者，也不及时起诉，导致诉讼时产品过期无法进行司法鉴定，使对方不能形成反驳证据。此种行为为消极妨碍证明的行为，应当由行为人承担不利的证明后果，以防止当事人通过不正当手段损害企业合法权利。该案二审判决在消费者权利和企业正当权利之间努力寻找平衡点，有一定的借鉴意义。

编写人：重庆市第五中级人民法院　胡智勇　李艺

4

汽车销售领域消费欺诈及其赔偿金额的司法认定

——罗某诉龙康公司产品责任案

【案件基本信息】

1. 裁判书字号

湖北省武汉市中级人民法院（2019）鄂01民终5919号民事判决书

2. 案由：产品责任纠纷

3. 当事人

原告（上诉人）：罗某

被告（被上诉人）：龙康公司

【基本案情】

2017年7月18日，罗某、龙康公司签订新车销售合同一份，约定罗某以23.39万元的价格从龙康公司处购买一辆小汽车，赠送项目包括原厂行车记录仪等。罗某于当日向龙康公司缴纳了订金1万元。罗某在购车咨询时，龙康公司销售人员方某向其介绍该车带防爆轮胎和云功能。2017年9月14日，罗某向龙康公司支付了尾款22.39万元，龙康公司向罗某交付了小汽车一辆。该车的技术参数表载明：轮胎规格为245/45R20，云功能为选装项目。后罗某在龙康公司处安装赠送的原厂行车记录仪时，龙康公司安装人员告知该车无法安装该行车记录仪。因罗某对所购车辆质量不满，于2018年8月3日、4日多次致电龙康公司销售人员方某，并进行了电话录音。方某在电话中表示，赠送的原厂行车记录仪与罗某所购车辆并不匹配，无法安装；向罗某销售车辆时，并不知道该车配备的不是防爆轮胎；其他车型带有云功能。

另查明，诉争车辆交付使用时配备的是马牌轮胎，该品牌无245/45R20规格的防爆轮胎。龙康公司称，普利司通品牌该规格防爆轮胎产品的市场价格为每条2000

元左右；罗某认可龙康公司所述普利司通品牌防爆轮胎的市场价格，但认为，龙康公司销售人员当时向其承诺的是马牌防爆轮胎，但马牌根本没有这一规格的防爆轮胎，说明龙康公司构成欺诈，不同意按照轮胎价格计算欺诈赔偿款。

因与龙康公司协商以所购车辆更换第二代车型未果，罗某诉至法院，请求判令：1. 撤销双方车辆买卖合同；2. 判令龙康公司退还购车款 23.39 万元；3. 判令龙康公司赔偿三倍的购车款 70.17 万元；4. 判令龙康公司赔偿车辆电尾门费用 2500 元；5. 判令龙康公司负担本案诉讼费用。

【案件焦点】

1. 龙康公司的行为是否构成欺诈；2. 三倍赔偿请求是否能得到支持。

【法院裁判要旨】

湖北省武汉市洪山区人民法院经审理认为：关于行车记录仪，销售合同载明原厂行车记录仪属赠品，罗某应明知该行车记录仪非原车自带设备。该赠品与涉案车辆不配套而无法安装，存在瑕疵，但该赠品非附义务的赠与，故龙康公司无需为此承担责任。关于云功能，该车的技术参数表载明云功能为选装项目，而选装项目需要另外支付相应费用才能开通，但罗某购车时并未支付相应对价，故龙康公司对此并无过错。关于防爆轮胎，龙康公司在未确认涉案车辆是否具备该配置的情况下，对罗某进行该项宣传，其宣传行为存在瑕疵，侵犯了罗某的知情权，但并不存在故意告知罗某虚假情况及隐瞒事实的情形，故不构成欺诈。

湖北省武汉市洪山区人民法院依照《中华人民共和国合同法》第五十四条第二款，《中华人民共和国消费者权益保护法》第二条、第二十条、第四十条第一款、第五十五条第一款规定，作出如下判决：

一、龙康公司于判决生效之日起三日内赔偿罗某 2000 元；

二、驳回罗某的其他诉讼请求。

罗某不服一审判决，提起上诉。湖北省武汉市中级人民法院经审理认为：就轮胎而言，防爆轮胎与非防爆轮胎最大的区别在于前者的胎壁非常有韧性和支撑性，可以在爆胎或突然泄气时保证轮胎与轮毂的结合并给予车辆一定的支撑，从而保证车辆的安全。也正是防爆轮胎胎壁的加强设计，使得这种轮胎更重、更硬、价格更高，且难以拆卸和修补，被扎之后往往都是直接更换，而轮胎漏气并不是大概率事件，爆胎或突然泄气的情况更少，一般轮胎已经足以满足大众的安全需求。因此，基于舒适性、方便性、经济性等考虑，普通消费者使用防爆轮胎的并不多见，其使用者更多是出于特殊原因或特殊用途才作此选择。罗某腿脚不方便，不利于亲自动手更换轮胎，其对轮胎的防爆功能确实具有一定需求。罗某提交的录音证据，足以证明龙康公司销售人员当时向罗某声称诉争车辆使用的是防爆轮胎，而龙康公司实际交付车辆使用的是一般轮胎，因此龙康公司就车辆使用轮胎方面构成欺诈。同时，因汽车轮胎具有可替代性，对诉争车辆及时更换防爆轮胎后即可完全达到罗某购车的意图，基于此，对罗某要求撤销与龙康公司购买合同的请求不予支持，但可根据《中华人民共和国消费者权益保护法》第五十五条第一款规定，按照轮胎价值来确定龙康公司在汽车销售中因欺诈所应承担的法律责任。诉争车辆使用马牌轮胎，但该品牌没有相应规格防爆轮胎产品，法院参照与马牌相当的普利司通品牌的防爆轮胎价格计算。对于行车记录仪和云功能，二审法院同意一审法院的认定。

湖北省武汉市中级人民法院依照《中华人民共和国民事诉讼法》第一百七十条第一款第二项规定，作出如下判决：

一、撤销湖北省武汉市洪山区人民法院（2018）鄂0111民初9048号民事判决；

二、龙康公司于本判决生效之日起十日内向罗某返还轮胎款8000元；

三、龙康公司于本判决生效之日起十日内向罗某支付赔偿款24000元；

四、驳回罗某的其他诉讼请求。

【法官后语】

近年来，消费欺诈案件在汽车销售领域较为多发，2019年的“西安奔驰车主维权”事件，估计大家仍记忆犹新。汽车销售领域的消费维权行动备受社会关注，其主要原因有两方面：一是涉及金额较大。在汽车消费方面，车价少则一二十万元，多则上百万元，如认定构成消费欺诈而适用三倍赔偿规则，赔偿金动辄五六十万元，有的甚至高达几百万元。二是发生概率较高。随着社会的发展，人们对于汽车的功能要求越来越多，不再局限于代步工具的功能，还包括提高生活品质，因此汽车所附带的功能持续更新，科技含量不断增加，让消费者应接不暇，诱发消费欺诈的可能性也大大增加。正是基于上述特殊背景，汽车销售领域的消费欺诈问题备受社会关注，也成为司法实务中的审理难点。

要解决汽车消费领域欺诈的司法认定问题，首先要明确欺诈的构成要件。一方当事人故意告知对方虚假情况，或者故意隐瞒真实情况，诱使对方当事人作出错误意思表示的，可以认定为欺诈行为。质言之，构成欺诈行为应具备四个要件：欺诈人有欺诈的故意；欺诈人实施了告知对方虚假情况或者故意隐瞒真实情况等欺诈行为；被欺诈人因欺诈而陷入错误；被欺诈人因错误而为意思表示。本案中，销售人员明知案涉出售车辆没有防爆轮胎的特性，但仍然向消费者作虚假宣传，而原告对该项功能又有一定需求，其虚假宣传行为让原告陷入错误认识，从而对原告决定是否购买案涉车辆构成重大影响，因此二审法院认为被告销售人员就轮胎的虚假陈述，构成《中华人民共和国消费者权益保护法》第五十五条规定的"欺诈行为"，因此应该承担赔偿相应损失的法律责任。

处理汽车销售领域的欺诈问题，除上述对欺诈行为的司法定性外，尤其值得我们注意的问题是如何认定赔偿金额。本案二审就欺诈行为的赔偿金额作出的裁判规则值得推广和借鉴。从法律适用层面分析，根据《中华人民共和国消费者权益保护法》第五十五条的规定，经营者提供商品或者服务有欺诈行为的，应当按照消费者的要求增加赔偿其受到的损失，增加赔偿的金额为消费者购买商品的价款或者接受服务的费用的三倍。就汽车的物理特性而言，部分配件如轮胎、行车记录仪、导航仪等附属设备具有一定的物理独立性和功能可替代性，因此对涉及这些具有高度替代性的附属设备的欺诈行为，其适用三倍赔偿范围限定在该部分涉及的金额，符合对上述条文的文义解释和立法精神。从社会功能层面分析，本案采取的三倍赔偿金额计算规则，既能对经营者起到应有的警示作用，也可以合理保护消费者的正当权益，同时还可以有效避免"恶意维权"现象的发生，维护汽车消费领域正常交易秩序，优化市场营商环境。

编写人：湖北省武汉市洪山区人民法院　冉超

5

汽车自燃原因不明时举证责任分配的认定

——李某诉现代公司、博悦公司产品责任案

【案件基本信息】

1. 裁判书字号

重庆市第一中级人民法院（2019）渝01民终304号民事判决书

2. 案由：产品责任纠纷

3. 当事人

原告（上诉人）：李某

被告（被上诉人）：现代公司、博悦公司

【基本案情】

2015年5月12日，原告李某通过按揭贷款方式与博悦公司签订《购车合同》，购买被告现代公司生产的现代名图轿车一辆，车辆价款139800元。购车后原告李某对该车辆的导航线路进行了改装。2018年3月8日，该车在重庆市大足区龙水镇电镀小区发生火灾。2018年5月4日大足公安消防支队作出足公消火认字【2018】第0004号火灾事故认定书：起火部位位于汽车主驾驶右侧前方中控台位置，认定起火点为主驾驶位置前部、点火开关下部45厘米处，起火原因系电器线路故障引燃周围可燃物。后原告起诉来院，认为该车存在质量缺陷，要求二被告承担连带赔偿责任。

【案件焦点】

涉案车辆自燃是否系车辆质量缺陷导致。

【法院裁判要旨】

重庆市大足区人民法院经审理认为：承担产品缺陷导致的侵权赔偿责任有以下

几个要件。第一，须因产品本身存在缺陷，而这里的缺陷一般是指产品本身存在设计缺陷、生产缺陷或指示、警示缺陷；第二，有造成人身、财产损害的事实发生；第三，缺陷产品和损害后果之间的因果关系。本案中，根据火灾事故认定书和鉴定报告，此次事故可能系导航线路故障引起，而涉案导航系统并非原车标准配置，结合鉴定报告，加装导航导致的线路故障引起的车辆自燃损失可能涉及其他的合同纠纷或产品侵权责任纠纷，而并非本案的车辆产品责任侵权。另根据民事诉讼法相关规定，李某对自己主张的事实和理由有责任提供证据予以证明，现李某并未在庭审中举证证明上述事实的存在或成立，相应的举证不力后果应该由其自行承担。

重庆市大足区人民法院依照《中华人民共和国侵权责任法》第四十一条、第四十二条、第四十三条，《中华人民共和国民事诉讼法》第六十四条第一款，《最高人民法院关于适用〈中华人民共和国民事诉讼法〉的解释》① 第九十条之规定，判决如下：

驳回李某的全部诉讼请求。

李某不服一审判决，提起上诉。重庆市第一中级人民法院经审理认为：本案中，汽车燃烧原因无明确结论，根据《火灾事故认定书》和《司法鉴定意见书》，火灾原因系汽车电器线路故障引发的自燃，但因涉案车辆已另行加装了导航系统，必然涉及对原车电路改动，现无法确认涉案车辆是由于导航线路故障导致自燃，还是车辆自身线路故障导致自燃，同时也没有其他证据显示涉案车辆本身存在设计缺陷或不符合法定标准而导致产品存在缺陷，根据高度盖然性原则，本案认定外因导致的汽车自燃可能性更大。原告不能证明汽车存在质量缺陷，更不能证明汽车燃烧是缺陷引发，其请求被告作为生产者、销售者承担产品缺陷的损害赔偿责任没有依据。

重庆市第一中级人民法院依据《中华人民共和国民事诉讼法》第一百七十条第一款第一项的规定，作出如下判决：

驳回上诉，维持原判。

---

① 配合《中华人民共和国民法典》的施行，最高人民法院于2020年12月对大量司法解释进行了修正。本书收录的案例均裁判于相关司法解释修正之前，适用的是当时有效的司法解释，条文序号、内容可能与现行有效的司法解释存在出入，下文将不再对此进行提示。

【法官后语】

随着我国汽车保有量持续增长，因汽车产品质量引发的纠纷数量不断攀升。法院在审理此类纠纷时应合理分配举证责任，在加重生产者、销售者举证义务的同时也不能忽视车辆所有人或使用人的合理安全注意义务。

1. 汽车自燃案件中的举证责任分配

本案中，生产者、销售者是否承担赔偿责任的关键在于汽车是否存在质量问题、火灾是否因汽车质量问题导致。受害人有义务举证证明产品存在质量缺陷、损失确已发生、损失与产品缺陷之间存在因果关系。虽然受害人对于汽车这种生产工艺复杂、技术含量很高的产品缺乏专业知识，但其可借助鉴定机构的鉴定意见证实自己的主张。本案中，消防大队作为事故处理部门，委托了专业机构就火灾事故与车辆技术状况之间的因果关系进行鉴定，其出具的《火灾事故认定书》载明：起火原因系电器线路故障引燃周围可燃物，但因涉案车辆另行加装了导航系统，必然涉及对原车电路改动，现无法确认涉案车辆是由于导航线路故障导致自燃，还是车辆自身线路故障导致自燃，同时也没有其他证据显示涉案车辆本身存在设计缺陷或不符合法定标准而导致产品存在缺陷。采用间接反证的方法根据案件情况作出事实推定，符合举证责任的分配规则。

2. 高度盖然性证据规则在汽车自燃案件中的适用

实践中，汽车燃烧原因没有明确结论的情况较为常见。这既有汽车自燃后鉴定样本提取困难，也有自燃原因的并发性、多样性等因素存在。如本案，发生火灾的原因既有可能是汽车电器线路，也可能是加装的导航线路，还有可能是加装导航导致原有线路改动引起。本案应认定为外因引发汽车燃烧的可能性更大，理由有：(1）现代公司举示的国家强制性产品认证书、北京现代汽车整车检查记录表、同款车型线路技术图等证明涉案车辆质量检验合格，火灾发生前没有电器线路故障的迹象和记录，故原装线路故障的可能性较小；(2）涉案车辆导航系统系出厂后原告自行安装行为，加装导航线路必然涉及原有线路的更改或替换等，势必对原有电器线路产生影响，进而引起自燃的概率较大；(3）结合现代公司同批次销售车辆质量统计情况分析，未出现因汽车自身质量缺陷导致自燃的情况，间接证明了出厂汽车质量合格。在没有充分证据证明汽车燃烧原因的情况下，根据高度盖然性占优的证明标准，应当认定可能性更高的事实而不能认定可能性更小的事实，故不宜认定汽车燃烧是可能性更小的原因即汽车原出厂电器线路自身质量存在缺陷导致的，从而避免无限度地加重生产者、销售者的举证义务。

3. 车辆所有人或使用人的合理安全注意义务

审理汽车自燃案件，不能忽视车辆所有人或使用人的合理安全注意义务。汽车自燃原因除设备故障、电器线路短路等，也不排除维护不当、违章操作等人为原因。一般情况下，汽车自燃起码要有以下条件：一是易燃品，二是火源。这就要求汽车使用人必须对车辆尽到合理的安全注意义务，如定期检测车辆、及时维修故障；不随意改装车辆、改变电器线路；不停放于火源或易燃物附近等。如车辆无质量问题而车主存在前述行为，可推定车主对财产损害存在过错。本案中，车主对出厂检验合格的车辆擅自加装导航线路，有可能对原车电器线路运行情况产生改变，极易引发电器运行故障甚至引起其他事故，同时本案车主加装导航线路没有相应的票据和合同，即使本案事故属于导航线路故障导致的，对于车主维权也将产生较大的维权困境。结合本案事故原因鉴定意见和事故责任认定书载明情况，车主没有尽到合理安全注意义务，擅自加装导航线路，对汽车自燃事故的发生具有较大的因果关系。

编写人：重庆市大足区人民法院　赵鑫

6

涉医疗康复类辅助器具产品责任的司法认定

——王某诉恩德莱公司侵权责任案

【案件基本信息】

1. 裁判书字号

北京市第二中级人民法院（2019）京02民终8493号民事判决书

2. 案由：侵权责任纠纷

3. 当事人

原告（被上诉人）：王某

被告（上诉人）：恩德莱公司

【基本案情】

2015年，原告王某因发生交通事故导致左小腿清创截肢。2016年4月25日，其与恩德莱公司签署《产品配置单》，约定由王某向恩德莱公司购买碳纤海燕储能脚小腿（带锁硅胶套）假肢，价格26000元。因王某的残肢上留有钢钉，故恩德莱公司先为王某制作临时假肢。根据《产品配置单》约定，安装期间恩德莱公司提供专业且免费的训练安装调整服务，并根据王某个人适应性修正装配方案，对产品实行终生免费调整、保养、维修等专业技术服务。当日，王某装配了临时假肢，并向恩德莱公司支付了8000元。2017年4月18日，王某因“左下肢截肢术后1年半，残端溃烂10个月”进入北京积水潭医院住院，手术治理后于2017年6月12日出院，花费医疗费52725.42元。后原告王某认为被告恩德莱公司提供的假肢及安装与自己截肢创面感染存在因果关系，起诉要求判令被告赔偿原告购买假肢费用8000元、医疗费52725.42元、住院伙食补助费5500元、营养费11500元、护理费17400元、交通费2000元。审理中，王某提起鉴定申请，要求对恩德莱公司为其安装假肢行为是否存在过错，过错与损害后果之间的因果关系、参与度，以及其伤残等级、赔偿系数、护理期、营养期进行鉴定。法院委托北京华夏物证鉴定中心对上述内容进行鉴定，该中心以“委托事项涉及假肢产品责任问题，不属于法医临床鉴定，超出我中心业务范围”为由未受理鉴定。后经王某再次申请，法院委托北京盛唐司法鉴定所对王某申请事项进行鉴定，该所亦未受理鉴定。

【案件焦点】

在鉴定机构无法提供鉴定意见的前提下，如何依法认定原告创面感染与装配被告提供假肢之间的因果关系，进而认定侵权责任。

【法院裁判要旨】

北京市丰台区人民法院经审理认为：经营者提供商品或者服务，造成消费者或者其他受害人人身伤害的，应当赔偿医疗费、护理费、交通费等为治疗和康复支出的合理费用，以及因误工减少的收入。本案中，王某截肢后购买了恩德莱公司经营的碳纤海燕储能脚小腿（带锁硅胶套）假肢。双方约定由恩德莱公司为王某提供假肢产品，并根据王某的个人适应性提供修正装配方案，以及提供终生免费调整、保养、维修等专业技术服务，以保证王某正常使用假肢并在生活工作中达到最佳效果。而王某在使用临时假肢后发生残端溃疡、溃烂和感染，并就医、进行手术治疗，双方因此产生争议。本案的争议焦点是恩德莱公司提供的产品或服务是否造成王某人身损害。第一，假肢作为专业医疗辅助器具，其能否安全使用与患者的身体健康紧密相关。根据恩德莱公司的《产品配置单》，恩德莱公司作为假肢装配经营者不仅要为客户提供假肢产品，还要为客户提供假肢装配、调整、训练等一系列服务，这就要求恩德莱公司对客户进行使用指导和跟踪查访。恩德莱公司为王某提供了一个临时假肢，但其后数月内恩德莱公司未对王某的佩戴情况进行跟踪了解，亦未按约定随王某的个人情况变化提供调整方案，应认定恩德莱公司提供的服务存在缺失。第二，王某主张其在佩戴假肢数日后便向恩德莱公司的业务员反映了发生溃疡的情况，该业务员建议其继续磨合。恩德莱公司虽主张其未接到该业务员的相关反馈，但其本应对客户使用情况进行追踪，其应承担尽到查访义务的举证责任，而恩德莱公司未提供证据证明其对王某在佩戴临时假肢期间的身体情况进行过查访记录，恩德莱公司应当承担举证不能的不利后果。第三，恩德莱公司提交的产品检验报告和质量管理体系认证证书均为 2017 年下发，而未提交王某装配临时假肢之前的相关检验报告，未能充分证明涉案产品是否检验合格。第四，恩德莱公司主张王某出现溃疡情况是其病情发展的结果，但未就此进行举证。综合上述情况，足以认定恩德莱公司未向王某提供足够的假肢佩戴指导和跟踪服务，导致王某在使用假肢中出现残端。

北京市丰台区人民法院依照《中华人民共和国消费者权益保护法》第四十八条、第五十二条，《中华人民共和国侵权责任法》第六条第一款、第十六条的规定，判决如下：

一、恩德莱公司于本判决生效之日起七日内退还王某假肢款 8000 元，王某在收到退款的同时向恩德莱公司退还临时假肢产品；

二、恩德莱公司于本判决生效之日起七日内赔偿王某医疗费 52725.42 元、住院伙食补助费 5500 元、护理费 11500 元、营养费 5750 元、交通费 500 元；

三、驳回王某的其他诉讼请求。

二审法院同意一审法院裁判意见。

【法官后语】

本案为涉医疗康复类辅助器具的侵权案件，其审理难点在于在司法鉴定机构无法提供鉴定意见的前提下，如何依法认定原告创面感染与被告装配假肢间的因果关系，进而认定侵权责任。结合本案审理思路分析如下：

医疗康复类辅助器具的质量是否合格以及能否安全有效地使用，与消费者的身体健康和人身、财产权益密切相关。本案所涉医疗康复类辅助器具为假肢，在医疗康复领域使用频率较高。通常，假肢可通过医院装配，亦可通过假肢经营者装配。若医院为患者装配假肢是疾病治疗的延续，一般可认定为医疗行为，而通过假肢经营者装配假肢一般不认定为法律意义上的医疗行为，而是出售商品和服务的民事法律行为，故本案审理采用了产品责任纠纷的审判思路。因医疗康复类辅助器具既具有普通商品属性，又与医疗康复或矫正治疗行为紧密相联，此类产品责任纠纷往往存在如下特点：一是多重法律关系竞合，同时涉及消费者权益保护法律关系、医疗损害责任法律关系和产品责任法律关系；二是证据来源专业且多样，包括病历、合同、使用说明、产品质检文件、鉴定报告、医疗规范、专家证人等；三是产品质量缺陷与产品服务缺陷的审查并存，医疗康复类辅助器具产品除具有物的属性外，还包含服务属性，任何一项属性存在缺陷都有可能对使用者造成损害。结合本案来说，针对司法鉴定不能和双方当事人提供证据有限的不利局面，认定被告产品责任需重点解决以下三个难点：

一是如何分配产品缺陷的举证责任。在产品责任纠纷中，一般应由消费者举证证明产品存在缺陷以及产品缺陷与其损害之间存在因果关系，而产品经营者应就法律规定的免责事由承担举证责任。但因产品的经营资质和质检文件一般由产品经营者持有，故产品经营者应当首先提交其营业执照、生产或经营许可证、产品质检报告等材料，证明其合法经营及产品合格。若产品经营者未能提供证据证明其产品为经检验合格的产品，则可初步推定其产品存在缺陷，将证明产品合格的举证责任转移至产品经营者。本案中，被告虽提交了产品质检报告和质量认证证书，但上述文件的签发时间均为原告装配假肢之后，无法证明其为原告装配的假肢的质检情况，而被告亦未申请产品质量鉴定或提交其他证据证明其产品质量合格，故应认定被告未完成其举证责任，应承担举证不能的不利后果。

二是如何认定被告提供的服务是否存在缺陷。一般来说，医疗康复类辅助器具配有购买合同、使用说明书、产品配置单等记载产品属性和使用方法的文件，可依据此类文件及产品的属性确定经营者应提供的服务。本案中，被告向原告出具了《产品配置单》，其中约定被告不仅要提供假肢产品，还要提供假肢装配、调整、训练等一系列服务，其中训练分为初级、中级和高级，每项训练均详细说明了训练内容，并列明了对客户进行告知和制订训练计划，这就要求被告对原告进行使用指导和跟踪查访，并按约定为原告制订训练计划、确定假肢调整方案。而被告在为原告提供了一个临时假肢后，在其后数月内未对原告的佩戴情况进行跟踪了解，亦未按约定随原告康复情况变化制订训练计划和提供调整方案，应认定被告提供的服务存在缺失。

三是如何认定因果关系和责任程度。原告在截肢术后使用被告装配的假肢，佩戴数月后其残肢出现溃疡创面，假肢是与其残肢接触的唯一器具，在被告提供的产品和服务存在缺陷的情况下，应认定被告的产品缺陷与原告残肢出现溃疡的损害后果之间存在因果关系。被告认为原告的损害后果是其截肢后病情发展的结果，但未进行举证，不应采信。现有证据仅能证明原告的损害后果与被告的产品相关，无其他介入因素，故被告应承担全部责任。

需要特别指出的是，因本案涉及的部分医疗康复专业问题无法通过鉴定作出专业意见，故法院在组成合议庭时从医疗专业陪审员库中选取了陪审员。在合议中，两名陪审员从康复器具的使用方法、康复器具配型不当可能导致的损害、原告病情的发展进程等方面进行综合分析，对本案涉及的医疗康复专业问题发表了意见，在夯实案件基本定性方面发挥了积极作用。

编写人：北京市丰台区人民法院　杨薇　毕凯丽

7

优势证据规则在认定缺陷产品生产者时的运用

——杨某诉××电动车公司产品责任案

【案件基本信息】

1. 裁判书字号

北京市第一中级人民法院（2019）京01民终7462号民事判决书

2. 案由：产品责任纠纷

3. 当事人

原告（被上诉人）：杨某

被告（上诉人）：××电动车公司

【基本案情】

北京市海淀区消防支队出具事故认定书，内容为：2017年10月5日，位于北京市某村的原告家中发生火灾，火灾造成屋内物品不同程度烧损和烟熏，无人员伤亡。经查，起火部位位于南屋内最东侧停放的电动车处，起火原因系电动车电瓶电气故障。就上述火灾中被烧毁的电动车，杨某提交拍摄有车架号码内容和着火后剩余部件的照片，提交事发后其与××电动车公司工作人员及经销商商谈赔偿事宜的谈话录音、微信沟通记录等证据，主张涉案车辆由其于2014年10月前后购买，发票在火灾事故中一并被烧毁，购买之后未进行过维修和保养；灭火后联系××电动车公司客服，技术人员至其家进行调查，认可车辆、电池是其公司生产，认可起火原因在其公司，同意赔偿；就双方商谈赔偿情况，杨某提交未签字的协议书及撤稿声明，主张双方当时对赔偿款数额达成了一致意见，后因其对赔偿条款有不同意见，故未签字。××电动车公司不认可杨某火灾事故中被烧毁的车辆由其公司生产，车辆所用电池不是其公司生产；事故后经查询无杨某相关销售及维修记录，其车辆的电池早已过质保期；另根据国家相关文件规定，电动车应当停放在室外，不应停放在室内。就杨某主张的协商赔偿事宜，认可杨某提交证据中出现的工作人员系其单位工作人员，但当时的调查仅为初步调查，出于人道主义同意给杨某援助。庭审中杨某申请了××电动车经销商作为证人出庭作证，证人称火灾后被告工作人员及调查人员至原告家进行了调查，双方协商了赔偿事宜。就杨某受损及要求赔偿项目，房屋重建支出135250元，提交了火灾后房屋照片、重建后房屋照片、施工人员出庭作证；就物品被毁物品，提交损失清单一张；另主张火灾将其院落原有安装的煤改电设备烧毁，重新更换安装需要支出60931元。××电动车公司对上述损失均不予认可。

【案件焦点】

1. 案涉缺陷产品生产者的认定；2. 原告是否有怠于维修的责任和不当使用的情形；3. 原告因火灾事故所受损失的确定问题。

【法院裁判要旨】

北京市海淀区人民法院经审理认为：因产品存在缺陷造成人身、缺陷产品以外的其他财产损害的，生产者应当承担赔偿责任。在生产者可证明免责事由的情况下可不担责。双方当事人对同一事实分别举出相反的证据，但都没有足够的依据否定对方证据的，人民法院应当结合案件情况，判断一方提供证据的证明力是否明显大于另一方提供证据的证明力，并对证明力较大的证据予以确认。就涉案车辆是否系××电动车公司生产，杨某提交了标有车辆车架码的照片及证人经销商的证人证言，证人陈述显示车辆数据的照片系××电动车公司在火灾发生后由客服提供，而该照片与杨某提供的烧毁车辆车架码的照片中数字高度相似，就电池标号证人陈述电池标号显示系××电动车公司；××电动车公司就车架号号码信息的陈述前后矛盾，不能自圆其说，就其反驳主张亦无提供其他有效证据予以证明。就双方争议的事实而言，杨某所提交的证据材料较为完整，能够形成证据链，××电动车公司未提供有效证据，双方证据相比较，杨某的证据存在证据优势，故认定涉案车辆系××电动车公司生产。本案火灾的原因为××电动车公司生产的车辆存在缺陷。涉案电动车引发了涉案的火灾事故，故××电动车公司应对由此给杨某造成的损失承担赔偿责任。就杨某损失的确定及赔偿一节，一为车辆本身的损失，二为被火灾烧毁的房屋损失、屋内物品损失、煤改电设备等，结合农村建房及一般市场建房的成本情况，从一般生活常识出发，确认杨某的损失为226681元。另杨某将涉案车辆放置于用作储物间的房内进行充电，扩大了火灾造成损失的范围，本人亦存在一定的过错。就双方承担责任的比例，酌定××电动车公司承担80%的赔偿责任，杨某自担20%的赔偿责任。

北京市海淀区人民法院依照《中华人民共和国侵权责任法》第十九条、第二十六条、第四十一条之规定，判决如下：

一、××电动车公司于本判决生效后七日内赔偿杨某财产损失共计181444.8元；

二、驳回杨某其他诉讼请求。

二审法院同意一审法院裁判意见。

【法官后语】

产品责任纠纷的焦点问题一般包括：一是缺陷产品生产者、经营者的认定；二是缺陷产品质量问题的成因；三是生产者免责事由的认定。上述问题均为规范事实的认定，与当事人的举证责任分配及法院对证据的审核认定相关。案涉车辆起火系因车辆本身质量问题导致；就免责事由，生产者未举证证明；就生产者的认定，双方存在争议并各自举证和陈述，系案件审理焦点。

一般而言，就缺陷产品生产者的认定，需由原告承担举证责任，即原告需就产品自被告处购买承担初步举证责任，提交诸如购买发票、产品说明等。但在现实生活中，因购买时间较长等原因，原告多无法提交；且火灾事故后，车辆被损严重，标识等无法辨识。此时，原告提交直接证明案涉车辆生产者的证据较为困难，需在穷尽所有举证程序的情况下，对双方的证据予以比较，运用优势证据规则作出判断。

本案原告就生产者提交的证据包括标有车辆车架码的照片、证人经销商的证人证言；而被告就车架号号码信息的陈述前后矛盾，就其反驳主张亦未提供其他有效证据予以证明。综合以上，原告已穷尽了举证程序，而被告作为生产者，对含生产车辆车架码等信息掌握最为全面，但并未提交直接有力的反驳证据。

在原被告双方各自举证和陈述之后，需运用证据审核认定规则予以判断。2001年《最高人民法院关于民事诉讼证据的若干规定》第七十三条第一款规定，双方当事人对同一事实分别举出相反的证据，但都没有足够的依据否定对方证据的，人民法院应当结合案件情况，判断一方提供证据的证明力是否明显大于另一方提供证据的证明力，并对证明力较大的证据予以确认。该条明确确立了优势证据规则。而2019年新修订的《最高人民法院关于民事诉讼证据的若干规定》第八十五条规定，人民法院应当以证据能够证明的案件事实为根据依法作出裁判。审判人员应当依照法定程序，全面、客观地审核证据，依据法律的规定，遵循法官职业道德，运用逻辑推理和日常生活经验，对证据有无证明力和证明力大小独立进行判断，并公开判断的理由和结果。该条系证据审核的总体规定。第八十八条规定，审判人员对案件的全部证据，应当从各证据与案件事实的关联程度、各证据之间的联系等方面进行综合审查判断。该条系从证据关联性角度考虑。第九十六条规定，人民法院认定证人证言，可以通过对证人的智力状况、品德、知识、经验、法律意识和专业技能等的综合分析作出判断。该条对证人证言的审核予以规定。对比新旧证据规定，新规定对法院审核认定证据的要求更加全面详细，更具有实践操作性。

结合本案，法院应对原被告提交的证据有无证明力进行判断，在原告并未提交直接证据证明缺陷产品生产者的情况下，考虑交易习惯和日常经验法则，根据案件情况和当事人诉讼能力合理分配证明责任，对原告、被告的举证的证明力大小进行判断和比较，最终运用优势证据规则予以判断。

编写人：北京市海淀区人民法院　胡喜辉

8

产品责任与产品质量瑕疵担保责任的辨析

——易某某、高某某诉某某重机有限公司产品责任案

【案件基本信息】

1. 裁判书字号

北京市第一中级人民法院（2019）京01民终6261号民事判决书

2. 案由：产品责任纠纷

3. 当事人

原告（上诉人）：易某某、高某某

被告（被上诉人）：某某重机有限公司

【基本案情】

2012年8月8日，某某重机有限公司（出卖人）与高某某（买受人）签订《产品买卖合同》，约定高某某从某某重机有限公司购买旋挖钻机一台，金额为400万元。合同还约定了其他条款。当日，某某重机有限公司将旋挖钻机交付给易某某。2013年8月，高某某、易某某与某某重机有限公司因该《产品买卖合同》发生纠纷，诉至法院，在审理过程中，中国检验认证集团北京有限公司于2014年对涉案的旋挖钻机进行鉴定，并出具《鉴定意见书》载明鉴定意见：（1）鉴定标的物目前属于旧设备；（2）鉴定标的物的使用时间为3926小时；（3）依据《产品买卖合同》及《挖掘机产品出厂编号编写规则》，推断标的物的出厂时间为2010年。法院作出（2013）昌民初字第10439号判决，确认：一、解除原告高某某与被告某某重机有限公司于2012年8月8日签订的《产品买卖合同》；二、被告某某重机有限公司返还原告高某某、易某某购机款1016200元，原告高某某、易某某返还被告某某重机有限公司交付的旋挖钻机一台；三、被告某某重机有限公司支付原告高某某、易某某各项损失合计150000元。判决生效后，原、被告均不服并上诉至北京市第一中级人民法院。2016年4月18日，北京市第一中级人民法院作出（2016）京01民终1199号判决，判决驳回上诉，维持原判。2016年9月，易某某将涉案旋挖钻机退还给某某重机有限公司。在本案庭审中，高某某、易某某主张退还旋挖钻机给某某重机有限公司时产生的运输费用，某某重机有限公司认可会产生运费，但对于金额不能确定，易某某主张机器运输费用为4000元，并提交了银行账户明细用于该费用的发生，易某某主张钻杆运输费用3800元，但未提交证据证明。在本案审理中，高某某、易某某申请对购买的旋挖钻机在2012年8月至2016年9月期间的租金进行评估。2018年4月10日，北京市国宏信价格评估有限公司出具《价格评估报告书》，价格评估标的为：购买的旋挖钻机在2012年8月至2016年9月的租金；价格评估结论为：价格评估标的在价格评估基准日的价格为4887000元。另查，自2015年8月27日至2016年9月涉案的旋挖钻机一直在高某某、易某某处保管，2015 年 8 月 27 日至 2016 年 9 月一年的保管费共计 9600 元。

【案件焦点】

1. 合同效力的认定；2. 某某重机有限公司销售的涉案设备是否属于不合格产品。

【法院裁判要旨】

北京市昌平区人民法院经审理认为：依据中国检验认证集团北京有限公司出具的《鉴定意见书》能够确认旋挖钻机目前属于旧设备。原告未提交证据证明设备交付时的状态，没有充分的证据证明该旋挖钻机属于不合格产品，因此对于原告请求确认被告提供的旋挖钻机为不合格产品、处理品，法院不予支持。

已经生效的（2013）昌民初字第 10439 号判决中已经确定了《产品买卖合同》的效力，认定该《产品买卖合同》系当事人真实意思表示，未违反法律法规的强制性规定，应予认定合法有效。且原告在（2013）昌民初字第 10439 号案件的审理过程中要求解除该《产品买卖合同》，被告亦同意解除该合同。现依据已经生效的（2013）昌民初字第 10439 号判决，原、被告之间的《产品买卖合同》已经解除。因此，对于原告请求认定该份合同无效的诉讼请求，法院不予支持。

经法庭调查，在（2013）昌民初字第 10439 号案件审理中，原告主张的保管费系自 2013 年至 2015 年的费用。涉案旋挖钻机自 2015 年 8 月 27 日至 2016 年 9 月仍在原告处保管，2016 年 9 月运输至被告处。对于原告请求的 2015 年 8 月 27 日至 2016 年 9 月一年的保管费、运输费，法院予以支持。对于原告主张的劳务费损失 144000 元及可得利益损失 488.7 万元的诉讼请求，因原告在 2013 年就因涉案设备提起诉讼，并提出解除《产品买卖合同》，由此原告就应明知涉案设备的租金损失，且（2013）昌民初字第 10439 号判决及（2016）京 01 民终 1199 号判决中均已确认被告赔偿原告损失 15 万元，故对原告的该项诉讼请求，法院不予支持。

北京市昌平区人民法院依据《中华人民共和国合同法》第六十条、第九十七条之规定，判决如下：

一、被告某某重机有限公司于本判决生效后十日内支付原告高某某、易某某运输费 4000 元、保管费 9600 元；

二、驳回原告高某某、易某某其他诉讼请求。

易某某、高某某不服，提起上诉。北京市第一中级人民法院经审理认为：关于本案合同效力的问题，已有生效判决对合同效力进行了确认，且已判令合同解除，一审法院对高某某、易某某要求确认合同无效的请求不予支持并无不当。高某某、易某某以涉案合同为格式合同以及存在欺诈为由主张合同无效。格式条款是当事人为了重复使用而预先拟定，并在订立合同时未与对方协商的条款。而本案中双方所签合同并不属于法律规定的重复使用情形，合同内容是双方协商而成，高某某、易某某系在对合同内容充分知晓的前提下签订合同，故其关于格式合同的上诉主张缺乏法律依据，高某某、易某某亦未提供充分证据证明本案存在法律规定的合同无效的情形，一审法院对合同效力的认定正确，予以维持。关于高某某、易某某要求确认某某重机有限公司提供的旋挖钻机为不合格产品、处理品的要求，对于产品是否为不合格产品应由相关技术监督部门或专业机构进行认定，而本案中的鉴定意见仅能确认旋挖钻机目前属于旧设备，因鉴定时间为设备交付后1年多，且旧设备与不合格产品并非同一概念，故仅凭本案现有证据材料无法确认涉案机器为不合格产品。关于高某某、易某某要求赔偿劳务费、交通费、住宿费及租金损失的问题，高某某、易某某主张劳务费系其因本案诉讼导致预期收入的损失，该损失与本案纠纷并不存在法律上的因果关系；交通费和住宿费与本案纠纷亦不存在法律上的因果关系；对于租金损失，高某某、易某某对租金发生的客观必然性未提供充分证据证明，且另案生效判决已确认其因涉案机器问题所造成的损失为15万元并判令某某重机有限公司予以赔偿，故一审法院对高某某、易某某上述诉讼请求未予支持并无不当，予以维持。

北京市第一中级人民法院依据《中华人民共和国民事诉讼法》第一百七十条第一款第一项之规定，判决：

驳回上诉，维持原判。

【法官后语】

我国消费市场正在以前所未有的速度不断扩大，产品质量和安全与每个人的人身、财产安全息息相关。当下，许多生产商、销售商未能抵抗不法利益的诱惑，各种不安全产品充斥市场，为了维护市场安全及消费者的合法利益，产品责任及惩罚性赔偿责任的规定成为重要手段。但需要注意的是，在一般市场交易过程中，并非所有不符合合同约定或法律规定的产品均构成产品责任，对于产品质量瑕疵担保责任和产品责任的正确区分，有助于在打击不良生产销售商的同时，保护市场的正常交易行为，保障市场的良性发展。

产品责任是指因产品存在缺陷并造成他人损失的，缺陷产品的生产者和销售者应承担侵权责任。而产品质量瑕疵担保责任则是指产品的质量不符合合同的约定或法律规定，产品的销售者应承担违约的民事责任，依据产品质量法等相关规定，二者主要存在以下差异：

1. 责任性质不同

产品责任系基于侵权行为导致的责任，它是一种特殊的民事侵权责任。产品质量瑕疵担保责任则是违约责任。二者责任性质的不同导致权利主体也有所区别，产品责任不以侵权人与被侵权人之间存在合同关系为前提，只要是因产品缺陷而造成损害的人均有权要求侵权人承担产品责任，产品的生产商和销售商均可成为责任主体；而产品质量瑕疵担保责任则以双方存在合同关系为前提，受合同相对性原则的限制，只有合同一方当事人有权要求对方承担瑕疵担保责任。产品质量法第四十条第一款的规定就明确了瑕疵担保责任的主体限于购买商品的消费者与销售者。

2. 瑕疵与缺陷的认定标准不同

关于“产品瑕疵”，产品质量法第四十条第一款规定，售出的产品有下列情形之一的，销售者应当负责修理、更换、退货；给购买产品的消费者造成损失的，销售者应当赔偿损失：（1）不具备产品应当具备的使用性能而事先未作说明的；（2）不符合在产品或者其包装上注明采用的产品标准的；（3）不符合以产品说明、实物样品等方式表明的质量状况的。消费者权益保护法第二十三条规定，经营者应当保证在正常使用商品或者接受服务的情况下其提供的商品或者服务应当具有的质量、性能、用途和有效期限；但消费者在购买该商品或者接受该服务前已经知道其存在瑕疵，且存在该瑕疵不违反法律强制性规定的除外。经营者以广告、产品说明、实物样品或者其他方式表明商品或者服务的质量状况的，应当保证其提供的商品或者服务的实际质量与表明的质量状况相符。经营者提供的机动车、计算机、电视机、电冰箱、空调器、洗衣机等耐用商品或者装饰装修等服务，消费者自接受商品或者服务之日起六个月内发现瑕疵，发生争议的，由经营者承担有关瑕疵的举证责任。从上述法律规定可以看出，所谓产品瑕疵强调的是产品本身存在不符合物品通常应有的价值、效用或不符合合同约定的质量标准，其更注重产品的适用性。

根据产品质量法第四十六条的规定，本法所称缺陷，是指产品存在危及人身、他人财产安全的不合理的危险；产品有保障人体健康和人身、财产安全的国家标准、行业标准的，是指不符合该标准。依据上述法律规定，可以明确所谓产品缺陷更注重产品的安全性，“缺陷”必须是存在不合理的危险且危及人身和他人财产安全。而在对缺陷进行判断时，有一般标准和法定标准：一般标准是人们有权期待的安全性，即一个善良人在正常情况下对一件产品所具备的安全性的期望；法定标准是国家和行业对某些产品制定的保障人体健康、人身和财产安全的专门标准。有法定标准的适用法定标准，没有法定标准的适用一般标准。[①] 但需要注意的问题是，在产品符合国家、行业标准的情况下依然造成人身财产损害的，是否适用产品责任？笔者认为，即使在该种情况下，也只能初步表明该产品没有缺陷，但并不等于该产品是无缺陷产品，如果受害人能够证明其存在危及人身、财产安全的不合理危险，仍然应认定其存在缺陷。[②] 如此考虑是因为在有关产品国家行业标准制定时，生产者相对消费者而言拥有很大发言权，且标准的制定和修改相对科技水平进步是滞后的，且产品标准一般是对产品较低的要求，如果以国家、行业标准作为判断产品有无缺陷的唯一标准，不利于消费者合法权益的保护。

3. 责任承担的方式不同

依据产品质量法第四十条第一款，产品质量瑕疵担保责任对应违约责任的承担方式主要有：修理、更换、退货及赔偿损失。而产品责任则对应的是侵权赔偿责任，依据产品质量法第四十四条，对受害人因产品缺陷导致的人身伤害及财产损失承担赔偿责任。如果缺陷产品尚未造成损害的，被侵权人有权请求生产者、销售者承担排除妨碍、消除危险等侵权责任。此外，产品责任中，在法定情形下还存在惩罚性赔偿的规定。例如，消费者权益保护法第五十五条、食品安全法第一百四十八条第二款。

具体到本案中，上诉人与被上诉人签订合同约定上诉人从被上诉人处购买旋挖钻机一台并对机器的价格、标准等进行了约定，但被上诉人交付机器经鉴定属于旧

---

① 杨立新：《侵权责任法原理与案例教程》，中国人民大学出版社2008年版，第209页。

② 程啸：《侵权责任法》，法律出版社2015年版，第493页。

设备且不符合合同约定的质量标准，故本案应当适用的是产品质量瑕疵担保责任，是违约责任，上诉人主张被上诉人交付的产品不合格，其应当承担举证责任，但并无证据证明涉案的机器存在不合理的危险并危及人身财产安全或者不符合国家、行业标准，故本案不属于产品责任范畴。

编写人：北京市第一中级人民法院 张永钢 何悦

二、医疗损害责任

9

鉴定机构无法作出鉴定意见时，法院如何综合认定医疗美容机构责任

——张某诉结合医院医疗损害责任案

【案件基本信息】

1. 裁判书字号

河北省沧州市中级人民法院（2019）冀 09 民终 2147 号民事判决书

2. 案由：医疗损害责任纠纷

3. 当事人

原告（上诉人）：张某

被告（被上诉人）：结合医院

【基本案情】

2014 年 2 月 11 日，原告张某在被告处进行了切开重睑 + 眼袋祛除手术。原告支付手术费 7084.1 元。原告又于 2015 年在被告处为矫正下眼睑外翻做了提升手术，原告支付手术费 20828.96 元。后原告感觉眼部不适，并多次到北京、天津、西安等地的医院进行治疗，支付交通费、食宿费、诊疗费等费用共计 7592.82 元。因就赔偿问题未达成一致，原告将被告诉至法院。经法院委托，北京法源司法科学证据鉴定中心出具（京）法源司鉴［2016］医鉴字第 727 号司法鉴定意见书，鉴定意见为：1. 结合医院对被鉴定人张某的诊疗行为存在过错；2. 虽然结合医院的

诊疗行为存在过错，但是被鉴定人自身存在不规范的复诊行为，本次鉴定对医院诊疗的过错行为与被鉴定人现有病情之间的因果关系不能评价。原告支付鉴定费13950元。

另查明，鉴定人出庭接受询问的意见为：正常人泪膜破裂时间在10秒以上，泪膜破裂时间少于10秒则容易干眼，患者确实存在泪膜破裂时间缩减情况。睑板腺会分泌眼泪，构成了眼泪的成分和量。如果手术过程中误将睑板腺切断，眼泪量会明显减少。2016年原告在西安做荧光检测，显示神经末梢的数量减少及原告的眼泪量未减少，但原因不清楚。根据临床细胞分析，患者的眼部炎症及病情均有减轻，但是眼泪膜破裂时间没有恢复。被告支付鉴定人出庭费用3000元。

【案件焦点】

鉴定机构无法对诊疗过错与损害事实之间存在因果关系作出判断时，法院如何结合综合资料认定医疗美容机构责任。

【法院裁判要旨】

河北省沧州市运河区人民法院经审理认为：被告结合医院对原告张某进行双眼重睑成形、眼袋切除手术等诊疗行为对于原告出现干眼症等症状是否存在因果关系的问题，根据司法鉴定结论，被告在未使用原告本人就诊卡诊疗、病历书写、术前准备方面存在过错，对本次鉴定客观全面评价医院诊疗行为造成不利影响。另外，原告所患干眼症和睑板功能紊乱本身病因复杂，而且睑板功能紊乱受多种因素影响或存在多种致病危险因素，原告不规范的复诊行为，使本次鉴定无依据对此阶段的诊疗行为进行评价，亦存在一定过错。本次鉴定对医院诊疗的过错行为与被鉴定人现有病情之间的因果关系不能评价。因原、被告对无法鉴定被告诊疗行为是否存在过错均存在不利影响，故酌情认定原、被告各承担原告损失的50%。被告应赔偿原告的数额为26227.94元［（手术费27913.06元+鉴定费13950元+鉴定人出庭费用3000元+交通费、食宿费、诊疗费等费用7592.82元）×50%］。原告主张被告继续为其治疗或者到有能力治疗的医疗机构为原告诊治眼部疾病直至康复的诉讼请求理据不足，不予支持。

河北省沧州市运河区人民法院依据《中华人民共和国民法总则》第一百七十六条、第一百七十九条，《中华人民共和国侵权责任法》第五十四条、第五十五条，

《最高人民法院关于审理人身损害赔偿案件适用法律若干问题的解释》第十七条之规定，判决：

一、被告结合医院赔偿原告张某各项损失共计26227.94元；

二、驳回原告张某的其他诉讼请求。

张某不服，提起上诉。河北省沧州市中级人民法院经审理认为：《最高人民法院关于适用〈中华人民共和国民事诉讼法〉的解释》第一百零五条规定，人民法院应当按照法定程序，全面、客观地审核证据，依照法律规定，运用逻辑推理和日常生活经验法则，对证据有无证明力和证明力大小进行判断，并公开判断的理由和结果。本案原审判决认定的上诉人张某因就医和与被上诉人发生纠纷后产生的经济损失（手术费27913.06元+鉴定费13950元+鉴定人出庭费用3000元+交通费、食宿费、诊疗费等费用7592.82元）共计52455.88元，因双方在二审期间未提出异议，二审法院依法予以认定。根据鉴定结论，被上诉人结合医院在对上诉人张某的诊疗过程中存在过错，但无法认定其过错行为与上诉人张某病情之间存在因果关系。本案上诉人张某到被上诉人处做医疗美容手术后受到损害是基本事实，根据鉴定结论，被上诉人对上诉人张某的诊疗过程存在过错也是基本事实。

《中华人民共和国侵权责任法》第六条第一款规定："行为人因过错侵害他人民事权益，应当承担侵权责任。"第五十四条规定："患者在诊疗活动中受到损害，医疗机构及其医务人员有过错的，由医疗机构承担赔偿责任。"第二十六条规定："被侵权人对损害的发生也有过错的，可以减轻侵权人的责任。"依照上述法律规定，被上诉人结合医院应当对上诉人张某承担过错赔偿责任。本案鉴定机构作出的鉴定结论中并没有认定上诉人张某对损害的发生存在过错，原审判决双方各承担上诉人损失的50%事实和理由不够充分，不予支持。

河北省沧州市中级人民法院依照《中华人民共和国民事诉讼法》第一百七十条第一款第二项规定，判决如下：

一、撤销河北省沧州市运河区人民法院（2016）冀0903民初2608号民事判决；

二、被上诉人结合医院赔偿上诉人张某各项经济损失52455.88元；

三、驳回上诉人张某的其他诉讼请求。

【法官后语】

在医疗美容纠纷案件中构成侵权需要满足三个要件：损害事实、存在过错与因果关系。本案中，张某在结合医院进行双眼重睑成形、眼袋切除手术后出现了干眼症等症状。根据鉴定意见，结合医院在医疗美容诊疗过程中存在病历书写、术前准备方面不规范等过错。但鉴定机构未能作出二者之间存在因果关系的鉴定意见。

司法实践中，医疗美容纠纷普遍适用过错归责原则。《中华人民共和国民法典》第一千二百一十八条规定，患者在诊疗活动中受到损害，医疗机构或者其医务人员有过错的，由医疗机构承担赔偿责任。在本案出具的鉴定意见中，明确了结合医院对被鉴定人张某的诊疗过程中存在过错。除此之外，《中华人民共和国民法典》第一千二百二十二条规定了适用对医疗机构过错推定原则的三种情形，分别是：（1）违反法律、行政法规、规章以及其他有关诊疗规范的规定；（2）隐匿或者拒绝提供与纠纷有关的病历资料；（3）遗失、伪造、篡改或者违法销毁病历资料。本案中，由于结合医院提供的病历资料中缺乏门诊就诊病历、相应检查报告单、术前准备内容及复诊记录等医学记录材料，一方面不符合相关诊疗规范的规定，另一方面也影响了鉴定机构对医院诊疗行为的客观判断，导致了本案鉴定机构无法评价医院诊疗行为存在的过错与上诉人现有病情是否存在因果关系，根据医疗损害责任的归责原则，不利后果应由结合医院承担，即承担上诉人张某因就医和与被上诉人发生纠纷后产生的全部经济损失52455.88元。

相较于普通医疗行为，医疗美容高于一般的生活需求。对医疗美容机构施加更严格的归责原则，并非抑制医疗美容行业的发展，而是希望通过对医疗美容行业进行规制和约束，提高医疗美容机构对自身管理约束的重视，以便为患者提供更好的医疗美容服务、更加符合法律规定的卫生条件。

编写人：河北省沧州市中级人民法院　毛颖　郭景岭

10

医疗机构产前未尽到谨慎注意义务导致残疾婴儿出生应承担赔偿责任

——王某、杨某诉巴南二院医疗损害责任案

【案件基本信息】

1. 裁判书字号

重庆市第五中级人民法院（2019）渝05民终4087号民事判决书

2. 案由：医疗损害责任纠纷

3. 当事人

原告（上诉人）：王某、杨某

被告（上诉人）：巴南二院

【基本案情】

原告王某与杨某原系夫妻，杨某怀孕后，自2013年5月至孩子出生前一直在被告处进行产前检查，2013年6月18日、7月8日的超声检查报告与12月2日、12月8日的B超检查报告单等均记载胎儿四肢及面部显示不清楚。杨某在被告处剖腹产下王某某后，即发现王某某面部畸形、右耳廓缺失及无鼻扇，遂当天将王某某送至大坪医院住院治疗，经诊断为：先天性右侧小耳廓畸形，先天性面瘫。2017年2月，王某某在贵州医院进行检查，被诊断为：现仍不会说话，对声音反应差，右耳廓未发育，左耳廓畸形；该院耳声发射检查报告结论为：左耳全频未引出（未通过），右小耳畸形耳道闭锁。2017年10月12日，重庆市明正司法鉴定所经法院委托，出具〔2017〕医鉴字第20号司法鉴定意见书，鉴定意见为：巴南二院在王某某产前检查的过程中未尽到通常应尽的谨慎注意义务和相应告知义务，存在过错，该过错之于患儿王某某不当出生的后果的参与度约为10%。鉴定人刘某、李某

出庭答复称：患儿王某某出生后的先天性畸形不属于医方产前B超必须确诊的义务范畴，且也是目前医学技术无法确诊的，系自身先天性发育所致，但在数次检查面部都显示不清的情况下，医方没有尽到谨慎注意和告知的义务，未告知患者到上级医院行系统超声检查，介于孕妇若到上级医院、上级医师行系统超声检查，存在发现畸形的可能性。2017年11月2日，重庆市明正司法鉴定所出具〔2017〕医鉴字第480号司法鉴定意见书，鉴定意见为：1. 王某某双侧听力障碍属四级伤残；中度智力障碍目前属六级伤残；右侧面瘫属八级伤残；右侧耳廓缺失属九级伤残；2. 王某某后续医疗费：左侧人工耳蜗植入术需约贰拾万元人民币；右侧耳廓可在6周岁以后再造及外耳道成形术需分Ⅱ～Ⅲ期，每次手术约叁万元；右侧面瘫、中度智能障碍需服用营养神经类药物及针灸等治疗费用约壹万伍仟元人民币；3. 王某某18周岁以前属大部分护理依赖，18周岁以后护理依赖程度视患儿恢复情况而定。

【案件焦点】

1. 巴南二院是否构成侵权；2. 后续医疗费用等费用如何认定。

【法院裁判要旨】

重庆市巴南区人民法院经审理认为：育龄夫妻享有生育选择权，包括依法终止妊娠、避免缺陷婴儿出生的决定权。巴南二院数次检查发现杨某所怀婴儿面部显示不清，没有尽到谨慎注意义务，告知患者到上级医院行系统超声检查，介于若孕妇到上级医院进行系统超声检查，存在发现畸形的可能性，巴南二院存在过错。其过错导致杨某、王某在诊疗过程中的生育选择权受到影响，造成了王某某的出生，并最终造成杨某、王某受到损害。父母对子女有抚养教育的义务。与抚养一个健康子女相比，抚养一个有先天缺陷的子女意味着父母必须承担额外的抚养费用。巴南二院的侵权行为侵犯了杨某、王某的生育选择权；该过错之于王某某不当出生的后果的参与度约为10%，故巴南二院应承担医疗费、后续治疗费、护理费、住院伙食补助费、交通费、营养费、专家出庭费、鉴定费、精神损失费等费用合计的10%。

关于残疾赔偿金。因巴南二院的侵权行为与王某某的残疾结果之间没有直接因果关系，故巴南二院不应当对王某某的残疾结果承担赔偿责任。王某某的出生即伴随着先天缺陷，杨某、王某因此将遭受极大的精神痛苦。酌情认定精神损害抚慰金的金额为8000元。

重庆市巴南区人民法院依照《中华人民共和国民法总则》第一百二十条，《中华人民共和国母婴保健法》第十八条，《中华人民共和国侵权责任法》第六条、第十六条、第二十二条、第五十四条，《最高人民法院关于审理人身损害赔偿案件适用法律若干问题的解释》第十七条第一款、第十九条、第二十一条、第二十二条、第二十三条、第二十四条，《最高人民法院关于确定民事侵权精神损害赔偿责任若干问题的解释》第八条第二款、第十条之规定，作出如下判决：

一、巴南二院赔偿王某、杨某91031.14元；

二、驳回王某、杨某的其他诉讼请求。

二审法院同意一审法院裁判意见。

【法官后语】

随着医疗技术的发展，父母可以通过产前检查、产前诊断等医学方法，发现胎儿是否有先天缺陷，从而决定是否终止妊娠，避免缺陷婴儿的降生。缺陷婴儿的出生，会给孩子的父母带来物质上的损失和精神上的伤害。该类案件首先需要明确的是缺陷婴儿降生后父母寻求法律保护的请求权基础。所谓请求权基础指的是一方当事人向他方当事人有所主张的法律规范。易言之，谁可向谁，依据何种法律规范主张何种权利。[①] 关于生育选择权，根据《中华人民共和国母婴保健法》第十七条、第十八条规定，经产前检查，医师发现或者怀疑胎儿异常的，应当对孕妇进行产前诊断，产前诊断发现胎儿残疾或者有缺陷，医师应当提出终止妊娠的建议。《中华人民共和国母婴保健法实施办法》第四条也规定，公民享有母婴保健的知情选择权，由此观之，父母作为胎儿未来生命最大的利害关系人，依法享有知道自己婴儿状况以及知道状况后如何选择的权利。该权利应当属于侵害对象中的其他人身、财产权益的范畴，因此，受害时，权利人有权根据《中华人民共和国民法典》等相关规定寻求法律保护。

其次，将缺陷出生判断为一种侵权行为，必然涉及构成要件之检验。侵权构成要件包括违法行为、损害事实、因果关系、主观过错四要件。本案中，巴南二院未尽到审慎注意义务和告知义务的行为，违反了《中华人民共和国母婴保健法》《中

① 王泽鉴：《法律思维与民法实例》，中国政法大学出版社2001年版，第5页。

华人民共和国母婴保健法实施办法》等相关规定，违反了医生的法定义务，该行为具有违法性。巴南二院的行为造成了杨某、王某生育选择权和知情权被侵害，进而导致其生育的孩子有缺陷，对杨某、王某造成极大的精神痛苦和额外费用负担，存在损害事实。正是巴南二院的过错使得杨某、王某误以为能生下健康的孩子，未考虑终止妊娠的情况。因此，巴南二院的过错行为与杨某、王某的生育选择权受到侵害存在因果关系。本案巴南二院的侵权行为成立，应当承担对杨某、王某生育选择权的侵权责任，但需要注意的是，巴南二院仅负担与其过错程度相当的责任，即承担未履行应有的审慎义务和告知义务的责任，不应对缺陷婴儿的一切承担责任。

最后，缺陷婴儿的出生会造成哪些损失、损失赔偿如何判定是作出裁判最后一个需要考量的问题，应当对赔偿范围作出明确的限定。对于缺陷婴儿，父母花费的精力要大于抚养健康孩子。因缺陷婴儿的后续的成长主要体现在抚养费用上，抚养费包括子女生活费、教育费、医疗费，故损失赔偿的费用应限于上述费用。其中，生活费，无论孩子身体是否有缺陷都会产生，故不应计入。缺陷孩子成长的诸多费用主要体现在医疗费上面，具体包括因就医治疗支出的狭义医疗费、后续治疗费、交通费、住宿费、住院伙食补助费、必要的护理费、营养费等。

编写人：重庆市巴南区人民法院　王离

11

医疗损害责任纠纷中病历资料的举证责任分配

——王某诉同仁医院医疗损害责任案

【案件基本信息】

1. 调解书字号

北京市第二中级人民法院（2019）京 02 民终 1799 号民事调解书

2. 案由：医疗损害责任纠纷

3. 当事人

原告（被上诉人）：王某

被告（上诉人）：同仁医院

【基本案情】

王某患有糖尿病、高血压，后因左踝关节外伤，于2015年10月12日至同仁医院治疗，该院于当月19日为其实施切开复位内固定术，同年11月3日出院。出院医嘱每三天切口换药，术后3周拆线。术后每月门诊复查，如发现骨折不愈合，必要时需进行二次手术治疗。王某术后在2015年11月17日至同年12月14日，先后6次至同仁医院换药。同年12月14日，王某因切口红肿流脓发热，再次至同仁医院治疗，该院为其行切开引流及内固定取出术，后因王某病情严重，又为其行左下肢膝下截肢术。

王某认为同仁医院的医疗行为具有严重过失，对于术后换药等治疗不负责任，故起诉要求同仁医院按照损失的70%进行赔偿。同仁医院辩称其诊疗行为符合诊疗常规，王某的损害结果是由其自身疾病发展所致，与医院的诊疗行为无因果关系。

审理中，王某提交了门诊病历手册1本，记载了王某左踝关节受伤后在同仁医院骨科门诊检查及2015年11月26日在同仁医院普外科换药的情况，但没有其他几次换药情况记载，并称其他几次换药同仁医院并未书写病历。

王某申请就同仁医院的诊疗行为与其损害后果之间是否存在因果关系进行司法鉴定。鉴定机构出具鉴定意见，认为：根据现有门诊病历手册记载仅见2015年11月26日的就诊换药记录，其他换药记录缺乏，是否能够视为医方未书写病历？如果视为医方未书写病历，则其对术后伤口管理存在过错，对患者的病情有一定延误，建议承担共同责任，否则建议承担轻微责任。

【案件焦点】

1. 门诊病历的举证责任由谁承担；2. 现有的门诊病历手册是否能证明同仁医院按照规定书写了门诊病历，进而记录王某术后伤口的发展变化。

【法院裁判要旨】

北京市大兴区人民法院经审理认为：本案的争议内容为同仁医院是否按规定书

写了门诊病历，从而记录王某术后伤口的变化和发展。对此争议的举证问题，根据民事诉讼证据规则，主张消极事实的当事人不负有举证义务。本案中，“未书写门诊病历”这一争议属于消极事实，王某没有举证能力去证明同仁医院没有书写病历。现同仁医院的主张是其每次给王某换药时都书写了门诊病历，该主张属于积极事实。根据证据规则，主张积极事实的一方当事人负有举证义务，故同仁医院应当提交证据证明其书写了门诊病历。同仁医院主张其书写了门诊病历，是王某未提交其他门诊病历，但无论是“王某还持有同仁医院的其他门诊病历”，还是“王某存在隐瞒门诊病历的行为”，均属于积极事实，同仁医院应当对此加以证明。法院认定同仁医院对其已书写门诊病历的主张，未完成举证义务，应当承担举证不利的后果，故确认同仁医院对于王某术后的伤口管理存在过错，造成病情诊断延误，与王某最终截肢的损害后果存在因果关系。综合鉴定意见、涉案案情及在案证据，酌情确定同仁医院对于王某的损害后果承担40%的赔偿责任。

北京市大兴区人民法院依照《中华人民共和国侵权责任法》第十六条、第五十四条，《中华人民共和国民事诉讼法》第六十四条之规定，判决如下：

一、同仁医院于判决生效后十日内赔偿王某医疗费、住院伙食补助费、营养费、护理费、交通费、残疾赔偿金、残疾辅助器具费及精神损害抚慰金共计211962.29元；

二、驳回王某的其他诉讼请求。

同仁医院提起上诉，认为门诊病历应由患方保管，王某未提供全部病历，应承担不利后果，请求二审法院依法改判或将本案发回一审法院重审。后双方在二审阶段达成调解。北京市第二中级人民法院确认当事人自愿达成如下协议：

一、同仁医院支付王某医疗费、住院伙食补助费、营养费、护理费、交通费、残疾赔偿金、残疾辅助器具费、精神损害抚慰金共计251962.29元；

二、鉴定费14350元由同仁医院负担；

三、双方因王某就医产生的纠纷就此全部了结。

【法官后语】

双方当事人关于病历的争议，普遍存在于司法实践中。病历资料是医疗纠纷司法鉴定的检材，直接决定着鉴定的启动及鉴定结论的作出，从而影响裁判结果。因此，病历资料的举证责任分配至关重要，法官在分配举证责任时须结合案件事实，正确适用法律。

审查病历，是启动医疗损害司法鉴定程序的前提。法官首先要做的就是要求负有病历保管责任的一方提供病历。本案中，患者门诊换药，仅可能形成门诊病历，而门诊病历手册的保管责任显而易见在患者一方。现患者主张医疗机构没有为其书写相关病历，而医疗机构则主张患者没有提供全部门诊病历手册。本案应该如何分配举证责任呢？

首先，应当综合审查全案证据并结合本案实际情况进行认定。患者向一审法院提供了一本门诊病历手册，其中明确记载了患者受伤后的就诊情况及2015年11月26日的换药过程，这说明患者所述医疗机构根本没有为其书写门诊病历的主张是不成立的。而门诊病历手册由患者保管，医疗机构不能强迫患者每次就诊、换药时均使用同一本病历手册，医生也只能在患者提供的病历手册上书写病历。患者没有携带同一本病历手册，医生在患者提供的病历手册上书写病历，而患者没有提供给法院，或者患者认为换药没有必要带病历手册，也没有必要要求医生书写病历，因此没有带病历手册的可能均是存在的。同时，如果医生没有为患者书写病历，患者是有权要求医生书写病历的。在日常生活中，确有患者忘带病历手册而使用临时病历或者带了其他病历手册复诊的情况发生。综合本案情况，患者不能提供由其保管的门诊病历手册，应承担举证不能的责任。

其次，关于一审法院适用“消极事实”证明原则来分配举证责任是否正确的问题。一审法院认为，医疗机构“未书写门诊病历”属于消极事实，患者没有能力去证明此事实存在。而医疗机构主张每次换药均书写了门诊病历，且患者未提供其他门诊病历手册，其主张均属于积极事实。根据证据规则，主张积极事实的一方当事人负有举证义务，故医疗机构应当提交证据证明其上述主张成立。笔者认为，这一论述貌似合情合理，但实则不然。一是现有证据已经证明医疗机构对于换药这一过程是应该已经书写了病历的；二是医疗机构书写换药病历的载体，只能是由患者提供的门诊病历手册，而除患者已经提供的门诊病历手册外，如果存在其他的门诊病历手册，也应该是由患者保管并提供。无论是医疗机构还是法院，客观上都没有能力要求患者提供。因此，本案由于不能完全归责于医疗机构的原因，导致法院对于医疗行为与损害后果之间的因果关系不能判断，最终应由患者承担举证不能的不利后果。

病历资料的保管义务主体决定了保管责任主体，病历是影响司法鉴定的关键检材。因此，我们不能机械地适用法条和相关理论，应当注意考察在诉讼过程中，双方行为意义上的举证责任是否履行到位、举证责任是否发生了转移，并对全案证据进行审查分析，认定案件事实，进而分清责任，依法裁量。

编写人：北京市第二中级人民法院　白松

12

医疗损害责任纠纷中对鉴定意见的分析采纳问题

——王某诉武警医院医疗损害责任案

【案件基本信息】

1. 裁判书字号

重庆市第五中级人民法院（2019）渝05民终2848号民事判决书

2. 案由：医疗损害责任纠纷

3. 当事人

原告（被上诉人）：王某

被告（上诉人）：武警医院

【基本案情】

2016年4月7日，王某因“停经41+6周，不规则腹痛13+小时，见红1+小时”前往武警医院就诊，经该院初步诊断为：1. 先兆临产；2. 妊娠期糖尿病。王某遂办理住院手续在该医院待产。2016年4月8日、4月9日，武警医院对王某实施两次彩超检查，检查结果均提示：胎儿脐带绕颈一周、羊水偏少。其中4月9日的检查结果还提示：胎儿羊水出现浑浊。2016年4月10日，王某及其腹中胎儿情况稳定，直至当日18时7分，王某腹中胎儿胎心突然消失，最终胎死腹中。重庆市法医验伤所于2016年7月1日对胎儿死因进行司法鉴定并得出检验意见为：王某之子系宫内窒息引起急性呼吸、循环衰竭死亡。王某认为，武警医院在此次诊疗过程中存在过错导致其胎儿胎死腹中，遂至法院要求武警医院承担相应赔偿责任。

经一审法院委托，四川华西法医学鉴定中心于2017年6月12日作出司法鉴定意见，该鉴定意见分析说明了武警医院在诊疗过程中存在过错为：1. 未尽到合理告知义务，致使患方不利于更加全面地权衡分娩方式的选择；2. 在用药过程中未尽到合理诊疗注意义务。同时，该意见还分析说明了王某自身患有的孕期疾病以及腹中胎儿过大等具体情况也是导致胎儿发生宫内窒息的诱因。最终，该鉴定中心得出的鉴定意见结论为：医方过错与王某之子的死亡后果之间存在一定因果关系；医方过错参与度为10%～20%。

【案件焦点】

10%～20%的鉴定意见结论是否能够作为划定医方赔偿责任大小的依据。

【法院裁判要旨】

重庆市南岸区人民法院经审理认为：四川华西法医学鉴定中心于2017年6月12日作出司法鉴定意见，足以认定武警医院对王某分娩胎儿死亡存在过错，属侵犯王某健康权而导致其损失，武警医院应承担赔偿责任。

关于武警医院应承担的责任大小问题。武警医院为专业大型三甲医院，是具备较高专业技术水平的医疗单位，而王某是非医疗行业的普通自然人，双方之间就医学专业知识技术掌握、医疗后果风险的预判等方面存在明显地位不平等，该不平等地位决定武警医院应当向王某履行充分的告知义务与注意义务，而涉案司法鉴定意见书载明武警医院疏于履行部分诊疗义务，在已掌握王某存在疾病或特殊体质的情况下，未实施充分的应对医疗措施或注意义务，其医疗过错行为对王某损害结果的出现起到诱发、促进、加重等作用，与王某的受损存在事实之因果关系，其诊疗行为存在重大过失，应承担主要责任，故认定应由武警医院承担本案85%的责任，王某自行承担本案15%的责任。

重庆市南岸区人民法院依照《中华人民共和国民事诉讼法》第六十四条，《中华人民共和国民法总则》第一百一十条、第一百二十条，《最高人民法院关于审理人身损害赔偿案件适用法律若干问题的解释》第一条、第十七条、第十八条、第十九条、第二十条、第二十一条、第二十二条、第二十三条、第二十四条之规定，判决如下：

一、武警医院于本判决生效之日起五日内向王某赔偿医疗费、交通费、误工费、精神损害抚慰金、鉴定费等各项损失合计 126466.86 元；

二、驳回王某的其他诉讼请求。

二审法院同意一审法院的裁判意见。

【法官后语】

法官在审理案件过程中应当运用自由心证，按照法定程序，全面、客观地审核证据，运用逻辑推理和日常生活经验法则，对证据内容进行综合分析，从而对案件的基本事实和责任承担等作出相应认定。鉴定意见的本质仍为证人证言，待证事实虽具有专业性，但其质证认证规则应与证人证言质证规则相同，法官在审查鉴定意见时，应对分析说理、最终结论予以综合判断，防止采信鉴定意见的片面化（即过分注重最终结论，未对如何得出该结论进行审查）。在鉴定意见的结论明显无依据支撑或明显有悖日常生活经验的情况下，可对结论部分不予采纳。

本案中，四川华西法医学鉴定中心的鉴定意见系法院依法委托而作出，程序合法且具有中立性，其作出的鉴定意见应当作为合法证据予以审查，以明确医方的过错程度。虽然该鉴定意见认为医方的过错参与度为 10% ~20%，但从其分析阐述来看无法支撑这一结论。因为医方的主要过错是侵犯了患者的知情权和选择权，而该权利在医患双方信息不对称的情境下无疑是患者最基本的权利，若医方及时与患者沟通，充分告知患者采取不同生育方式所面临的生育风险，并给出专业建议，相信患者不可能置自己身体健康及腹中胎儿的生命于不顾而作出不利于自己的选择，医方的疏忽对患者损害的发生具有较大的作用力，所以人民法院不能简单仅依据鉴定机构作出的医方过错参与度的鉴定结论来作为认定医方侵权责任大小。此外，在现行法律制度下，胎儿非民事主体，因侵权而导致死亡并不能获得赔偿，但母亲因此而造成的精神痛苦是巨大的，损失也是客观存在的。一审法院综合案件实际情况，在对鉴定意见进行综合分析的基础上作出让医方承担 85% 的主要赔偿责任的判决符合法理和情理，二审法院对此认可。

需要说明的是，在民事纠纷中，对于专业性较强的问题，法官往往需要借助于司法鉴定。但在司法实践中，过度依赖司法鉴定意见也是一种普遍现象，特别是在医疗损害责任纠纷中，鉴定机构出具的过程参与度的鉴定意见往往成为法院划分医患双方责任的唯一依据。司法鉴定意见作为证据种类之一，其是否被法院采信，仍需经过举证、质证、认证的过程。同时，对于鉴定意见中可能存在的疑惑，法律既赋予了法官要求鉴定人员出庭或要求专家证人出庭的权力，也赋予了当事人该权利，以保证鉴定意见的内容具备说服力。

编写人：重庆市第五中级人民法院　段晓玲　赵曦

13

自身疾病的不良转归导致患者死亡医疗机构不承担责任

——张甲等诉人民医院医疗损害责任案

【案件基本信息】

1. 裁判书字号

江苏省宿迁市中级人民法院（2019）苏13民终3309号民事判决书

2. 案由：医疗损害责任纠纷

3. 当事人

原告（上诉人）：张甲、胡甲、王乙、王丙

被告（被上诉人）：人民医院

【基本案情】

张乙系张甲与胡甲之女、王乙之妻、王丙之母，于2017年11月24日18时35分因上腹部疼痛不适在人民医院普外科住院治疗，住院时已经出现肝指标下降、肝衰竭等情况。2017年11月25日早上转入血液科后，该院对张乙使用亚砷酸（俗名砒霜）治疗。2017年11月28日9时17分，张乙被确认为"急性白血病"死亡。2018年2月9日，经徐州医学院司法鉴定所出具司法鉴定意见认为：被鉴定人张乙符合急性早幼粒细胞白血病治疗过程中凝血功能异常、多器官功能衰竭死亡。张甲等提起本案诉讼后，江苏省宿迁市宿城区人民法院依法委托南京医科大学司法鉴定所对人民医院的诊疗活动是否存在过错及过错程度进行鉴定。南京医科大学司法鉴定所经鉴定认为，人民医院对张乙的诊疗行为不存在过错，治疗方案及用药情况符合常规，张乙的死亡系其自身疾病的不良归转。四原告对南京医科大学司法鉴定所出具的鉴定意见不予认可，申请重新鉴定。四原告认为，张乙于2017年5月在宿迁市妇产医院住院生育检查未发现任何白血病症状，2017年11月7日在人民医院口腔科做拔牙手术时，医院未对张乙进行常规的血液和血凝五项检查，存在漏诊。在张乙入院后，人民医院使用亚砷酸对张乙进行治疗，加速了张乙的死亡。人民医院在对张乙的诊疗过程中存在过错，故要求人民医院向张甲、胡甲、王乙、王丙赔偿医疗费54959.8元、死亡原因司法鉴定费10000元、交通费3000元、丧葬费30720元、死亡赔偿金872440元、被抚养人生活费249534元、精神损害抚慰金50000元，合计1270653.8元。人民医院则认为对张乙的诊疗行为符合诊疗规范，院方不存在过错，故不同意赔偿。

【案件焦点】

张乙的死亡与人民医院的诊疗行为是否存在因果关系。

【法院裁判要旨】

江苏省宿迁市宿城区人民法院经审理认为：《最高人民法院关于审理医疗损害责任纠纷案件适用法律若干问题的解释》第十五条第二款规定，当事人共同委托鉴定人作出的医疗损害鉴定意见，一方当事人不认可的，应当提出明确的异议内容和理由。经审查，有证据足以证明异议成立的，对鉴定意见不予采信；异议不成立的，应予采信。本案中，四原告虽对南京医科大学司法鉴定所就本案出具的鉴定结论持有异议，但并未提出确实充分的证据或法律依据证明其异议事实与理由存在。故对于上述《司法鉴定意见书》予以采信，并对四原告重新鉴定的申请不予准许。

患者在诊疗活动中受到损害，医疗机构及其医务人员有过错的，由医疗机构承担赔偿责任。反之，医疗机构及其医务人员不存在过错的，医疗机构不承担赔偿责任。根据南京医科大学司法鉴定所出具的《司法鉴定意见书》，人民医院对张乙的诊疗行为不存在过错，治疗方案及用药情况符合常规，张乙的死亡系其自身疾病的不良归转。四原告并无证据推翻该《司法鉴定意见书》，亦无证据证明张乙的死亡系因人民医院诊疗不当所致，应承担举证不能的法律后果。关于四原告主张张乙在此前的拔牙过程中，人民医院未对张乙进行血常规检查，贻误病情以及在后期住院过程中医院使用亚砷酸加速病人死亡等意见，南京医科大学司法鉴定所出具的《司法鉴定意见书》均已明确说明，院方不存在过错。故对张甲、胡甲、王乙、王丙的诉讼请求不予支持。

江苏省宿迁市宿城区人民法院依照《最高人民法院关于审理医疗损害责任纠纷案件适用法律若干问题的解释》第四条、第十一条、第十五条，《中华人民共和国民事诉讼法》第一百四十二条及《最高人民法院关于适用〈中华人民共和国民事诉讼法〉的解释》第九十条之规定，判决如下：

驳回张甲、胡甲、王乙、王丙的诉讼请求。

二审法院同意一审法院裁判意见。

【法官后语】

对患者的检查、用药等诊疗行为，需经过医疗机构及医务人员作出专业的判断，而非不具备医学常识的当事人自行揣测。如果患者在诊疗活动中受到损害，医疗机构及其医务人员确有过错的，应向患者承担赔偿责任。反之，不承担赔偿责任。医疗机构及其医务人员是否存在过错应由专业的鉴定机构进行鉴定，如无法定重新鉴定的情形，应对鉴定结论予以采信。

首先，血常规检查并非拔牙的必要前置检查程序。本案死者张乙在住院前20天，曾在人民医院做拔牙手术。四原告认为，如人民医院在此前对张乙进行血常规检查，就可以尽早发现病情，及时治疗，不至于贻误治疗最终导致死亡。对此，南京医科大学司法鉴定所出具的《司法鉴定意见书》已明确说明，血常规检查并非拔牙手术的必要检查，当事人不能苛责医疗机构对患者采取并非诊疗活动必要的检查。

其次，医疗机构用药是否合理不能根据当事人的认知进行判断。四原告主张人民医院在诊疗过程中适用亚砷酸（俗名砒霜）对张乙进行治疗，会加速患者的死亡。在民间的认知中，砒霜为剧毒性药物，服用砒霜可以迅速致人死亡。但是对于张乙所患的急性早幼粒细胞白血病而言，亚砷酸的确可以起到治疗的效果。南京医科大学司法鉴定所出具的《司法鉴定意见书》也认为人民医院对张乙的诊疗行为不存在过错，治疗方案及用药情况符合常规。死者家属不能依据自己的认知推断专业的诊疗行为是否存在过错。

最后，当事人对人民法院委托的鉴定部门作出的鉴定结论有异议申请重新鉴定的，应当提出证据证明存在下列情形之一：(1) 鉴定机构或者鉴定人员不具备相关的鉴定资格的；(2) 鉴定程序严重违法的；(3) 鉴定结论明显依据不足的；(4) 经过质证认定不能作为证据使用的其他情形。否则，不应重新启动鉴定程序，并采信鉴定机构出具的鉴定结论。本案中，四原告申请重新鉴定，但并未举证证明南京医科大学司法鉴定所存在应当重新鉴定的法定情形，故对其申请不予准许。

编写人：江苏省宿迁市宿城区人民法院　曹尧瑶

三、教育机构责任

14

学校对于学生自杀身亡是否存在过错的认定

——曾某、陈某诉岑溪市某中学等教育机构责任案

【案件基本信息】

1. 裁判书字号

广西壮族自治区梧州市中级人民法院（2019）桂 04 民终 1144 号民事判决书

2. 案由：教育机构责任纠纷

3. 当事人

原告（上诉人）：曾某、陈某

被告（被上诉人）：岑溪市某中学、肖某、李某

【基本案情】

原告曾某、陈某是死者小曾的父母。被告岑溪市某中学是小曾生前就读的学校，被告肖某是小曾的班主任，被告李某是小曾的年级主任。

2018 年 10 月 20 日，小曾以脚踢的方式攻击同年级二班的一名同学，导致该同学身上多处明显伤痕。事后，学校对小曾这一违反学校纪律的行为进行了教育。鉴于小曾在该学期还有过与其他同学用包装绳将一名同学全身绑住等其他违反纪律的行为，学校遂通知其母亲陈某到学校对其进行共同教育，并由陈某将小曾接回家进行教育。2018 年 10 月 31 日下午，陈某送小曾返回学校，到校后陈某与李某、肖某共同对小曾再次教育，最后，学校提出小曾需完成 2000 字的检讨书方能返校，陈

某再次将小曾接回家教育并监督其完成检讨书。2018 年 11 月 1 日下午 3 时许，小曾在家写好遗书后，服用陈某购买的用以治疗失眠的安眠药自杀身亡。曾某、陈某认为，小曾是因为学校、老师以种种理由推脱，一而再再而三地对小曾进行停学，擅自剥夺小曾的受教育权，且要求小曾完成 2000 字的检讨，压力过大，才产生悲观厌世情绪，最终吞服安眠药自杀而亡的；学校、肖某、李某的行为与小曾的死亡有直接关系，给曾某、陈某造成了严重的损害后果，学校、肖某、李某应承担小曾死亡所造成的 70% 的赔偿责任，遂将学校、肖某、李某告上法庭。

【案件焦点】

被告岑溪市某中学、肖某、李某对于小曾自杀死亡是否存在过错、是否应承担侵权赔偿责任。

【法院裁判要旨】

广西壮族自治区岑溪市人民法院经审理认为：《中华人民共和国侵权责任法》第三十九条采用的是过错责任原则。就本案而言，事发时小曾已年满 14 周岁，系限制民事行为能力人，对于服用大量安眠药的危险性自身完全能够认识到，故小曾本人存在相应的过错。原告作为小曾的父母，依法负有监护的责任，小曾离开学校回到家中，原告应充分履行对未成年子女的监护责任，而原告未将安眠药置于未成年人无法触及的地方进行妥善保管，且在小曾自杀期间回过家而未发现小曾的行为，原告陈某的上述行为是对其监护责任的疏忽，最终导致小曾自杀身亡，原告未充分履行监护责任，亦存在过错。至于学校是否尽到教育、管理职责，要看学校是否尽了合理注意保护未成年学生人身安全的义务。本案中，学校对于小曾的两次交由其家长接回家教育及要求其完成 2000 字检讨书，均是履行教育、管理责任的范围，是积极的教育行为。小曾在家服用安眠药自杀身亡，是学校无法防范的，也是不可能预见的事件，否则，无疑会放大学校应当承担的责任，让学校承担无限制的教育、管理职责。未成年人与学校之间的关系本质上是一种教育关系，不是监护关系。同时，参照《学生伤害事故处理办法》第十二条的规定，被告岑溪市某中学对于小曾自杀死亡没有过错，不应承担侵权赔偿责任。被告肖某、李某系该校的教师，二人对小曾的教育，是职务行为。因此，对原告要求被告肖某、李某承担侵权赔偿责任的诉请，不予支持。

广西壮族自治区岑溪市人民法院依照《中华人民共和国侵权责任法》第三十九条,《中华人民共和国民事诉讼法》第六十四条和《最高人民法院关于适用〈中华人民共和国民事诉讼法〉的解释》第九十条规定,判决如下:

驳回原告曾某、陈某的诉讼请求。

二审法院同意一审法院裁判意见。

【法官后语】

学生伤害事故的归责是过错责任原则,学校过错的本质是教育管理过错,学校承担学生伤害事故的责任范围是在学校负有管理职责的时间、范围内发生的学生伤害事故,并且学校对伤害事故的发生有过错。《学生伤害事故处理办法》第十二条第四项规定,学生自杀、自伤的,学校已履行了相应职责,行为并无不当的,无法律责任。作为人民教师对学生有进行教育管理的权利和义务,未成年学生多次违反学校规章制度,教师代表学校对该学生进行教育批评,且不存在违法行为的,受害人在其家长接回家中后服用安眠药自杀的结果与教师之间的行为没有法律上的因果关系,学校不承担法律责任。

教师的职责是教书育人。教育法规定,教师对犯错误的学生具有惩罚权,但没有规定学生犯了哪一种错误教师应该如何惩罚。因此,教师没有明确的执法权。初中阶段的学生身体及心理都日趋成熟,但该阶段也有可能是某些学生最叛逆的时期。这个阶段教师的压力相对较大,既要代父母行教育之职,引导和教育好这些叛逆的孩子,又要保护好本年级、本班的其他学生不受影响。当叛逆的学生屡教不改时,要求家长配合教育或者接回家教育不失为一种处理方式。

在本案中,年级主任、班主任对于小曾的违纪行为多次进行批评教育,但收效不佳,遂联系其家长陈某要求其接回家教育并书写检讨书的教育,在整个过程中并没有违法行为。原告没有足够的证据证明小曾的自杀行为与学校和老师的教育方式存在因果关系,小曾自杀的时间和地点也都不在学校负有管理义务的范围之内。因此,学校不应承担民事责任,两位老师的行为是正常履行职务的行为,原告要求其二人承担侵权赔偿责任无事实和法律依据。

编写人:广西壮族自治区岑溪市人民法院 王支芳

15

教育机构合理限度范围内安全保障义务的认定

——方某诉梁平区××中学教育机构责任案

【案件基本信息】

1. 裁判书字号

重庆市第二中级人民法院（2019）渝02民终2956号民事判决书

2. 案由：教育机构责任纠纷

3. 当事人

原告（被上诉人）：方某

被告（上诉人）：梁平区××中学（以下简称××中学）

【基本案情】

方某在××中学学习生活期间，于2017年6月21日凌晨1时许睡觉过程中翻身不慎从无安全防护措施的木床上铺跌下摔伤，被学校派人送往梁平区人民医院住院治疗，诊断为右髌骨骨折。经手术治疗后，于2017年11月27日再次不慎摔倒，致右髌骨再骨折，又行切开复位内固定手术，2018年7月2日入梁平区人民医院行内固定取出手术顺利，恢复良好出院。2018年9月25日，方某经梁平区司法鉴定所鉴定为伤残等级十级。现方某诉讼来院，要求××中学承担侵权责任。××中学认为其尽到了合理限度范围内安全保障义务，不应承担责任。

【案件焦点】

1. 教育机构安全保障义务的性质界定；2. 教育机构安全保障义务合理限度的判断；3. 教育机构安全保障义务的责任承担。

【法院裁判要旨】

重庆市梁平区人民法院经审理认为：被告在教育、管理过程中，仅尽到了安全教育的职责和义务，对教育设施、设备的安全管理、防护上未尽到安全管理职责和义务，致使原告在被告提供的未有安全防护措施的木床上铺睡觉过程中翻身不慎跌下摔伤，具有安全管理过错责任，依法应当承担主要的民事责任。原告为初三学生，已满十四周岁，为限制民事行为能力，具有一定自我安全保护意识和自我保护能力，应注意防止不安全事故的发生而不慎翻身跌下受伤，亦有一定过错，应承担次要的民事责任。

重庆市梁平区人民法院依照《中华人民共和国侵权责任法》第十六条、第二十二条、第二十六条、第三十九条之规定，判决如下：

一、由××中学一次性赔偿方某医疗费、住院伙食补助费、护理费、营养费、伤残赔偿金、精神抚慰金、继续治疗费、鉴定费、交通费共 57540.70 元；

二、驳回方某的其他诉讼请求。

××中学不服一审判决，提起上诉。重庆市第二中级人民法院经审理认为：根据国家教育部、卫生部于 2011 年 8 月 16 日印发的《农村寄宿制学校生活卫生设施建设与管理规范》中的规定，中学生使用的床铺床面长度不小于 2 米，宽度不小于 0.9 米，双层床的上床应设置防跌落板（或杆），高度不宜低于 0.25 米，长度不宜低于床体长度的 2/3。××中学提供给寄宿制学生的寝具亦应当具备相应的安全标准，至少不应低于农村寄宿制学校要求的床铺标准。按照××中学提供的上下铺铁床检验报告上的记载，铁床的安全栏板高为 205 毫米，低于该管理规范中确定的高度。虽然××中学提供的铁床符合国家金属家具通用技术条件，但提供给学生使用，仍然存在一定的安全隐患。因此，××中学应当承担赔偿责任。

重庆市第二中级人民法院依照《中华人民共和国民事诉讼法》第一百七十条第一款第一项规定，判决如下：

驳回上诉，维持原判。

【法官后语】

1. 教育机构安全保障义务的性质界定

教育机构的安全保障义务是指教育机构对在校学生的监督、教育、管理职责和安全保护义务。该项义务虽然可借以契约协议形式甚或依据教育机构的实际情况或者社会生活的一般常识而产生，但其主要源于法律及司法解释的相关规定。教育机构在从事课程教育和教学管理的过程中，应当按照要求完成既定教学任务并对在校学生的学习和生活尽到安全保障的义务，提供符合安全标准的场所和设施（如本案中符合标准的床位），及时发现安全隐患并采取必要且可行的措施消除危险，从而减轻或避免教育机构场所内在校学生的人身和财产损失。这既符合经济学规律，亦能达到风险控制成本的实质均衡。然而，教育机构的安全保障义务并非无限制，其应当控制在合理限度范围内，易言之，教育机构仅对可预见范围内的损害承担损害赔偿责任，而对于超出理性预见范围的损失则无须承担赔偿责任。综合以观，教育机构的安全保障义务作为一项法定义务，具有强制约束力和执行力，违背该项义务即应承担损害赔偿责任，但是安全保障义务亦非无条件的，其必须控制在合理限度范围之内，必须符合理性思维对安全保障的普适性认知标准。

2. 教育机构安全保障义务的责任承担

教育机构违反安全保障义务须承担相应的赔偿责任，其责任承担涉及两个方面的问题：其一，归责原则的适用。教育机构违反安全保障义务的归责原则适用过错推定原则，即“教育机构对其履行了安全保障义务负有举证责任，若其能够举证证明尽到安全保障义务，则无须承担责任，反之，则推定其存在过错而须承担责任”。本案中，被告××中学对履行安全保障义务负有举证证明责任，庭审中亦提交了相关证据，但并不足以支持其“无过错”的证明目的，故可对被告履行安全保障义务作出否定性推定。当然，适用过错推定归责原则并非剥夺受害人的举证证明权利，其依然可以提供相关证据支持自己的主张或者回应被告的辩解。其二，赔偿责任的减免。在特殊情况下，对教育机构的安全保障义务的要求会因受害人故意、第三人导致、受害人或第三人明显过错等而有所降低，且根据不同的情形，教育机构担负的责任亦呈现不同，诸如因受害人故意致损的，教育机构可免予担责；因第三人致损的，则由第三人担责；受害人或第三人明显有过错的，则可以按照比例减轻教育机构责任。本案中，被告××中学虽未完全尽到安全保障义务，但原告为初三学生，已满十四周岁，为限制民事行为能力，具有一定自我安全保护意识和自我保护能力，应注意防止不安全事故的发生而不慎翻身跌下受伤，亦有一定过错，应承担次要的民事责任。故此，对于原告的损害后果应当由原、被告根据过错程度按比例分担，被告承担主要赔偿责任，原告承担次要责任。

编写人：重庆市梁平区人民法院　詹亮　王长平

16

未成年人参加学校体育竞技活动中受人身损害时侵权责任的认定

——王某某诉北京市××第一中学、甄某某等生命权、健康权、身体权案

【案件基本信息】

1. 裁判书字号

北京市朝阳区人民法院（2019）京0105民初72801号民事判决书

2. 案由：生命权、健康权、身体权纠纷

3. 当事人

原告：王某某

被告：北京市××第一中学（以下简称××一中）、甄某某、甄某、吴某某

【基本案情】

2018年11月30日下午，××一中组织初二（9）班和初二（11）班开展五人制足球比赛，王某某系初二（9）班参赛球员，甄某某系初二（11）班参赛球员。赛前，体育老师带领两个班级的参赛球员进行热身活动并讲解比赛规则。比赛过程中，王某某带球时，甄某某过来抢球，双方发生肢体接触导致王某某倒地受伤。事发后，因校医到场发现伤情较为严重，校方通知了王某某家长并叫救护车将王某某送往空军总医院救治。王某某于当日转院至北京积水潭医院住院治疗，经诊断系盖氏骨折（右），于当日在神经阻滞下行桡骨骨折切开复位钢板螺钉内固定术、尺骨骨折闭合复位术。2018年12月3日，王某某出院。

【案件焦点】

未成年人参加学校体育竞技活动中受人身损害时侵权人承担的责任与学校作为

管理人承担的责任各自如何认定。

【法院裁判要旨】

北京市朝阳区人民法院经审理认为：无民事行为能力人或者限制民事行为能力人在幼儿园、学校或者其他教育机构学习、生活期间，受到幼儿园、学校或者其他教育机构以外的人员人身损害的，由侵权人承担侵权责任；幼儿园、学校或者其他教育机构未尽到管理职责的，承担相应的补充责任。本案中，王某某在××一中组织的五人制足球比赛中与甄某某发生肢体接触导致受伤。结合法院查明事实可知，王某某及甄某某均无故意违反运动规则致对方人身受伤的主观过错，二人相撞系足球运动中的正当危险后果；××一中依据要求组织足球比赛并进行申报，提供符合比赛的足球场地及设施，配备裁判、校医等必备人员，赛前讲解注意事项并进行必要准备活动，事发后及时通知家长并协助就医，××一中尽到了必要的管理职责，故甄某某及父母、××一中均不具备法定承担赔偿责任的过错条件。

就足球比赛中受害者风险负担问题，足球比赛系具有高度危险和激烈对抗性的竞技体育运动，参赛人员都应当意识到在激烈对抗中存在着可能伤及他人、也可能被他人所伤之风险。王某某、甄某某系限制行为能力人，就年龄及智力发育程度而言，对足球比赛应有所了解，对参加足球比赛可能存在的风险亦应有所认知，明知上述风险而仍自愿参赛，应视为各方自愿承担相应的危险后果。若就足球比赛发生的意外伤害而苛求追究致害人责任，势必增加体育活动参与者的注意义务，与体育活动必然的危险性相矛盾，进而影响参加竞技体育运动人员的积极性，不利于体育运动的展开。

综上，王某某向甄某某及父母、××一中主张赔偿医疗费、交通费等损失于法无据，难以支持。需要指明的是，××一中可通过保险救济途径协助解决王某某相关损失，望各方协力、探索途径减少因意外伤害导致王某某所受之损失。

北京市朝阳区人民法院依照《中华人民共和国侵权责任法》第四十条之规定，判决如下：

驳回王某某的诉讼请求。

【法官后语】

健康是青少年成长成才和幸福生活的根基，关系国家民族未来和亿万家庭福祉，校园体育活动则是增强青少年体质、促进青少年健康成长的重要环节。然而，在青少年校园体育运动日益深化的同时，高频率的校园体育运动伤害事故也如影随形。本案中，原告王某某所遭受的人身伤害就是在校园足球比赛中发生的。足球运动属于具有高度危险和激烈对抗性的竞技体育运动，参赛球员在比赛中存在伤人或被伤之风险。尤其是中小学校园中的青少年，尚不具备足球竞技的专业能力和身体素质，亦缺乏安全保护的应激性技能，一旦出现伤情往往后果较为严重。

未成年人在校园体育活动中受伤，由谁对其损失进行救济是侵权法所要关注的问题。在这一类案件中，主要考量两类主体是否需要承担责任：一是导致未成年人受伤的直接侵权人，二是学校或其他教育机构。

1. 导致未成年人受伤的直接侵权人责任的界定

根据《中华人民共和国民法典》第一千二百零一条的规定，无民事行为能力人或者限制民事行为能力人在幼儿园、学校或者其他教育机构学习、生活期间，受到幼儿园、学校或者其他教育机构以外的第三人人身损害的，由第三人承担侵权责任。考量校园体育活动中的直接侵权人是否承担侵权责任，应适用一般侵权行为的构成要件，即违法行为、损害结果、因果关系和过错四种。在本案中，损害结果已客观发生。本案被告甄某某对原告王某某的健康权有所侵害，也即违反了法定的不可侵犯他人健康权的义务。但同时，我们仍需考虑此中是否存在违法阻却事由。双方自愿参加体育竞技活动，一定程度上了解激烈体育竞技的对抗性存在可能的不确定性，并接受轻微程度的人身损害风险，符合自甘风险的构成，导致了违法阻却。超出预期的严重人身损害，则不能推定参加体育活动的未成年人愿意自甘风险，需要根据案件具体事实来判断。最后，就是考虑直接侵权人是否具有过错。过错包括故意与过失。故意是行为人预见自己行为的结果，仍然希望它发生或者听任它发生的主观心理状态。对抗性体育运动因其天然的竞技性，行为人对损害结果并无预见能力，故排除故意之适用。过失，系行为人对受害人应负注意义务的疏忽或懈怠。诸如足球、篮球之类的对抗性体育运动不可避免会带来大量身体接触，甚至身体之对抗与接触就是完成比赛的必要方式。在本案以及类似案件中，都是未成年人在进行体育活动，侵权人与受害人囿于认知判断及体育技能的不专业，对体育运动中可能存在的危险较之成年人或职业运动员更无法预见，也不可能完全避免。结合法院已查明的事实可知，王某某及甄某某均无故意违反运动规则，致对方人身受伤的主观过错，因此二人之间系合理范围内的身体冲撞而意外导致的人身损害，直接侵权人甄某某的行为不符合侵权构成的四要件，并不需要承担侵权责任。对于运动中，侵害方并不存在过错。可见，在本案中，被告方最终因不具有过错而使侵权行为的构成要件不完整，侵权行为故而不能成立。

2. 学校或其他教育机构责任的界定

根据《中华人民共和国民法典》第一千二百零一条的规定，幼儿园、学校或者其他教育机构未尽到管理职责的，承担相应的补充责任。学校对学生人身伤害事故承担责任，需证明其未尽到管理职责，主要体现在学校有疏于管理、保护和教育的行为。体育是教育的重要组成部分之一，是必要的教学活动。然而，再详尽的安全防范教育也不可能排除所有体育比赛的风险，且这也正是体育竞技运动的特殊性之所在。我国教育部出台的《学生伤害事故处理办法》第十二条明确规定，在对抗性或者具有风险性的体育竞赛活动中发生意外伤害的，学校已履行了相应职责，行为并无不当的，无法律责任。因此在本案中，学校依据要求组织足球比赛并进行申报，提供符合比赛的足球场地及设施，配备裁判、校医等必备人员，赛前讲解注意事项并进行必要准备活动，事发后及时通知家长并协助就医，履行了相应职责，未疏于管理，不存在承担责任的过错，不应承担责任。

竞技比赛中发生的非恶意肢体碰撞均属意外，不适用侵权责任，学校于管理职责范围内的过错责任亦无法解决赔偿问题。若就足球比赛发生的意外伤害而苛求追究致害人和学校的责任，势必增加体育活动参与者的注意义务，与体育活动必然的危险性相矛盾，进而影响参加竞技体育运动人员的积极性和体育教学，不利于未成年人全面健康成长。因此，未成年人在参加学校体育活动中要提高自身安全保障意识和相关知识，减少自身伤害及伤害他人事故的发生。同时，学校也应绷紧安全保障的弦，全面保护未成年人的人身安全。

编写人：北京市朝阳区人民法院　毛文蝶

四、违反安全保障义务责任

17

对群众性体育活动组织者的安全保障义务不宜过高

——王甲等诉蒋某群众性活动组织者责任案

【案件基本信息】

1. 裁判书字号

广西壮族自治区桂林市秀峰区人民法院（2019）桂0302民初480号民事判决书

2. 案由：群众性活动组织者责任纠纷

3. 当事人

原告：王甲、李甲、王丙、王丁

被告：蒋某

【基本案情】

王甲系王乙父亲、李甲系王乙母亲，王乙与王丙系夫妻关系，二人生育一女王丁。2018年6月底，蒋某成立旭日国标气排球微信群，用于群友之间联络打球。2018年11月10日前，蒋某应群友的要求组织比赛，遂在该微信群发布比赛公告，比赛公告载明比赛场地、时间及意外保险由参赛人员自行购买等事项。蒋某负责收集参赛人员的报名费、联系场地、安排比赛场次和购买比赛用品，裁判、记录员则由比赛间隙有空的群员担任。王乙交纳20元给蒋某，报名参加比赛。2018年11月11日比赛当天，上午进行了3场比赛，中午休息，下午进行了2场比赛。

王乙在下午进行第二场比赛时，突然晕倒在场上。蒋某见状后，马上呼喊有急救知识的群友过来救治，对王乙行心肺复苏、人工呼吸。在二人抢救王乙时，蒋某于当天16时42分用手机拨打120急救电话。120救护车于17时13分将王乙送入桂林市妇女儿童医院急诊科抢救，后经抢救无效死亡，死亡医学证明（推断）书载明死亡原因为猝死。

蒋某按实际场地使用时间支付场地费450元，并在王乙去世当晚，组织微信群群友进行爱心捐助（包括剩余报名费）。

另查明，2018年11月11日，桂林市举办国际马拉松比赛，桂林市公安局于2018年11月1日发布交通管制通告，2018年11月10日的管制路段非涉案赛事地点，管制时间也非涉案赛事时段。

四原告认为被告在组织气排球赛事过程中，安排比赛场次过多、未合理安排比赛时间、没有为参赛人员购买保险、未制订应急预案，对王乙的死亡应承担侵权责任，应赔偿四原告各项损失的30%。

【案件焦点】

蒋某作为群众性业余体育活动的组织者是否尽到了安全保障义务。

【法院裁判要旨】

广西壮族自治区桂林市秀峰区人民法院经审理认为：蒋某组建旭日国标气排球微信群，发布公告组织了本次赛事，并负责收取报名费、联系场地、安排比赛场次、购买比赛用品，系活动赛事的活动组织者，但仅收取群友每人20元报名费，其支出的场地费及比赛奖励等费用已超过收取的费用，并未从中营利。结合证人梁某某的证言，王乙晕倒在地之前并未与他人有身体接触，其损害后果并非第三人造成。蒋某已在比赛公告中提示参赛人员需身体健康，并自行购买保险。比赛过程中，发现王乙晕倒后，立即组织在场的医护人员进行抢救，拨打120电话。四原告认为安排比赛场次过多，导致原告过度劳累致死，未提交相关证据予以佐证，不予采信。经查，比赛当天下午比赛场地周边并非桂林市国际马拉松比赛管制路段，四原告认为被告没有合理安排比赛时间，导致贻误抢救时间与事实不符。综上，蒋某尽到了作为群众性活动组织者的安全保障义务，对王乙的死亡不应承担侵权责任。

广西壮族自治区桂林市秀峰区人民法院依照《中华人民共和国侵权责任法》

第三十七条、《中华人民共和国民事诉讼法》第六十四条第一款、《最高人民法院关于适用〈中华人民共和国民事诉讼法〉的解释》第九十条之规定，作出如下判决：

驳回王甲、李甲、王丙、王丁的诉讼请求。

【法官后语】

气排球运动是一项集运动、休闲、娱乐为一体的群众性体育项目，老少皆宜，在桂林地区非常普及。本案被告系退休人员，为组织中老年群友进行气排球运动，组建了旭日国标气排球微信群。在进行涉案比赛过程中，群友王乙猝死，当晚被告还组织群友进行爱心捐款，半年后四原告作为家属却将被告诉至法院，要求赔偿22万余元。该案在桂林地区引起广泛关注，许多市民通过线上发帖的方式讨论案情，在开庭当天亦有四十余名气排球爱好者至法院旁听庭审。在案件审理过程中，桂林地区众多气排球微信群群主由于害怕担责，有的选择与群友签订书面免责状，有的甚至不敢再组织进行比赛。本案的判决，对当地气排球运动的良性开展具有导向性意义。

经查，王乙晕倒在地之前，并无接触他人，故可排除第三人行为造成其损害后果的情形。本案的争议焦点在于被告蒋某作为群众性业余体育活动的组织者是否违反安全保障义务。

违反安全保障义务的侵权行为，是指依照法律规定或者约定对他人负有安全保障义务的人，违反该义务，因而直接或者间接地造成他人人身或者财产权益损害，应当承担损害赔偿责任的侵权行为。违反安全保障义务侵权责任的构成，包括以下四个要件：（1）未尽安全保障义务；（2）有受害人受到人身、财产损害的事实；（3）损害事实与未尽安全保障义务的行为之间具有因果关系；（4）违反安全保障义务行为的行为人具有过错（未尽注意义务的过失）。

未尽安全保障义务的行为，一般是消极行为，是不作为的行为形态。依据诚信原则以及公序良俗原则，被告蒋某作为体育活动的组织者邀请群友进行体育比赛，其负有一定的保障参赛人员安全的义务。但体育活动对参加者的身体健康有较高的要求，王乙作为完全民事行为能力人，应对自己参加体育活动的风险有一个理性的认知。被告蒋某作为涉案赛事活动组织者计划了活动的时间、限制了活动参加人数、通报了活动强度、强调了活动纪律、在选择参赛人员时考察了参赛者以往的活动经历，并将活动的风险和责任的承担告知参赛者，已经做到了对活动风险的理性认知和防范；在事发当天王乙晕倒后，被告蒋某组织群友中的医护人员对其采取了人工呼吸等救助措施，并拨打急救电话求助，采取的救助措施符合当时的客观环境及自身条件，履行了积极的救助义务。因此，被告蒋某作为涉案赛事活动组织者尽到了合理限度内的安全保障义务，对王乙的死亡后果，不承担侵权责任。

笔者认为，对于非营利性的群众性体育活动，不宜对组织者应尽的安全保障义务要求过高，组织者仅尽到适当的安全保障义务即可。

编写人：广西壮族自治区桂林市秀峰区人民法院　魏友杨

18

安全保障义务与自担风险的平衡

——李某诉风雨阳公司、卢沟桥分公司生命权、健康权、身体权案

【案件基本信息】

1. 裁判书字号

北京市第二中级人民法院（2019）京 0106 民初 7013 号民事判决书

2. 案由：生命权、健康权、身体权纠纷

3. 当事人

原告（被上诉人）：李某

被告（上诉人）：风雨阳公司

被告：卢沟桥分公司

【基本案情】

2018 年 7 月 31 日 17 时许，在卢沟桥分公司开办的游泳馆内，原告在泳池边台子上，其孙子在泳池内，原告在台子处拖拽其孙子出泳池，后原告不慎脱手自台子上方跌落至台子下方，原告倒地。原告倒地后一直坐在地面上，其孙子继续游泳玩

耍，约40分钟后原告欲站立，发现无法起身，其他游泳人员告知游泳馆工作人员后，工作人员询问原告情况，后120急救中心工作人员将原告送至医院。原告因左股骨粗隆下骨折、皮肤软组织损伤伴皮擦伤、高血压住院治疗，就此发生医疗费。

经原告申请，法院委托北京通达法正司法鉴定中心对原告的伤情进行司法鉴定，该所于2019年3月22日出具京通法鉴（2019）临鉴字第483号司法鉴定意见书，鉴定意见如下：1. 被鉴定人李某的伤残等级为十级；2. 被鉴定人李某的误工期为300日、护理期为120日、营养期为90日。

卢沟桥分公司是风雨阳公司的分支机构，不具备独立承担民事责任的能力。原告同时起诉了风雨阳公司和卢沟桥分公司，主张二被告未尽到安全保障义务，请求二被告赔偿经济损失和精神损害赔偿。

【案件焦点】

1. 本案中发生的事故是否适用安全保障义务条款；2. 本案责任比例如何确定。

【法院裁判要旨】

北京市丰台区人民法院经审理认为：宾馆、商场、银行、车站、娱乐场所等公共场所的管理人或者群众性活动的组织者，未尽到安全保障义务，造成他人损害的，应当承担侵权责任。被侵权人对损害的发生也有过错的，可以减轻侵权人的责任。

李某到卢沟桥分公司开办的游泳馆游泳，在拖拽其孙子的过程中不慎从泳池边的台子上跌落导致受伤致残，卢沟桥分公司未尽到安全保障义务，应当承担赔偿责任；李某作为完全行为能力人，在陪同其孙子游泳时，应当告知孩子从扶梯处出入泳池，在拖拽其孙子的过程中应当控制好力度、选择安全的位置，李某在其孙子没有在扶梯处出入泳池时，没有提醒告知，在拖拽其孙子从泳池台子边出泳池时，没有尽到安全注意义务，故李某对其受伤亦有过错，应当减轻卢沟桥分公司的责任，酌定由卢沟桥分公司承担50%的责任。卢沟桥分公司作为风雨阳公司的分支机构，其民事责任应由风雨阳公司承担。

北京市丰台区人民法院依照《中华人民共和国侵权责任法》第二十六条、第三十七条第一款，《中华人民共和国民法总则》第七十四条，《最高人民法院关于审理人身损害赔偿案件适用法律若干问题的解释》第十七条第一款和第二款、第二十五条第一款、第三十条的规定，判决如下：

一、风雨阳公司于本判决生效之日起七日内赔偿李某医药费 42442.5 元；

二、风雨阳公司于本判决生效之日起七日内赔偿李某残疾辅助器具费 443 元；

三、风雨阳公司于本判决生效之日起七日内赔偿李某住院伙食补助费 2200 元；

四、风雨阳公司于本判决生效之日起七日内赔偿李某营养费 4500 元；

五、风雨阳公司于本判决生效之日起七日内赔偿李某误工费 17500 元；

六、风雨阳公司于本判决生效之日起七日内赔偿李某护理费 12000 元；

七、风雨阳公司于本判决生效之日起七日内赔偿李某残疾赔偿金 57791.5 元；

八、风雨阳公司于本判决生效之日起七日内赔偿李某精神损害抚慰金 5000 元；

九、风雨阳公司于本判决生效之日起七日内给付李某鉴定费 1575 元；

十、驳回李某的其他诉讼请求。

二审法院同意一审法院裁判意见。

【法官后语】

时至今日，从事经营活动的民事主体一般都会主动审查自身是否尽可能履行了安全保障义务、是否降低了风险发生的可能性。然而整体性风险的降低，不仅需要从事经营活动的民事主体提供安全保障措施，也需要参与其活动的消费者尽到注意义务。

安全保障义务来源于德国法上的“社会交往安全义务”。该义务是通过实践中的司法案例判决形成的一项义务。它是指从事经营活动或群众性活动的主体应当在合理的范围之内，提供一切安全的、有必要的、适当的措施，以免他人遭受人身及财产损害的义务。我国立法明确规定了宾馆、商场、银行、车站、娱乐场所等公共场所的管理人或者群众性活动的组织者负有安全保障义务，未尽到相应义务的，应当承担侵权责任。

本案中，卢沟桥分公司经营室内游泳池，该场地属于公共场所，作为经营者应当采取尽可能的措施降低该场所的风险。游泳馆内地面湿滑，相对其他场所的风险较高。游泳馆的经营者应当根据相关规定配备救生员、及时提供医疗救助等，该义务应当包含在其应当提供的安全保障义务之内。发生案涉事故时，卢沟桥分公司的游泳馆内工作人员未对原告拖拽孙子出游泳池的行为进行制止和风险提示。发生事故后，卢沟桥分公司的工作人员对未在泳池岸边久坐的原告进行询问。故足以认为，卢沟桥分公司在经营过程中，没有尽到安全保障义务，应当承担相应的责任。

被侵权人对损害的发生也有过错的，可以减轻侵权人的责任。本案中，李某作为完全行为能力人、作为有生活常识的人，在游泳馆内进行活动时应当注意安全。在陪同其孙子游泳时，不仅是陪同，而且应当教育、提醒孙子安全游泳避免风险。从案件视频录像看，李某在拖拽其孙子过程中没有控制好力度、选择安全的位置，导致脱手，反弹摔向地面。李某在其孙子没有在扶梯处出入泳池时，没有提醒告知，在拖拽其孙子从泳池台子边出泳池时，没有尽到安全注意义务，故李某对其受伤亦有过错，应当减轻卢沟桥分公司的责任。

编写人：北京市丰台区人民法院　刘开委

19

“乘客须知”告示能否等同于尽到安全保障义务

——翟某诉××动漫城、平安财保洪湖公司公共场所管理人责任案

【案件基本信息】

1. 裁判书字号

湖北省洪湖市人民法院（2019）鄂 1083 民初 268 号民事判决书

2. 案由：公共场所管理人责任纠纷

3. 当事人

原告：翟某

被告：××动漫城、平安财保洪湖公司

【基本案情】

2018 年 7 月 19 日晚，原告翟某携妻子、女儿、外孙到被告××动漫城玩碰碰车，购买了两张碰碰车票后，原告翟某独自驾驶 1 号碰碰车，女儿陪伴外孙驾驶另一辆碰碰车。在驾驶碰碰车娱乐过程中，原告翟某驾车碰撞到护栏边的防撞坎，原告身体前移导致左腿髌骨与碰碰车体挤压骨折受伤，原告受伤后在洪湖市人民医院住院治疗 56 天，花费医疗费 20237.77 元。原告单方委托武汉中诚法医

司法鉴定所作出《司法鉴定意见书》，支出鉴定费用3000元。被告平安财保洪湖公司不服该鉴定，经湖北同济法医学司法鉴定中心重新鉴定认定：翟某伤残程度十级，后期医疗费1.5万元或据实赔付，自受伤之日起，给予误工时间180日，营养时间90日。

另查明，被告××动漫城办理了营业执照、娱乐经营许可证、特种设备使用登记证，安全护栏和车辆设备完好，入口处有碰碰车乘客须知提示安全注意事项，营业期间有工作人员驻守。被告××动漫城在被告平安财保洪湖公司投保平安公众责任保险，保险期间为2017年11月28日至2018年11月27日，每次事故赔偿限额1000000元，每次事故每人赔偿限额300000元，本保单对人身伤亡每次事故绝对免赔额为300元或损失金额的10%，本次事故发生在保险期间。原告翟某认为，被告××动漫城对其经营场所内游玩的人负有安全保障义务，应当对其娱乐设施设备、保护防范、应急救助、入场人员管理等各方面具备足以保障游客安全的条件和管理措施，但在经营管理期间，却发生翟某在动漫城内开碰碰车受伤的事件，足以说明其场所在管理、安全保障方面存在隐患和疏漏。

【案件焦点】

被告××动漫城是否尽到了安全保障义务。

【法院裁判要旨】

湖北省洪湖市人民法院经审理认为：当事人对原告在被告××动漫城消费时发生人身损害的事实没有异议，结合庭审查明的事实以及原告受伤时的监控视频证据，被告××动漫城是取得娱乐经营许可证的合法经营主体，车辆、设施正常。在原告进入碰碰车场消费时，入口处有“乘客须知”标志牌，醒目提示“入座后，必须系好安全带”。但在原告进入碰碰车驾驶时，被告××动漫城工作人员未对原告是否系好安全带进行检查，导致原告未系安全带驾驶碰碰车碰撞防撞坎时，原告身体前移导致左腿髌骨与碰碰车体挤压骨折受伤，被告××动漫城未完全尽到安全保障义务。

《中华人民共和国侵权责任法》第三十七条第一款规定，宾馆、商场、银行、车站、娱乐场所等公共场所的管理人或者群众性活动的组织者，未尽到安全保障义务，造成他人损害的，应当承担侵权责任。原告翟某在被告××动漫城消费时受伤，被告××动漫城未完全尽到安全保障义务，依法应当承担侵权责任。该法第二十六条规定，被侵权人对损害的发生也有过错的，可以减轻侵权人的责任。原告翟某作为成年人，在参与碰碰车这类有一定碰撞危险的消费项目时，忽视“乘客须知”的安全提示，存在一定过错，依法可以减轻被告××动漫城的部分责任，法院酌定责任比例为5.5/4.5。因此，原告损失129615.77元，由被告××动漫城按责任比例55%承担71288.7元，其余45%损失由原告翟某负担。因被告××动漫城在被告平安财保洪湖公司投保平安公众责任保险，故被告平安财保洪湖公司在保险限额范围内扣除每次事故绝对免赔额损失金额的10%后赔偿64159.8元；被告平安财保洪湖公司未予赔付的免赔额损失金额的10%即7128.9元（71288.7－64159.8＝7128.9）由被告××动漫城予以赔偿，因被告××动漫城已垫付2000元，被告××动漫城还需负担5128.9元。

湖北省洪湖市人民法院依照《中华人民共和国侵权责任法》第三十七条第一款、第二十六条，《最高人民法院关于审理人身损害赔偿案件适用法律若干问题的解释》第十七条第一款和第二款、第十八条，《中华人民共和国保险法》第十四条、第六十四条、第六十五条、第六十六条，《中华人民共和国民事诉讼法》第六十四条、第一百四十二条的规定，判决如下：

一、被告平安财保洪湖公司于本判决生效之日起十日内赔偿原告翟某人身损失款64159.8元，被告××动漫城赔偿原告翟某人身损失款5128.9元；

二、驳回原告翟某的其他诉讼请求。

【法官后语】

对于是否尽到安全保障义务的判断，因案而异。由于现实生活千差万别，无法找到一个统一的标准，应当具体问题具体分析，充分利用客观上存在的一些要素，如从安全保障义务的性质、侵权行为的性质和力度、安全保障义务人的保安能力以及发生侵权行为前后所采取的防范、制止侵权行为的措施等方面，综合判断。

就本案而言，对所有进入该游乐场所的人，公共场所管理人对特殊风险、安全警示都应有告知、警示的义务。只有这样，公众才能采取避免损害的相应措施。这是一般标准，也是最低标准。原告进入碰碰车场消费时，入口处有“乘客须知”标志牌，醒目提示“入座后，必须系好安全带”。从这个角度看，公共场所管理人履行了安全保障义务。当然，如果法律对公共场所安全保障的内容和管理人行为的标准有直接规定，即应该依法律规定来判定是否尽到安全保障义务。但仅仅履行这个一般标准，是否就能证明公共场所管理人尽到了安全保障义务呢？对于与其有交易、邀请等特殊结合关系的人，公共场所管理人负有“交易上必要的注意”义务，高于侵权法上的一般人的注意标准，或者为善良管理人的标准。依据管理人的职业、是某种社会活动的成员、出于某一年龄阶层等来判断其通常所应该具备的认识。这种判断标准是一种“中等偏上”的标准，即一个合理的、审慎的人的行为标准。乘客购票驾驶碰碰车，碰碰车这类游玩设备存在一定的碰撞安全风险，系好安全带是驾驶的前提。所以，公共场所的工作人员应当提示并检查乘客是否系好安全带，否则，公共场所的管理人就未尽到适当的安全保障义务。

受害人有过错的，可以减轻侵权人的责任。本案的原告自身具有避免发生危险之识别能力或注意能力。原告作为成年人，在参与碰碰车这类有一定碰撞危险的消费项目时，忽视了“乘客须知”的安全提示，自身存在一定过错，故依法减轻公共场所管理人的责任。

编写人：湖北省洪湖市人民法院　王娟

20

当事人对事发事实存在争议时餐饮经营者应对事发情况承担举证责任

——陈某诉人人餐饮公司公共场所管理人责任案

【案件基本信息】

1. 裁判书字号

北京市朝阳区人民法院（2019）京0105民初7285号民事判决书

2. 案由：公共场所管理人责任纠纷

3. 当事人

原告：陈某

被告：人人餐饮公司

【基本案情】

被告系餐饮经营企业。2018年10月22日，原告在被告处用餐时从吧台椅上摔倒在地受伤。当日，被告陪同原告到煤炭总医院就诊，诊断为骶尾部软组织伤等，当天医疗费由被告支付。2018年10月27日，原告再次到煤炭总医院就诊，临床印象为骶骨骨折，建议休息3天。2018年11月7日及2018年11月14日，原告又两次到煤炭总医院治疗。煤炭总医院于2018年11月14日出具诊断证明，临床印象为骶尾部外伤、尾骨病，建议休息一周，随诊。经查，原告共计支付医疗费1790.03元。

基于上述情况，原告的诉讼请求为要求被告赔偿原告误工费20000元及后续治疗费3000元、营养费2000元、精神损失费1000元。

原告称其摔倒的原因是原告的吧台椅面与椅腿分开，摔倒后被告将椅子拿走。被告对此否认，称事发时没有椅子损害的情况发生，其吧台椅的高度约90厘米。经询，被告称事发时原告摔倒的位置位于角落，不在监控范围内，且监控录像只保存7天，当时原告没有提取，也没有记录，其店里安装的监控摄像头有十几个，故被告答辩称，原告称我店椅子面和腿分开导致原告摔倒在地，与事实不符。当时椅子是完好的，也没有人碰原告，不同意原告全部诉讼请求。原告称其就餐的位置并非角落，而是大堂中间的位置。经询，双方均称事发当时未拍摄现场照片。

【案件焦点】

1. 原告摔倒是否系因吧台椅损坏造成；2. 双方均未提供事发当时的证据时，谁对此有举证义务。

【法院裁判要旨】

北京市朝阳区人民法院经审理认为：原告在被告处就餐从吧台椅上摔倒受伤，双方就原告摔倒是否系因吧台椅损坏造成有争议，考虑到原告摔倒受伤，具有伤痛影响，难以有效固定现场证据，在此情况下，被告作为餐馆的经营者，有义务保护现场固定相关证据。现被告在双方纠纷未决之际，既不能提供现场监控视频，又没做当场的证据采集，贸然对现场进行了破坏，不利于原告在合理时间就事发情况取证，故应由被告承担事发情况的举证责任。

鉴于本案原告就餐所坐的吧台椅本身较高，具有一定危险性，一旦椅子本身出现损害，极易引发严重摔伤，原告的陈述具有一定合理性。综合现场就餐情况及双方举证责任分配情况，对原告主张的因被告吧台椅损害造成其摔伤的事实予以认定。关于原告损失，根据原告的举证认定医疗费 1790.03 元，酌定误工费为 4000 元。关于后续治疗费，尚未实际发生，不予支持。关于营养费和精神损失费，原告伤情较轻，不予支持。

北京市朝阳区人民法院依据《中华人民共和国侵权责任法》第十六条、第三十七条第一款，《最高人民法院关于民事诉讼证据的若干规定》第七条之规定，判决如下：

一、人人餐饮公司于本判决生效之日起七日内赔偿陈某医疗费 1790.03 元、误工费 4000 元；

二、驳回陈某的其他诉讼请求。

【法官后语】

宾馆、商场、银行、车站、娱乐场所等公共场所的管理人或者群众性活动的组织者，未尽到安全保障义务，造成他人损害的，应当承担侵权责任。餐饮经营企业作为公共场所的管理人负有保障就餐者免遭损害的义务，且义务的确定也在餐饮企业管理人的管理和控制能力范围之内。结合本案，原、被告就吧台椅是否损坏、吧台椅的位置位于角落还是大堂、吧台椅的位置是否在监控范围内、原告摔倒是否是因为吧台椅损坏造成的说法均不一致，而双方对上述争议事实均称无法举证证明，这就引发了举证责任分配的问题。

举证责任分配具有法定性，实体法律规范本身包含了法律对举证责任分配的内容，原则上举证责任由法律分配。2001 年《最高人民法院关于民事诉讼证据的若干规定》第七条规定，在法律没有具体规定，依本规定及其他司法解释无法确定举证责任承担时，人民法院可以依据公平原则和诚实信用原则，综合当事人举证能力等因素确定举证责任的承担。该条款是对法官分配举证责任的规定。虽然 2020 年 5

月1日起适用的《最高人民法院关于民事诉讼证据的若干规定》删去了上述举证责任的规定，但在特殊的情况下，按照法律分配的举证责任会导致明显不公平的结果时，法官仍可以根据诚实信用原则、公平原则等因素分配举证责任。

根植于社会基本价值判断中的安全保障义务，本身就是为受害人的权利保护而创设的，所以受害人应承担对安全保障义务人的过错举证的责任，这亦体现了利益的平衡。本案中双方均认可原告就餐时摔倒，但双方就原告摔倒是否系因吧台椅损坏造成有争议。餐饮经营者利用其经营的场所、设施并从中获利，对其经营场所、服务设施和就餐环境负有安全保障义务，其应对其场所具有控制危险发生和扩大的能力，在经营场所的消费者及其他人无能力亦没有义务来承担风险。结合本案，考虑到原告摔倒受伤，具有伤痛影响，难以有效固定现场证据。在此情况下，被告作为餐馆的经营者，有义务也有能力保护现场并固定相关证据。而被告事发后对现场进行了破坏，导致原告无法在合理期限内对现场证据进行取证，在法院审理过程中，被告又未向法院提交照片或视频证明事发情况，据此可分配双方的举证责任，认定应由被告承担事发情况的举证责任。在法院已释明举证责任后，被告仍未提供证据，鉴于本案原告就餐所坐的吧台椅本身较高具有一定危险性，一旦椅子本身出现损害极易引发严重摔伤的情况，法院对原告主张的因被告吧台椅损害造成其摔伤的事实予以认定。综上，当事人对事发事实存在争议时，法院依据公平原则认定应由餐饮经营者承担举证责任并非苛责，在经营者没有证据表明其尽到了合理限度范围内的安全保障义务时，其应该承担举证不能的后果。

编写人：北京市朝阳区人民法院　马悦

21

地铁车站对残障人士安全保障义务的合理限度与责任认定

——宋某某诉地铁一分公司生命权、健康权、身体权案

【案件基本信息】

1. 裁判书字号

北京市朝阳区人民法院（2018）京 0105 民初 31005 号民事判决书

2. 案由：生命权、健康权、身体权纠纷

3. 当事人

原告：宋某某

被告：地铁一分公司

【基本案情】

宋某某因患病，需坐轮椅出行。2016 年 9 月 6 日 13 时 50 分，宋某某及父母乘坐地铁到达惠新西街南口站 C 出口准备刷卡出站。宋某某询问地铁工作人员有无直梯出站，被告知没有直梯的情况下，宋某某乘坐父母推行的轮椅，于 13 时 54 分自行搭乘自动扶梯出站。13 时 55 分 07 秒，轮椅在扶梯上摔倒，宋某某随轮椅倒下并受伤。约 1 分钟后地铁工作人员赶到，为宋某某提供了帮助。后宋某某被送往中国人民解放军海军总医院进行救治，经诊断为右股骨远端骨折、右踝关节撕脱性骨折。宋某某住院 15 天后出院。

【案件焦点】

残障人士搭乘地铁出行，地铁车站管理人对残障人士的安全保障义务的合理限度与责任认定。

【法院裁判要旨】

北京市朝阳区人民法院经审理认为：宋某某自行乘坐轮椅搭乘自动扶梯摔倒受

伤，其主张地铁一分公司没有设置直梯，也无专人为残障人士提供帮助，其未尽到安全保障义务，因此应由地铁一分公司承担责任。从本案录像、照片证据及宋某某对录像的质证意见来看，自宋某某及家人到达出站刷卡口向地铁工作人员询问是否有直梯到自行搭乘自动扶梯再到摔伤，整个过程仅不到5分钟，表明其自地铁工作人员处得知没有直梯出站后在很短时间内便决定自行搭乘自动扶梯出站。宋某某也在庭审中表示在其走向自动扶梯时有地铁工作人员制止。结合自动扶梯上粘贴的安全乘梯提示标识及规定以及宋某某受伤后作出的表述，可见宋某某及家人知晓不能乘坐轮椅搭乘自动扶梯却仍然为之，其作为完全民事行为能力人，更应予以适当的注意和自我保护。宋某某及家人没有尽到注意义务，应对宋某某受伤承担主要责任。

根据法律规定，宾馆、商场、银行、车站、娱乐场所等公共场所的管理人或者群众性活动的组织者，未尽到安全保障义务，造成他人损害的，应当承担侵权责任。地铁一分公司在自动扶梯上粘贴安全乘梯提示标识及规定，并对宋某某乘坐自动扶梯加以了制止，其尽到了一定的安全保障义务。然而，地铁一分公司当庭提交证据表示出站口设置有无障碍设施，只要拨打无障碍设施呼叫电话即可启动无障碍设施。宋某某作为乘车人，无法详尽知晓地铁出站口设置有何种类型的无障碍设施，地铁工作人员告知宋某某该出站口没有设置直梯时，应主动向宋某某告知其可以使用无障碍设施出站，并加以引导，但双方提交的证据无法证明地铁工作人员提供了引导帮助，对此地铁一分公司应承担一定责任。基于本案现有证据和责任分析，就宋某某所受伤害，法院酌定宋某某承担责任比例为80%，地铁一分公司为20%。

关于损失具体数额，地铁一分公司对宋某某提交的证据全部认可，故确定宋某某的损失为医疗费82997.28元、交通费431元、护理费12000元、营养费4500元、住院伙食补助费900元、鉴定费3150元、鉴定检查费551.36元，以上合计104529.64元。根据责任比例划分，由宋某某自行负担83623.71元，由地铁一分公司负担20905.93元。

北京市朝阳区人民法院依据《中华人民共和国侵权责任法》第十六条、第二十六条、第三十七条，《最高人民法院关于审理人身损害赔偿案件适用法律若干问题的解释》第十九条、第二十一条、第二十二条、第二十三条、第二十四条之规定，判决如下：

一、地铁一分公司于本判决生效之日起十日内赔偿宋某某医疗费、交通费、营养费、护理费、住院伙食补助费、鉴定费及鉴定检查费共计20905.93元；

二、驳回宋某某的其他诉讼请求。

【法官后语】

残障人士等特殊社会成员平等参与社会生活，需要全社会的支持与关怀，其必要条件是无障碍环境的建设与有效管理。近年来，无障碍环境建设逐步得到全社会的重视，在各有关方面的共同努力下，我国无障碍建设取得了积极的进展。本案的纠纷就发生在残障人士乘坐地铁出行的过程中，争议焦点也系原告宋某某在坐轮椅时乘坐滚梯发生轮椅倾倒，导致其受人身损害的责任由谁承担。笔者认为，应从两个方面对原告宋某某的损失加以考量。

首先，地铁公司注意义务的必要限度——与地铁经营活动相关的注意义务。宾馆、商场、银行、车站、娱乐场所等公共场所的管理人或者群众性活动的组织者，未尽到安全保障义务，造成他人损害的，应当承担侵权责任。公共场所违反安全保障义务的情况通常分为四种：设施设备未尽安全保障义务，如电梯、旋转门、自动门等危险性设备致人受伤；服务管理未尽安全保障义务，如在人多拥挤的场合未采取防范措施致人受伤、对特殊需求人群未尽警示告知提醒义务；防范制止第三人侵权行为未尽安全保障义务，如在公共场所侵权行为进行时管理人未予以及时制止，致人受伤；未尽到提示义务，如对于刚清洁完的地板未标注“小心地滑”。对于公共场所管理人，尤其是对残障人士开放的管理人而言，需要加强具有危险性设施设备的检修和维护力度，做好公共场所的危险性设施巡查及安全提示工作，定期派专人对场所内的各项设施进行安全检查，还须不断提高管理水平和服务意识，维护好场所秩序，避免残障人士受到人身损害。地铁公司在地铁站出（进）站口设置有无障碍设施（直梯），残障人士拨打无障碍设施呼叫电话即可启动无障碍设施，站内设置有盲道等，在自动扶梯上还粘贴安全乘梯提示标识及规定，有工作人员对残障人士加以引导等，这些安全保障措施对于地铁这一公共场所来说是必需的，如果缺少而致残障人士损害，都需承担侵权的主要责任。本案中，地铁一分公司尽到了上述义务，应该认定其尽到了大部分的必要的注意义务。但是，残障人士相对于普通人，其需要更多的照顾与关怀，需要公共场所管理人给予尽可能多的注意。本案中，宋某某作为乘车人而非地铁工作人员，其无法详尽知晓地铁哪个出站口设置了无障碍设施，设置有何种类型的无障碍设施，其在向地铁工作人员询问上述问题的时候即是其需要帮助的时候，地铁工作人员应主动向宋某某告知其可以使用无障碍设施出站，并加以引导。但双方提交的证据无法证明地铁工作人员提供了引导帮助，对此地铁一分公司应承担一定的责任。

其次，被侵权人因自身参与过失应承担风险。具备完全民事行为能力的人故意或不合理地使自己处于其明知的一项危险活动的损害风险中，则由行为人自己承担风险。成年人应是自身安危的第一责任人，不能把自己的人身安全寄托在相关机构无时无刻的提醒之下。残障人士出行活动应“趋利避害”，更应遵守在公共场所活动的行为规范。进入地铁车站，靠近或使用危险性设备时，残障人士及其家人更须提高警惕，具有一定的注意义务。未尽注意义务导致人身损害，必然需要自行承担一定比例的责任。从本案录像、照片证据以及当事人的陈述来看，宋某某及其家人作为完全民事行为能力人，未尽适当的注意和自我保护，应承担风险责任，对宋某某受伤承担主要责任。

综合以上两点，地铁的安全保障义务应当在合理的限度范围内，在被侵权人自身未尽必要注意义务时，不能苛求地铁公司承担不合理的高度危险防免义务。同时，为兼顾保护弱者与公平原则，在本案这类案件中残障人士等特殊人群可能取证困难，可以尝试适用过错推定原则和公平责任。即地铁一方能够举证证明其已尽到了当时技术条件允许范围内的相应安全保障义务的，可以减轻或者免除其责任，否则推定其对损害的发生具有过错。在地铁一方无过错的情况下，也可以考虑对残障人士给予一定的照顾，适用公平原则给予弱者适当的补偿。

编写人：北京市朝阳区人民法院　毛文蝶

22

网络直播服务提供者的侵权责任认定

——何某诉北京密境公司网络侵权责任案

【案件基本信息】

1. 裁判书字号

北京市第四中级人民法院（2019）京04民终139号民事判决书

2. 案由：网络侵权责任纠纷

3. 当事人

原告（被上诉人）：何某

被告（上诉人）：北京密境公司

【基本案情】

本案所涉案外人吴某宁为原告何某之子，吴某宁从2017年开始在被告北京密境公司旗下的网络平台“花椒直播”（以下简称花椒平台）发布徒手攀爬高楼等高度危险性视频，百度百科词条载明：吴某宁，微博名“吴某宁”，国内高空挑战“第一人”。

根据被告调取的视频内容显示，自2017年7月27日吴某宁第一次上传视频至2017年11月1日，吴某宁共计上传视频154个。绝大部分视频内容均为其攀爬各种办公楼、铁塔、烟囱等高空建筑或在上述高空建筑顶端或边缘处表演行走等高空危险性表演。

2017年9月12日，被告邀请吴某宁为其花椒平台6.0版本作推广活动，进行户外挑战视频的拍摄，将身体悬挂在楼梯处，并同时做若干个动作，全程露出“花椒6.0”的字样，后被告通过案外人张某支付吴某宁酬劳2000元。

2017年11月8日，吴某宁在攀爬长沙华远国际中心大楼拍摄危险动作视频时不慎坠落，其后身亡。

2017年12月12日，被告封禁了该账号。庭审中，依据被告的陈述，对于粉丝给吴某宁的打赏，其收益是由花椒平台与吴某宁按照比例进行分成。

原告主张被告应当承担对吴某宁死亡的侵权责任，故请求被告赔偿原告共计6万元，并要求被告赔礼道歉。但被告认为，第一，花椒平台提供信息存储空间的行为不是侵权行为。第二，被告没有处理吴某宁上传视频的法定义务，不作处理不具违法性。第三，被告与吴某宁之间就花椒平台新版本软件的推广合作不是加害行为。第四，被告前述行为与吴某宁高坠身亡不具法律意义上的因果关系。第五，被告前述行为不具有主观侵权过错。故被告不应承担侵权责任。

【案件焦点】

1. 网络直播平台对直播危险行为发生损害是否承担侵权责任；2. 认定网络直播平台对直播危险行为担责能否直接适用安全保障义务条款。

【法院裁判要旨】

北京互联网法院经审理认为：关于网络服务提供者是否应对网络用户承担安全保障义务的问题，北京密境公司作为网络服务的提供者和管理者，其在特定情况下对吴某宁所上传危险动作视频应具有一定的发现排查能力，负有且并未完全尽到安全保障义务。

花椒平台为吴某宁提供网络上传视频的通道，借助吴某宁的知名度进行宣传，对其持续进行该危险活动起到了一定的促进作用。北京密境公司未尽到安全保障义务是导致吴某宁坠亡的诱导性因素，二者具有一定的因果关系，且对吴某宁的坠亡具有过错。

北京互联网法院依照《中华人民共和国侵权责任法》第三十六条第一款、第三十七条第一款等规定，判决如下：

一、北京密境公司赔偿何某3万元；

二、驳回何某的其他诉讼请求。

北京密境公司不服，提起上诉。北京市第四中级人民法院经审理认为：侵权责任法第三十七条第一款规定了违反安全保障义务的侵权责任。该条文规定的安全保障义务是物理公共场所的管理人或者组织者负有的保障他人人身、财产安全的注意义务。网络服务提供者是否可以扩大解释适用上述规定，尚存争议。在适用侵权责任法第六条第一款规定的过错责任原则能够归责的情况下，不必扩大解释侵权责任法第三十七条第一款的适用范围。故一审判决适用法律有误，应当予以纠正。

北京密境公司主张吴某宁的行为是自甘冒险行为。吴某宁从事的高空建筑物的攀爬活动并非一项具有普通风险的文体活动，而是对他人和自己都存在巨大安全风险的活动；况且侵权责任法并未规定自甘冒险规则，北京密境公司亦非活动的参加者，故无法援引自甘冒险规则免除责任。综上，一审法院适用法律错误，但裁判结果正确。

北京市第四中级人民法院依照《中华人民共和国侵权责任法》第六条、第二十六条，《中华人民共和国民事诉讼法》第一百七十条第一款第一项，《最高人民法院关于适用〈中华人民共和国民事诉讼法〉的解释》第三百三十四条规定，判决如下：

驳回上诉，维持原判。

【法官后语】

本案系“中国高空极限运动第一人”坠亡案，北京密境公司运营的花椒平台因直播吴某宁坠亡的全过程，引发了公众和媒体的广泛关注和讨论。这一悲剧的发生亦引发了关于网络直播服务提供者对直播内容审核不当是否应当承担侵权责任的探讨。这个案例提供了一个重要的分析样本。

1. 网络直播平台对直播危险行为担责适用过错原则

网络直播平台对用户直播行为负有依照法律法规、公序良俗以及合同授权进行规范管理与采取必要措施的义务。从直播平台营利模式分析，平台与主播按比例共享虚拟礼物打赏一直是直播平台获利的主要方式之一。基于权利与义务相统一原则，网络直播服务提供者享受了直播内容带来的现金收益与流量增幅，应负有对直播内容进行必要审核和采取有效管理措施的义务。网络直播服务提供者未尽到审查义务的，负有疏于审查管理的过错。

北京密境公司在已知吴某宁上传视频具有高度危险性的情况下，还借助其知名度进行推广活动，并支付相应的报酬，疏于对危险直播进行断链、删除或者下架等力所能及的管理措施，故对吴某宁的坠亡存在一定的过错。

在因果关系的认定方面，虽然北京密境公司的行为并不直接导致吴某宁坠亡这一损害结果发生，但并不意味着二者不存在任何联系。北京密境公司在吴某宁坠亡的两个月前，以吸引粉丝、增加关注度为目的，借助其知名度为花椒平台进行宣传并支付酬劳。这对吴某宁持续进行该危险活动起到了一定的诱导和鼓励作用，加大了其坠亡的风险，亦符合侵权行为构成的因果关系要件。

2. 网络直播平台对直播危险行为担责不应直接适用安全保障义务条款

违反安全保障义务的侵权责任是一种特殊侵权责任，在法律法规没有明文规定一方主体作为安全保障义务人的前提下，从法律的谦抑性出发，应优先考虑适用过错原则或者推定过错原则确定侵权责任。

《中华人民共和国民法典》第一千一百九十八条第一款规定了商场、车站等公共场所的管理人或者组织者违反安全保障义务的侵权责任。该条属于现实物理场所的安全保障义务人的侵权责任条款。网络空间作为虚拟公共空间，具有高度技术化和信息化的特征，现实物理场所的基础安全问题在民法理论中是依靠“安全保障义务”制度加以解决的，网络空间中的安全问题有其异于现实物理场所之处。将有形物理空间的安全保障义务扩张到无形网络空间，适用安全保障义务来确定网络服务提供者的网络侵权责任，尚存争议。在目前的民法体系下，当案件事实处于两个或多个规范涵盖范围之内时，应当考虑的是适用何种法律规范更有利于提高事实与法律规范的契合度，从而更好地体现法律正义，维护社会公平正义。本案中，在适用过错责任原则能够归责的情况下，不必扩大解释《中华人民共和国民法典》第一千一百九十八条第一款的适用范围。

网络空间的虚拟性决定了网络侵权所侵害权益的特殊性，个案司法过程有必要进行法律价值的衡量，使裁判结果既能维护公共秩序的稳定，又能兼顾善良风俗、诚实信用原则，保护好各方主体的合法利益。

编写人：北京市第四中级人民法院　朱玲

23

消费者体验 VR 游戏遭受人身损害的责任认定

——周某诉贾永公司生命权、健康权、身体权案

【案件基本信息】

1. 裁判书字号

上海市第一中级人民法院（2019）沪 01 民终 7689 号民事判决书

2. 案由：生命权、健康权、身体权纠纷

3. 当事人

原告（上诉人）：周某

被告（被上诉人）：贾永公司

【基本案情】

2018 年 8 月 19 日，周某与其朋友到贾永公司经营的 VR 游戏体验馆体验 VR 游戏。周某体验的 VR 游戏场景为：游戏者在游戏中乘坐电梯至楼房高层，电梯门打开后，直接连接高空，游戏者沿一根木板走入空中，然后纵身跳下。周某在体验该游戏时摔倒受伤。经治疗，医生开具病情证明单，建议休息 3 日。周某在受伤后，实际支出医疗费 2598.7 元、交通费 356 元以及律师费 5000 元。因双方当事人就赔偿事宜协商未果，周某提起诉讼，请求判令：1. 贾永公司赔偿周某医疗费 2602.7 元、交通费 356 元、营养费 180 元、护理费 450 元、误工费 615 元、精神损害抚慰金 5000 元、后续治疗费 1800 元；2. 贾永公司赔偿周某律师费 5000 元。

贾永公司表示，周某在游戏时系被其朋友推倒而受伤。为此，贾永公司提供了录音证据。同时，贾永公司表示，虽然周某摔倒受伤与该公司无关，但因周某系其顾客，基于对顾客的照顾，该公司愿意补偿周某医疗费 2602.7 元、交通费 356 元、营养费 90 元、护理费 120 元、误工费 615 元，合计 3783.7 元。周某表示，贾永公司提供的录音证据仅是片段，不能证明其系被朋友推倒；其朋友推其是因为后者头

戴VR眼镜无法观察外部环境，在其将要撞到墙的时候，其朋友才推了一下，防止其撞到墙壁。

【案件焦点】

贾永公司就周某所遭受的人身损害是否应当承担侵权责任。

【法院裁判要旨】

上海市徐汇区人民法院经审理认为：周某体验的电子游戏中虽然存在恐怖因素，但恐怖并不等于危险，且游戏中对游戏者的要求仅为正常行走跳动，并无非常规的危险动作，结合周某摔伤部位以及恐怖游戏中通常游戏者的正常反应，根据现有证据，无法认定贾永公司在周某摔倒中存在任何过错，故对周某的诉讼请求不予支持。贾永公司作为经营者，自愿补偿周某因本次事故所受损失，予以确认。

上海市徐汇区人民法院依照《中华人民共和国民法总则》第三条规定，判决如下：

一、驳回周某的全部诉讼请求；

二、贾永公司于本判决生效之日起十日内补偿周某3783.7元。

周某不服，提起上诉。上海市第一中级人民法院经审理认为：第一，VR借助特殊设备把人的意识带入一个由多种技术所生成的集视觉、听觉、触觉为一体的逼真虚拟环境中。沉浸性是VR最主要的特点，临境感是VR体验的核心。VR游戏中所显示的虚拟环境使玩家沉浸在计算机的虚拟世界中，玩家可以体验各种形式的恐怖、惊悚场景从而产生紧张情绪和行为。由于身处VR世界中，人的认知能力将不可避免地受到这种全新环境的影响，即玩家的身体和意识的原有连接被打破，其自我认知、空间感、距离感和记忆受到虚拟世界较大的影响，导致其大脑对身体的控制必然受到较大影响，VR游戏的玩家较其在现实世界中玩游戏更加容易遭受人身损害。因此，玩家在体验VR游戏时需要游戏经营者履行人身安全保障义务。第二，贾永公司在客观上未对周某履行人身安全保障义务，造成周某人身损害，贾永公司不履行人身安全保障义务与周某遭受人身损害之间存在因果关系，且贾永公司在主观上存在过错。因此，贾永公司应当对周某遭受的人身损害承担不作为侵权责任。第三，根据法律及相关司法解释规定，并结合相关证据，贾永公司应当向周某赔偿医疗费、交通费以及律师费。综上所述，周某的上诉请求部分成立。

上海市第一中级人民法院依照《中华人民共和国民法总则》第三条，《中华人民共和国侵权责任法》第六条第一款、第十六条、第二十二条，《中华人民共和国消费者权益保护法》第七条、第十八条第一款，《最高人民法院关于审理人身损害赔偿案件适用法律若干问题的解释》第十九条、第二十条、第二十二条、第二十四条，《中华人民共和国民事诉讼法》第一百七十条第一款第二项、第一百七十五条规定，判决如下：

一、撤销上海市徐汇区人民法院（2019）沪0104民初2553号民事判决；

二、贾永公司应于本判决生效之日起十日内向周某赔偿款项共计4454.7元（包含医疗费2598.7元、交通费356元以及律师费1500元）；

三、驳回周某的一审其余诉讼请求；

四、贾永公司应于判决生效之日起十日内向周某自愿补偿款项共计829元（包含医疗费4元、营养费90元、护理费120元以及误工费615元）。

【法官后语】

1. VR的基本特性及其对人的影响

第一，身临其境是VR体验的核心，VR中的内容与现实场景越接近，用户体验到的临境感就越强。第二，VR对人的心理认知的影响。首先，VR影响人的自我认知。VR可以打破人的身体和意识的原有连接，使得外在形象得以重塑，并反过来影响人对自己和其他事物的理解。其次，VR影响人的空间认知。VR会对人的空间巡航能力产生影响，进而使人出现VR迷航现象。再次，VR影响人的距离感知。与人在现实世界中感知到的距离相比，在VR世界中感知到的距离往往是被低估的。最后，VR影响人的记忆。VR模糊了现实世界与虚拟世界的边界，可能会使人产生错误记忆。第三，VR是一种“出于本能”的体验，人们在VR环境中对作用于其身上的行为会有生理上的反应。

2. VR游戏体验对经营者的要求

鉴于身处VR环境中，人的认知能力将不可避免地受到这种全新环境的影响，玩家在体验VR游戏时需要游戏经营者积极作为，履行对消费者的人身安全保障义务，即经营者应当事先询问玩家的身体状况，并告知其体验时的具体注意事项；当玩家选择某款游戏后，经营者应当向玩家告知该款游戏的基本情况以及操作要点；当玩家在体验时，经营者应当派工作人员在现场全程保护，且该工作人员应当与玩家保持能够有效阻止危险发生的距离，或者对玩家的身体予以半固定；当玩家在体验时，经营者的工作人员应当禁止他人进行言语怂恿以及擅自进入体验区域。同时，在硬件方面，经营者在体验区域应当安装摄像头，并保证该摄像头的正常运行；经营者应当确保体验区域的地面平整、干燥以及覆盖有安全地垫，且体验区域的面积应当符合游戏的要求；经营者应当对体验区域内容易发生人身损害的硬物进行软包。

3. 经营者侵权责任的认定

第一，贾永公司在客观上未对周某履行人身安全保障义务。首先，贾永公司没有提供充分证据证明其在周某体验VR游戏前确认过周某的身体状况并履行过安全告知义务。其次，贾永公司没有提供充分证据证明周某在体验VR游戏时，该公司工作人员全程陪同且与周某保持能够有效阻止危险发生的距离。再次，从贾永公司提供的体验区域的照片来看，体验区域的地面是硬质的木地板，其上并未覆盖安全地垫。最后，尽管贾永公司表示VR游戏体验区域安装有摄像头，但其却无法提供当时的监控视频。因此，贾永公司对周某的加害行为系其不作为，即未积极采取措施排除潜在威胁周某人身安全的危险。第二，周某遭受人身损害，经医院诊断为下颌裂伤。第三，贾永公司不履行人身安全保障义务与周某遭受人身损害之间存在因果关系。尽管贾永公司提供录音证据以证明周某系被其朋友推倒而受伤的，但该录音证据充其量只能证明周某的朋友在周某体验游戏时曾推过后者，而不能证明周某被其朋友推倒。第四，贾永公司在主观上存在过错。贾永公司是专业经营VR游戏体验馆的商事主体，其对游戏可能给消费者造成的正常心理和生理反应应当能够预见。而且，贾永公司本身完全具备预防、控制消费者发生人身损害事故的能力。但是，贾永公司却未尽到应有的安全注意义务。尽管周某系具有完全民事行为能力的成年人，但涉案VR游戏内容恐怖、惊悚和刺激，周某在体验过程中因其大脑无法如在现实世界中那样安全、合理地控制自己的身体而摔倒受伤，系其因体验而产生的完全正常的心理和生理反应所致，无可指责。

编写人：上海市第一中级人民法院　韩朝炜

五、环境污染责任

24

被侵权人基于室内装修主张环境侵权的对基础事实负有举证义务

——钱某诉东部机场公司环境污染责任案

【案件基本信息】

1. 裁判书字号

江苏省南京市中级人民法院（2019）苏01民终9960号民事判决书

2. 案由：环境污染责任纠纷

3. 当事人

原告（上诉人）：钱某

被告（被上诉人）：东部机场公司

【基本案情】

钱某系东部机场公司安检保卫部监护科员工。2017年11月18日23时20分许，一名旅客因行李被他人错拿，情绪激动、态度激烈，钱某与机场其他工作人员在向该旅客解释的过程中，钱某突然倒地、头部撞击地面致失去意识，后被送至医院抢救并住院治疗，经诊断为阵发性心房颤动、短阵室性心动过速、二度房室传导阻滞。

事故发生后，钱某向江苏省劳动人事争议仲裁委员会申请劳动仲裁，要求东部机场公司赔偿其因工作环境恶劣，导致其身体受到伤害的赔偿金10000元；补发工资、误餐费；支付住院护理费、伙食费、交通费、医疗费、复查治疗费并承担后续康复的合理支出。经仲裁委主持调解，双方于2018年4月8日达成协议：东部机场公司一次性支付钱某补助费等费用10000元，“双方再无其他争议”。2018年5月15日，钱某向南京市人力资源和社会保障局申请认定工伤。2018年6月8日，人社局作出不予认定工伤决定书。2018年6月11日，钱某提起诉讼，要求判令东部机场公司赔偿其经济损失。

钱某认为，事故发生时，东部机场公司正在进行机场免税店装修改造，现场粉尘、电焊、喷涂漆雾等气味刺鼻、环境恶劣，是造成其受伤的主要原因，要求东部机场公司承担环境污染侵权责任。东部机场公司认可其存在施工行为，但主张其是按照正常规定施工，即使产生粉尘及气味也应该是对呼吸道产生影响，而不应该对心脏产生影响，认为钱某的受伤与机场免税店装修改造行为没有因果关系，并申请对机场免税店装修改造与钱某的损害之间的因果关系进行鉴定。江苏省环境科学研究院司法鉴定所受托对此进行鉴定，该鉴定单位认为施工现场环境已不存在，没有鉴定比对样本，无法进行鉴定，故不予受理。

【案件焦点】

1. 东部机场公司免税店装修改造行为是否造成了法律上所称的“环境污染”；2. 东部机场公司的装修改造行为与钱某所患疾病之间是否存在因果关系。

【法院裁判要旨】

江苏省南京市江宁区人民法院经审理认为：第一，被侵权人根据侵权责任法第六十五条规定请求赔偿的，应当提供证明以下事实的证据材料：（1）污染者排放了污染物；（2）被侵权人的损害；（3）污染者排放的污染物或者其次生污染物与损害之间具有关联性。本案中，东部机场公司对机场内免税店进行装修改造，对环境虽有一定影响，但并无证据能够证明装修改造行为排放了污染物并已造成环境污染。第二，装修行为可能产生粉尘及刺鼻气体，但粉尘通常引起呼吸道疾病，刺鼻气体通常引起血液疾病，而钱某确诊的阵发性心房颤动、短阵室性心动过速、二度房室传导阻滞属于心血管疾病，钱某亦未举证证明其损害与东部机场公司的装修改造行为存在关联。第三，钱某在晕倒时还存在与情绪激动的旅客交流的情形。综上，既不能认定东部机场公司的装修改造行为造成了环境污染，也不能认定钱某的疾病与东部机场公司的装修改造行为具有关联，故对钱某的诉讼请求不予支持。

江苏省南京市江宁区人民法院依照《中华人民共和国侵权责任法》第六十五条、第六十六条之规定，作出如下判决：

驳回钱某的诉讼请求。

钱某不服一审判决，提起上诉。江苏省南京市中级人民法院经审理认为：钱某认为东部机场公司机场免税店装修改造产生的粉尘及气味是造成其受伤的主要原因，东部机场公司为证明其装修改造行为与钱某的受伤无因果关系已申请鉴定，但因施工现场不存在已无法鉴定。一审法院在综合钱某晕倒发生背景、粉尘、刺鼻气体与相关疾病之间的关系等客观情况，分析认定东部机场公司改造免税店行为对环境虽有一定影响，但现有证据尚不足以确定东部机场公司施工行为造成环境污染，也不足以确定钱某系因施工产生的粉尘、刺鼻气体致其发生心血管疾病的基础上，充分考虑本案诉前双方当事人已经仲裁委员会调解并达成仲裁调解协议、南京市人力资源和社会保障局认为钱某因本次事故受到的伤害不符合认定工伤或者视同工伤情形等事实，对钱某的诉讼请求不予支持并无不当。钱某二审中虽提交一篇学术论文，拟证明空气污染与心血管疾病存在因果关系，但相关学术观点并不能直接证明钱某在本案中的诉讼主张成立，故对其上诉请求难以支持。

江苏省南京市中级人民法院依照《中华人民共和国民事诉讼法》第一百七十条第一款第一项之规定，作出如下判决：

驳回上诉，维持原判。

【法官后语】

通常所称的环境污染，大多是指对公共环境的“公害”性污染，对于装修造成的室内污染，是否能构成法律意义上的“环境污染”，目前的法律法规及司法解释并未予以释明。司法实践中，一般认为装修行为可以适用环境污染侵权的特殊规则。

《最高人民法院关于审理环境侵权责任纠纷案件适用法律若干问题的解释》第六条的规定明确了被侵权人对基础事实即存在污染、存在损害、污染与损害之间存在关联负有举证义务。在被侵权人对上述基础事实完成初步举证后，才推定存在因果关系，进而适用因果关系举证责任倒置规则。

一般而言，被侵权人对于损害结果以及排放了污染物并无举证上的障碍，而对于污染与损害之间是否存在关联，通过经验法则即可判断，被侵权人的举证义务较轻。

但就本案而言，装修行为有别于一般的企业排污行为，其本身可能造成的污染范围、污染程度均较小，部分污染物（如粉尘）存在的持续时间较短、可能造成的损害亦较小，且根据施工内容的不同，装修行为排放的污染物亦不同甚至可能未排放污染物。因此，装修行为并不当然构成环境污染。针对装修等持续时间较短的行为，被侵权人应当及时固定证据，如申请相关部门对有害气体含量进行检测或向法院申请证据保全，以证明装修行为排放了污染物，造成了空气污染。对于装修行为和损害之间的关联性，依据经验法则仅能判断装修产生的空气污染与血液疾病存在关联，而对于本案中钱某所患的心血管疾病，法官无法仅凭经验法则确定该损害结果与装修行为存在关联，则钱某对此应提供证据证明，否则应承担举证不能的法律后果。

编写人：江苏省南京市江宁区人民法院　葛云云

25

居民楼内电梯噪声污染标准应参照适用《社会生活环境噪声排放标准》

——杨某诉兴华公司、城承公司噪声污染责任案

【案件基本信息】

1. 裁判书字号

北京市第三中级人民法院（2019）京03民终8898号民事判决书

2. 案由：噪声污染责任纠纷

3. 当事人

原告（被上诉人）：杨某

被告（上诉人）：兴华公司

被告（被上诉人）：城承公司

【基本案情】

杨某系北京市朝阳区某小区某房屋（以下简称涉案房屋）的业主，兴华公司系涉案房屋所处楼宇的开发商，该楼宇内的电梯由兴华公司安装，城承公司系涉案房屋所处楼宇的物业单位，负责小区房屋设施（电梯）等的维护管理。杨某认为由于房屋和电梯井紧邻，电梯上下运行和机房设备启动产生较大噪声，造成其室内噪声严重超标，影响正常生活，故诉至法院，请求判令：1. 兴华公司采取措施消除因电梯运营产生的噪声污染，使涉案房屋内噪声符合《社会生活环境噪声排放标准》，城承公司予以配合；2. 兴华公司赔偿杨某精神损害5000元。

【案件焦点】

在缺乏法律明确规定的情况下，居民楼内电梯噪声污染排放应适用何种标准。

【法院裁判要旨】

北京市朝阳区人民法院经审理认为：兴华公司作为开发商，在开发建设房屋时，应对与电梯有关的事宜进行合理的设计、选购、安装等，以保证电梯在日后运行中产生的噪声符合国家相关标准，且不对居民造成噪声污染。鉴于本案系民事噪声污染责任纠纷，目前国家没有对居民楼内电梯产生噪声进行评价的明确标准，《社会生活环境噪声排放标准》适用于营业性文化娱乐场所和商业经营活动中产生环境噪声污染的设备、设施边界排放限值和测量方法，按照常理，不论是文娱场所还是商业经营活动，其所能容忍的噪声限值均应高于一般居民居室的标准，现涉案房屋内的噪声水平已经超过《社会生活环境噪声排放标准》规定的限值，举重以明轻，可以认定电梯已对杨某的居室造成了环境污染。此外，无论噪声是来自居民楼内为本楼居民日常生活提供服务而设置的设备还是居民楼以外，当其达到一定程度时，均会对居民的生活产生一定影响。从切实依法保护公民健康权、维护公民合法权益的角度出发，本案应当参照适用《社会生活环境噪声排放标准》，由兴华公司承担降噪等噪声污染民事责任，在整改时应保障电梯运行安全，减轻对居民日常生活的影响。城承公司作为电梯的实际管理人对这一改造应当予以协助。关于精神损害赔偿的问题，杨某没有证据证明噪声问题对其造成了精神损害，又不申请进行相关鉴定，故该项请求缺乏事实和法律依据，无法得到支持。

北京市朝阳区人民法院依据《中华人民共和国侵权责任法》第六十五条之规

定，判决如下：

一、兴华公司于本判决生效之日起三十日内对涉案房屋的三部电梯采取整改措施，使涉案房屋内噪声符合《社会生活环境噪声排放标准》的要求；

二、城承公司对上述整改予以协助；

三、驳回杨某的其他诉讼请求。

二审法院同意一审法院裁判意见。

【法官后语】

随着我国城市化进程的不断推进，越来越多的老百姓住进带有电梯的居民楼里，电梯在方便居民生活的同时也会对临梯住户产生噪声污染。如何从法律层面有效保障居民免受电梯噪声污染的危害，从而为居民营造安静舒适的居住环境就成为司法实践亟须解决的问题。根据《中华人民共和国环境噪声污染防治法》第二条之规定，是否构成噪声污染应当以国家规定的环境噪声排放标准为依据进行认定，在目前我国尚无明确的居民楼内电梯噪声排放标准的情况下，以何种标准认定居民楼内电梯噪声超标进而确定噪声污染责任是法院审理此类案件时需要面对的难点。

就本案而言，杨某主张适用的《社会生活环境噪声排放标准》经环保部环函〔2011〕88号复函确认“不适用于居民楼内为本楼居民日常生活提供服务而设置的设备（如电梯、水泵、变压器等设备）产生噪声的评价”，而兴华公司主张适用的《民用建筑隔声设计规范》和《住宅设计规范》制定主体并非《中华人民共和国环境噪声污染防治法》中有权对噪声进行管理的环保部。面对以上两难，两审法院均认为，尽管《社会生活环境噪声排放标准》系对营业性文化娱乐场所、商业经营活动中使用的向环境排放噪声的设备、设施的排放限制，但其对噪声排放的声环境区分及排放限值作了更为详细的分类，明确规定了住宅卧室等以睡眠为目的、需要保证夜间安静的房间的噪声排放限值，因此适用《社会生活环境噪声排放标准》作为认定本案噪声排放是否超标的依据更为客观、合理。

在决定参照适用《社会生活环境噪声排放标准》时，一审法院运用了“举重以明轻”的法律解释方法，这种解释方法是指法律明文规定处罚一个被否定性评价的事实，另一个法律虽然没有明文规定但否定性评价更重的事实更应处罚。此种解释方法适用于争议事实没有明确的法律规定但有相近的可比较的规定可供参考的情形。法院对争议事实进行轻重比较时，除应当受制于立法目的和宗旨外，还要结合法理或常理，得出的结论应在普通民众根据规范目的所能预测的范围之内。

本案中，法院在缺乏居民楼内电梯噪声排放标准的情况下，认为按照常理，一般居民居室对噪声的容忍标准是显著低于营业性文化娱乐场所、商业经营活动的，因此当涉案房屋内的噪声水平超过《社会生活环境噪声排放标准》规定的标准时，该噪声水平显然超过了普通民众对一般居民居室噪声的容忍限度，法院通过适用举重以明轻的解释方法，从切实依法保护公民健康权、维护公民合法权益的角度，将《社会生活环境噪声排放标准》作为电梯噪声排放限值，填补了法律漏洞，进而作出裁判。

针对本案中出现的司法标准适用难的问题，不仅需要法院在个案中充分考虑标准适用的合理性，更加需要立法、执法、司法等部门顶层规划，从制度层面为每一位公民营造安静、舒适的居住环境。

编写人：北京市朝阳区人民法院　姚澍峥

26

当事人诉前单方委托具备环境司法鉴定资质的鉴定机构出具鉴定意见和评估报告的认定

——天津市蓟州区生态环境局诉郑某、李某生态环境损害赔偿案

【案件基本信息】

1. 裁判书字号

天津市高级人民法院（2019）津民终414号民事裁定书

2. 案由：生态环境损害赔偿纠纷

3. 当事人

原告（被上诉人）：天津市蓟州区生态环境局（以下简称蓟州区生态局）

被告（上诉人）：郑某

被告：李某

【基本案情】

2017年10月，李某、郑某在天津市蓟州区上仓镇原挂月酒厂内建立炼铅厂，从事拆解废旧电瓶、粉碎废旧电瓶壳、熔炼铅块等非法加工活动，2018年6月被环保部门发现并予以取缔。环保部门依法扣押了李某、郑某从事非法拆解的工具及材料设备，经天津市蓟州区环境保护监测站对粉碎废旧电瓶壳车间、排水沟等12处取样监测，结果为含铅、镉最高超过国家污染物排放标准125倍、103倍。审理过程中，李某、郑某均认可其行为造成了生态环境损害的后果。天津市环境保护技术开发中心接受天津市蓟州区人民政府下辖的京津州河科技产业园管委会委托，于2019年4月出具《天津亿泰弘丰酒精有限公司院内非法进行电瓶拆解、铅熔炼加工案件生态环境损害鉴定评估报告》（以下简称《生态环境损害鉴定评估报告》），该报告确定：拆解和废物堆存区受损害土壤为1605立方米；熔炼区受损害土壤为3240立方米；粉碎区和废水排放区受损害土壤为1260立方米；土壤受损害体积共计约6105立方米。拆解和废物堆存区浅层地下水受损害面积约1070平方米；熔炼区浅层地下水受损害面积约1080平方米；粉碎区和废水排放区浅层地下水受损害面积约450平方米。鉴定机构出具意见：污染清除费用及损害恢复费用2298012元，事务性费用265014.5元，共计2563026.5元。

【案件焦点】

1. 李某、郑某是否共同实施了侵害涉案生态环境的行为；2. 蓟州区生态局主张李某、郑某连带赔偿污染损害数额的事实依据、法律依据以及计算方式。

【法院裁判要旨】

天津市第一中级人民法院经审理认为：依据公安机关讯问时李某、郑某的供述以及审理过程中的陈述，李某自认实施了损害涉案生态环境的行为，愿意对损害后果进行赔偿；郑某亦自认其参与了损害涉案生态环境的行为，是共同行为造成了涉案生态环境损害的后果，愿意承担赔偿责任。据此，能够认定李某、郑某共同实施了对涉案生态环境的侵害行为。依据《中华人民共和国侵权责任法》等规定，李某、郑某应就涉案损失承担连带责任。

天津市第一中级人民法院依照《中华人民共和国民法总则》第一百七十八条、第一百七十九条，《中华人民共和国侵权责任法》第六十五条、第六十六条，《最高人民法院关于审理生态环境损害赔偿案件的若干规定（试行）》第十条、第十一条、第十二条、第十四条之规定，判决如下：

一、本判决生效后十五日内，李某、郑某赔偿蓟州区生态局污染清除费用及损害恢复费用2298012元，事务性费用265014.5元，共计2563026.5元；

二、李某、郑某就本判决第一项确定的赔偿款承担连带责任。

宣判后，郑某向天津市高级人民法院提起上诉，但因其明确表示不交纳上诉费用，天津市高级人民法院依照《中华人民共和国民事诉讼法》第一百五十四条第一款第十一项、《最高人民法院关于适用〈中华人民共和国民事诉讼法〉的解释》第三百二十条规定，裁定如下：

本案按郑某自动撤回上诉处理。一审判决自本裁定书送达之日起发生法律效力。

【法官后语】

当事人在诉前单方委托具备环境司法鉴定资质的鉴定机构出具的鉴定意见和评估报告，经过质证并符合证据标准的，可以作为认定案件事实的根据。但鉴于生态环境案件的专业性和特殊性，人民法院更应加强对鉴定人资质、清除污染费用、生态功能性损失等要素的司法审查力度，必要时应传唤鉴定人到庭接受质询，确保鉴定依据的技术规范和标准的有效性，准确查明环境损害事实和修复费用。

一是诉讼前单方委托鉴定机构作出的鉴定报告能否作为认定事实的依据。《最高人民法院关于审理生态环境损害赔偿案件的若干规定（试行）》（本案以下简称《若干规定》）第十条规定，当事人在诉前委托具备环境司法鉴定资质的鉴定机构出具的鉴定意见，以及委托国务院环境资源保护监督管理相关主管部门推荐的机构出具的检验报告、检测报告、评估报告、监测数据等，经当事人质证并符合证据标准的，可以作为认定案件事实的根据。蓟州区生态局提交了《生态环境损害鉴定评估报告》，作出该报告的机构系天津市环境保护技术开发中心，该中心是国家环保部推荐的评估机构，上述评估报告符合相关规定，故法院对该鉴定评估意见的合法性予以确认。

二是对鉴定报告要依法进行质证。在普通诉讼案件中，为了保证公平公正，均是在诉讼中由双方当事人共同委托和人民法院指定委托进行鉴定活动。曾有观点认为，当事人应当在诉前磋商阶段共同委托鉴定，从而减少诉讼过程中对鉴定意见的争议。但多数观点是生态环境损害赔偿诉讼具有一定的特殊性，如果被告不同意原告在诉前磋商阶段共同委托，就无法达成磋商协议，会阻碍双方当事人尽快达成协议、尽快修复生态环境的根本目的，从而影响磋商效果，而且双方在诉讼阶段仍然可以申请人民法院委托鉴定，不影响双方的权利。因此，《若干规定》未规定诉前当事人必须共同委托鉴定。鉴于环境鉴定报告具有很强的专业性，对于此类诉前单方委托的鉴定报告更是要依法全面进行质证，不仅要关注鉴定人是否有资质、鉴定程序是否合法等基本问题，而且必要时应传唤鉴定人出庭接受询问，保障双方当事人发表意见的权利，在上述证据符合证据资格的前提下，经庭审质证，证据符合真实性、合法性、关联性要求的，人民法院应当认定其具有证明力，才可以作为认定案件事实的根据。

三是对鉴定评估报告中的具体费用进行审查。生态环境损害赔偿诉讼中，最主要的责任承担方式即赔偿损失与恢复原状。在一般民事侵权案件中，赔偿损失与恢复原状责任方式在一般情形下不能并存，但对于生态环境损害诉讼而言，具有一定的特殊性，恢复原状与赔偿损失责任方式是可以并存的。司法实践中，基于环境领域极强的专业技术性，对于损害行为和损害数额的认定及环境修复费用的确定等专门性问题，通常需要从专业技术的角度作出评判，实践中往往依赖于专业鉴定评估机构的鉴定评估。但是，我国环境损害鉴定评估专业体系尚未完全建立，市场化程度不高，鉴定评估机制和程序仍有待明确细化，人民法院应当充分认识鉴定结论只是证据的一种类型，不能完全将司法判断权交给鉴定机构。本案属于诉前鉴定，应对鉴定方法是否科学、鉴定依据的技术规范和标准是否有效依法审查，确保鉴定结论的客观和准确。本案中，涉及的具体项目包括修复方案的确定、土壤的修复费用、地下水的监测费用、评估鉴定费用、修复效果评估费用等，人民法院对此审查后最终准确认定污染范围、损害后果及相应的生态环境修复费用等，并对此类证据审查判断规则进行了积极的探索。

编写人：天津市高级人民法院　左楠

六、高度危险责任

27

高速公路经营者对行人非法进入高速公路发生交通事故的侵权责任

——吕一等诉泉厦公司生命权、健康权、身体权案

【案件基本信息】

1. 裁判书字号

福建省厦门市中级人民法院（2019）闽02民终3349号民事判决书

2. 案由：生命权、健康权、身体权纠纷

3. 当事人

原告（被上诉人）：吕一、吕二、吕三、吕四、吕五

被告（上诉人）：泉厦公司

【基本案情】

2018年4月6日5时52分，蔡某驾车沿沈海高速公路往泉州方向行驶，行驶至沈海高速公路同安区路段时，在第一车道碰撞从应急车道往中央护栏横穿高速公路的吕某，造成吕某当场死亡和车辆损坏的交通事故。厦门高速公路支队一大队于2018年5月9日依法出具《道路交通事故认定书》，认定：吕某应负事故主要责任，蔡某应负事故的次要责任；肇事车辆的登记车主是蔡某，保险投保于中国平安财产保险股份有限公司漳浦支公司。2018年5月22日，蔡某与吕一等人签订道路交通事故调解协议书，由蔡某一次性赔偿吕一等人医疗费等合计333327.44元。

事故现场周围的围栏存在破损。泉厦公司主张其已派人维修完毕，但吕一等人对此提出异议，并提供照片证明泉厦公司提供的维修照片并非事故地。吕一等人向法院起诉，请求判令泉厦公司支付吕一等人因吕某交通事故造成的各项实际经济损失（包括死亡赔偿金 550209 元、丧葬费 37728 元、家属处理丧葬事宜误工费 30000 元、精神损害抚慰金 100000 元）的 20% 责任计 143587.4 元。

【案件焦点】

泉厦公司是否应对交通事故致吕某死亡承担赔偿责任。

【法院裁判要旨】

福建省厦门市思明区人民法院经审理认为：高速公路禁止行人通行是常识，吕某作为当地常住居民，应当清楚该规定，但未遵守相关规定横穿高速公路并致死亡，存在重大过错。泉厦公司在高速公路设立"禁止行人入内"的警示牌，且加设围栏，但围栏确有破损，吕某正是从围栏破损处进入高速公路。泉厦公司抗辩称不能排除系吕某蓄意破坏围栏进入高速路，却未能提供证据予以证明，不予采信。其提供的维修照片无法确认是否是事故地点，其提交的部分巡查记表无法证明其按规定做到"每天双向全程不少于一次"。《福建省实施〈中华人民共和国道路交通安全法〉办法》第四十二条规定："高速公路管理机构或者经营单位应当依法履行下列职责：（一）确保高速公路道路完好、安全防护设施以及其他配套设施齐全有效；……"泉厦公司采取围栏、护网等措施将高速公路与居民区加以隔离，并有"禁止行人进入"等警示牌。但是对于围栏、护网存在破损时没有及时发现并维修，未完全尽到管理责任，故泉厦公司对于吕某的死亡承担一定的责任，酌定泉厦公司承担 10% 的责任，赔偿吕一等人 58793.1 元。

福建省厦门市思明区人民法院依照《中华人民共和国侵权责任法》第六条第一款，《最高人民法院关于审理人身损害赔偿案件适用法律若干问题的解释》第二十七条、第二十九条，《中华人民共和国民事诉讼法》第六十四条第一款之规定，判决：

一、泉厦公司于判决生效之日起十日内赔偿吕一、吕二、吕三、吕四、吕五各项损失 58793.1 元；

二、驳回吕一、吕二、吕三、吕四、吕五其他诉讼请求。

泉厦公司不服，提起上诉。福建省厦门市中级人民法院经审理认为：对于泉厦公司上诉提出吕某死亡的赔偿已由机动车一方的保险公司承担，吕一等人不能重复主张，应由保险公司行使追偿权的问题。首先，《中华人民共和国侵权责任法》已将高度危险责任与机动车交通事故责任分别规定。其次，根据查明事实，公安交通管理部门认定行人吕某负事故主要责任，机动车一方负事故的次要责任，此后机动车一方赔偿给吕一等人333327.44元应属于承担机动车交通事故责任。最后，本案情形应适用《最高人民法院关于审理道路交通事故损害赔偿案件适用法律若干问题的解释》第九条第二款规定：行人非法进入高速公路的，当事人请求高速公路经营者承担赔偿责任的，适用侵权责任法第七十六条的规定。《中华人民共和国侵权责任法》第七十六条规定，未经许可进入高度危险活动区域或者高度危险物存放区域受到损害，管理人已经采取安全措施并尽到警示义务的，可以减轻或者不承担责任。上述规定表明，行人非法进入高速公路造成自身损害，可以由高速公路经营者承担高度危险责任，以是否尽到安全保障义务确定。综上，该上诉理由不符合上述侵权责任法与交通事故司法解释的原则和精神，不予采纳。

关于泉厦公司是否尽到安全保障义务的问题。吕某穿行高速公路虽属自甘风险，但系在隔离栅破损的情况下得以进入，从而引发交通事故。根据事故发生时吕某将近69周岁等情况，吕某自行撬开隔离栅的可能性不大，一审法院认定围栏（隔离栅）原就存在破损，吕某从该处进入高速公路符合案件真实情况。因此，可以认定泉厦公司未能确保高速公路封闭，未尽安全保障义务，故不足以免除其管理者的责任。

福建省厦门市中级人民法院依照《中华人民共和国民事诉讼法》第一百七十条第一款第一项规定，判决如下：

驳回上诉，维持原判。

【法官后语】

在行人非法进入高速公路引发交通事故案件中，除肇事机动车一方承担机动车交通事故责任外，受害人还主张高速公路经营者承担侵权责任。审判实践中主要争议为受害人一方是否存在重复主张的问题。

《中华人民共和国民法典》侵权责任编的第八章专门规定了高度危险责任，系机动车交通事故责任之外独立的侵权责任类型。根据《最高人民法院关于审理道路交通事故损害赔偿案件适用法律若干问题的解释》第七条第二款的规定，依法不得进入高速公路的车辆、行人，进入高速公路发生交通事故造成自身损害，当事人请求高速公路管理者承担赔偿责任的，适用民法典第一千二百四十三条的规定（未经许可进入高度危险活动区域或者高度危险物存放区域受到损害，管理人能够证明已经采取足够安全措施并尽到充分警示义务的，可以减轻或者不承担责任）。据此，高速公路可以认定为高度危险活动区域。除机动车交通事故责任外，受害人向高速公路经营者主张侵权责任有法律依据。

高度危险责任对于高速公路经营者而言，本质上也是安全保障义务。民法典第一千一百九十八条第二款规定，因第三人的行为造成他人损害的，由第三人承担侵权责任；经营者、管理者或者组织者未尽到安全保障义务的，承担相应的补充责任。经营者、管理者或者组织者承担补充责任后，可以向第三人追偿。但高度危险活动区域的管理人承担的是机动车交通事故责任的补充责任抑或承担独立的按份责任，实践中常出现困扰。笔者认为应为后者。首先，该条款旨在对一般性的公共场所作出规定，而高速公路区别于普通道路，属高度危险活动区域；高速公路经营者应当及时维护，禁止行人进入。民法典第一千二百四十三条规定的“管理人能够证明已经采取足够安全措施并尽到充分警示义务”，着重于考查管理人是否有过错，故对于高度危险活动区域的管理人，理应科以更高的安全保障义务，对应承担的责任亦应更重，适用按份责任更为合理。其次，类似事件的发生，多数系行人图方便从防护网破损处进入高速公路而酿成事故。从因果关系看，固然有受害人违法进入及自甘冒险的主要因素，但与存在受害人可以从防护网破损处进入高速公路的因素不无关系。该防护网破损的诱因，对后续交通事故的发生提供了必要条件，具有一定原因力。即管理人未尽到安全保障义务是发生机动车交通事故的间接原因，属多因一果致人损害类型，可以参照民法典第一千一百七十二条的规定，由高速公路经营者承担按份责任。最后，从预防侵权行为的立法精神看，高速公路经营者承担独立责任也是适当的。

关于责任比例问题。具体而言，不能仅依据事发时防护网破损就认定经营者存在过错，仍应从是否设立警示标志、防护栏等安全措施、检查维修是否及时合规、受害人是否蓄意毁坏防护网等方面综合审查，但一般不应对高速公路经营者科以过重的责任。本案中，鉴于受害人已从交通事故保险中获得一定赔偿，故本案认定高速公路经营者承担10%的赔偿责任。

编写人：福建省厦门市中级人民法院　许向毅　陈文琳

28

高压活动中经营者的认定以及约定所有权实现风险转移的法律后果

——薛甲等诉南屏供电公司、天台村委会触电人身损害赔偿责任案

【案件基本信息】

1. 裁判书字号

四川省宜宾市中级人民法院（2019）川15民终1691号民事判决书

2. 案由：触电人身损害赔偿责任纠纷

3. 当事人

原告（被上诉人）：薛甲、练某、薛乙

被告（上诉人）：南屏供电公司

被告（被上诉人）：天台村委会

【基本案情】

薛某系薛甲之子，系练某之夫，系薛乙之父。

2016年11月17日，被告天台村委会与被告南屏供电公司签订《供电方案协议》。该协议约定："供电方电源提供和产权分界点……产权分界点分别为10千伏电源'T'接点的长镇线先锋支线17、20#杆和天台3社台区处，分界点电源侧的供电设施由供电方建设（含柱上开关、熔断器等开断设备及其他附属设备）。分界点受电侧的受电工程由用电方建设，由用电方负责运行维护并承担产权范围内受电设施上发生事故等引起的法律责任……"同日，二被告签订《电费结算协议》，约定了电费交纳时间及方式。2017年6月5日，二被告签订《高压供用电合同》，该合同约定：供用电设施产权分界点为南溪区长兴镇天台村、长兴镇先锋村专线17#、20#杆处；"T"接头引流线0.1米或智能分解开关出线端头（隔离刀闸静触头）螺

栓处及以后属用电人；责任划分为双方依本合同所约定的分界点电源侧产权属供电人，分界点负荷侧产权属用电人，双方各自承担产权范围内供用电设施的运行维护管理责任，并承担各自产权范围内供用电设施上发生事故等所引起的法律责任。

宜宾市南溪区长兴镇天台村（3组、4组、5组）电灌站架空高压线建成后，从长兴镇天台村4社“黑凼子”（又称“滩子口”）水库旁边经过，其电线杆上标明有“10KV先锋天台4支线”字样，“黑凼子”水库临近高压线路一侧设有隔离围栏，在围栏上悬挂禁止垂钓的图文标示两幅，并在围栏外专门设置立柱一根，立柱上标注“禁止在高压线下钓鱼”。该架空高压线垂直地面距离不低于6.6米。

2018年10月14日上午，薛某前往“黑凼子”水库钓鱼，在垂钓前的准备过程中，薛某伸出的鱼竿不慎触碰到案涉高压线，薛某被电击身亡。薛某鱼竿所触碰的高压线位于高压线路受电侧一方、宜宾市南溪区长兴镇天台村（3组、4组、5组）电灌站架空高压线配电室之前。

【案件焦点】

1. 本案的赔偿责任主体；2. 本案的赔偿比例。

【法院裁判要旨】

四川省宜宾市南溪区人民法院经审理认为：第一，本案系从事高压活动引发触电身亡的人身损害赔偿纠纷，应当由经营者承担赔偿责任。被告南屏供电公司为案涉高压线提供电力产品，收取电费获取经营利益，是案涉高压活动的经营者，也是案涉高压线路的维护、管理者。被告南屏供电公司与被告天台村委会虽然签署了在各自产权范围内承担法律责任的书面协议，但对受害人不具有法律约束力。因此，赔偿责任主体应当确定为被告南屏供电公司。

第二，本案无证据证实薛某的死亡系不可抗力和故意行为所致，被告南屏供电公司应当依法承担无过错赔偿责任。薛某作为具有完全民事行为能力的人，应当意识到在高压线下垂钓的危害性，但薛某的过于自信和疏忽大意导致了本次事故的发生，薛某具有重大过错。结合案件实际，法院酌情确定被告南屏供电公司承担的责任比例为30%。薛某因本次事故死亡，其损失法院确定为728942元，由被告南屏供电公司赔偿30%即218682.6元。

四川省宜宾市南溪区人民法院依照《中华人民共和国电力法》第六十条，《中华人民共和国侵权责任法》第二条、第十六条、第六十九条、第七十三条和《中华人民共和国民事诉讼法》第六十四条第一款之规定，判决如下：

一、南屏供电公司赔偿薛甲、练某、薛乙各项损失共计218682.6元；

二、驳回薛甲、练某、薛乙的其他诉讼请求。

南屏供电公司不服，提起上诉。四川省宜宾市中级人民法院经审理认为：南屏供电公司作为供电企业向天台村委会输送电能并获取收益，发生事故的输电线路上存在的高压电能为南屏供电公司经营，故南屏供电公司系所供电能的经营者。受害人薛某在垂钓过程中因自身过失导致触电死亡，南屏供电公司未能提供证据证明薛某的死亡系故意或者不可抗力造成，南屏供电公司应当承担无过错责任，一审判决结合受害人过错程度，认定南屏供电公司承担30%的赔偿责任，并无不当。

电力设施的产权人系该设施的管理人，对于未经许可进入高压电力设施保护区并受到损害的被侵权人，该设施产权人应当对其承担赔偿责任。天台村委会在发生事故的输电线路保护区内设置有隔离围栏和警示标志，已经采取安全措施并尽到警示义务，薛某未经许可进入该区域，天台村委会无需承担赔偿责任。

四川省宜宾市中级人民法院依照《中华人民共和国民事诉讼法》第一百七十条第一款第一项之规定，判决如下：

驳回上诉，维持原判。

【法官后语】

《中华人民共和国侵权责任法》颁布实施后，高压触电人身损害赔偿案件的承担无过错责任的主体由原来的产权人变为了经营者。但法律法规对于经营者的内涵并无统一界定，司法实践对“经营者”的认定是有一定争议的。

高压触电人身损害的致害源是高压电能，而非高压电路设备，故高压致害的侵权人应着重从致害源，而非单纯从线路等电力设备的产权情况来认定，谁对致害源即电力电能具有维护管控能力和维护管控义务即由谁担无过错责任。同时，高压电能的经营者并非仅指供电企业，可根据触电事故发生时的情况具体划分为发电企业、输电企业、配电电业及用电企业四类。具体而言，在高压发电设备、高压输电线路、高压配电设备及高压用电设备发生的触电事故，侵权责任主体分别为发电企业、输电企业、配电企业及用电企业。在审判实践中，应结合侵权事故发生的具体情况，找出经营者，确定侵权责任主体。

高危活动区域的管理人对高压等高危活动侵权承担的是过错责任，即管理人的责任在于其应在高危区域范围内采取相应的安全措施和履行提示的义务。同时，管理人身份的确定应或是基于其所有人身份，或是基于所有人委托管理的责任人。无过错归责原则的本质出发点是对特殊的社会责任主体的一种严苛的社会责任，目的在于通过公平原则对损失进行适当弥补和强化特殊社会责任主体的社会责任感。无过错责任主体往往对危险源负有管理、维护及特殊注意义务，且具备一定的管控资质和管控能力。由此，该类责任关于责任主体和规则方式的规定应是强制性的，当事人不得通过权属约定的方式将法律确定的风险进行规避，并转嫁给一般社会主体（保险公司等具有特殊利益的主体除外），否则可能对交易安全和社会稳定带来一定负面影响。

本案中，南屏供电公司作为电力电能的经营者，通过高压线等电力产品收取电费、获取经营利益，且具备对高压线等设施设备进行维护、管理的专业技能性要求，如果允许通过约定以所有权定风险，其一，将不利于高危设施设备的正常维护，毕竟一般主体（如本案的天台村委会）并无相关管理维护资质及能力；其二，可能导致基于公平考量等对受害者适当补偿的立法本意无法得以实现，如天台村委会等主体并无偿付能力，受害方的权益将无法得到有效弥补；其三，风险受让一方主体的权利义务将会有所失衡，天台村委会实质是案涉电灌站的使用人，其责任形式体现为对相关区域承担安全保障义务，如以产权权属将经营者的无过错责任转让给使用人，将导致天台村委会承担双重责任，由此承担的责任相对其享有的使用电灌站利益则畸重，不符合权利义务相统一的司法原则。

本案对高压活动的经营者的认定以及民事活动中经常存在的特殊社会主体的应承担的无过错责任风险转移到一般社会主体中的处理，不仅有利于强化民事活动中特殊主体的法律责任感，更促进其履行相应的管理维护义务，避免触电事故的频繁发生，从而真正实现法律的公平、正义的价值目标。

编写人：四川省宜宾市南溪区人民法院　张丽萍　胡其勤

29

高度危险区域受害人与管理人的责任认定

——吴甲、吴乙诉福建高速公司、泉厦高速公司侵权责任案

【案件基本信息】

1. 裁判书字号

福建省南安市人民法院（2019）闽0583民初3056号民事判决书

2. 案由：侵权责任纠纷

3. 当事人

原告：吴甲、吴乙

被告：福建高速公司、泉厦高速公司

【基本案情】

吴甲、吴乙与吴丙系兄弟关系，吴丙出生于1945年7月27日。2018年8月23日23时31分，吴丙从沈海高速公路水头收费站最右侧的出口车道行走进入高速公路，通过匝道后沿沈海高速公路泉州往厦门方向逆向行驶。23时43分，徐某驾驶车辆沿沈海高速福州往厦门方向行驶时，在第一车道碰撞行人吴丙，造成吴丙当场死亡。经福建省公安厅交警总队泉州高速公路支队一大队认定，吴丙承担本事故全部责任，徐某不承担本事故责任。沈海高速公路泉州至厦门路段由福建高速公司投资建设，由泉厦高速公司管理、运营。沈海高速公路水头收费站于2012年1月经竣工验收合格。福建高速公司、泉厦高速公司已对事发高速公路采取封闭式管理，在水头收费站出入口设置了起落杆对来往车辆进行拦截，还在水头收费站最右侧的出口处立柱上设置了“非机动车和行人严禁进入高速”的警示牌，且在出口处顶棚上设置LED情报显示牌进行二十四小时滚动警示。根据现场相片显示，水头收费站出口最右侧的起落杆放下来时与其右侧的栅栏尚有一小段的空隙。吴甲、吴乙向法院提起诉讼，要求判令福建高速公司、泉厦高速公司向吴甲、吴乙支付赔偿款218193元。

【案件焦点】

福建高速公司、泉厦高速公司是否应对吴丙的死亡承担赔偿责任。

【法院裁判要旨】

福建省南安市人民法院经审理认为：通过《道路交通事故认定书》、现场监控录像能确定吴丙的死亡是其未经许可从沈海高速公路水头收费站出口处擅自逆向行走进入高速公路，在高速公路快车道上逆向行走与案外人徐某驾驶的车辆发生碰撞造成的。《中华人民共和国道路交通安全法》第六十七条规定，行人不得进入高速公路。《中华人民共和国侵权责任法》第七十六条规定，未经许可进入高度危险活动区域或者高度危险物存放区域受到损害，管理人已经采取安全措施并尽到警示义务的，可以减轻或者不承担责任。吴甲、吴乙主张福建高速公司、泉厦高速公司在吴丙进入高速公路时，未能及时发现并采取有效措施予以制止，存在重大过错。高速公路管理者的义务在于确保公路安全、畅通，而非防范故意违反交通法律法规的行为，泉厦高速公司对高速公路路面不负有交通管理的职权义务。而且，吴丙系半夜从水头收费站出口处逆向进入高速公路，在本案诉讼中并无证据证明泉厦高速公司的工作人员有发现吴丙进入高速公路而未予以制止的事实。因此，吴甲、吴乙的上述主张缺乏事实和法律依据，不予支持。

根据法律规定，未经许可进入高度危险活动区域受到损害，管理人已经采取安全措施并尽到警示义务的，可以减轻或者不承担责任。本案中，福建高速公司、泉厦高速公司已对事发高速公路采取封闭式管理，按规定设立了禁止行人进入高速的警示牌、LED 情报显示牌，足以提示完全民事行为能力人不得进入。福建高速公司、泉厦高速公司在出口车道处所设置的横杆虽未能紧贴或超过栅栏，但横杆主要是为了有效阻止车辆通行，横杆的长度、安装的位置符合法律以及行业规定，故应认定两家公司已按照法律规定和行业标准采取了安全措施并尽到了警示义务。因此，上述两家公司对吴丙自行进入高速公路所产生的行为后果不承担过错责任。另，死者吴丙系完全民事行为能力人，应该具备行人进入高速公路的违法性和危险性的认知辨别能力，但其违反法律禁止性规定，逆向行走进入高度危险的高速公路，不仅将自身安全置于危险之中，更是给正常高速行驶的车辆带来重大安全隐患，其损害后果是由自身过错导致，向他人主张侵权责任没有事实和法律依据。

福建省南安市人民法院依照《中华人民共和国道路交通安全法》第六十七条，

《中华人民共和国侵权责任法》第七十六条等规定，作出如下判决：

驳回吴甲、吴乙的诉讼请求。

【法官后语】

《中华人民共和国民法典》第一千二百四十三条规定，未经许可进入高度危险活动区域或者高度危险物存放区域受到损害，管理人能够证明已经采取足够安全措施并尽到充分警示义务的，可以减轻或者不承担责任。该条款是关于高度危险场所的安全保障责任的规定，但却从受害人自身具有过失的角度着眼，明确了管理人已尽安全保障义务的情况下可以减轻或免除其责任。该条款与《中华人民共和国民法典》第一千一百九十八条的规定既有共性，又有所不同。

第一，从受害人范围的角度看，《中华人民共和国民法典》第一千一百九十八条适用于公共场所或群众性活动，其针对的均是一般的“公众”。因此，所有进入公共场所或参与群众性活动的人员均可能是受害人。而第一千二百四十三条仅适用于高度危险活动区域或者高度危险物存放区域，该区域具有高度危险性，并未也不应向一般公众开放，管理人还应严加看管，防止一般公众靠近危险区域。第二，从危险性大小的角度看，公共场所管理人或群众性活动的组织者开启的是一般危险，其针对的是不特定的人，但高度危险活动区域的管理人开启的是高度危险，其危险性远大于一般危险。所以，如果说《中华人民共和国民法典》第一千一百九十八条规定的是一般安全保障责任的话，那么第一千二百四十三条规定的就是高度安全保障责任，即高度危险区域的管理人一方面必须警示社会民众，告知其不要靠近高度危险区域，另一方面还要采取安全措施防止民众擅自进入高度危险区域，且尽可能地采取措施防止高度危险责任的发生。第三，从归责原则角度看，安全保障责任是一般过错责任，而高度危险责任属于无过错责任的范畴。第四，从举证责任的角度看，安全保障责任既然实行一般过错责任，则受害人须对公共场所管理人或群众性活动的组织者未尽安全保障义务承担举证责任。而高度危险责任既然属于无过错责任，则受害人无须举证证明管理人具有过错，管理人要想减轻甚至免除自己的责任，就应举证证明其已经采取安全措施并且尽到了警示义务。

第一千二百四十三条规定仅适用于受害人未经许可进入高度危险区域的情形。对此，应明确以下几点：第一，未经许可进入高度危险区域，本身意味着受害人具有过错。尤其是在管理人已经采取安全措施并且尽到警示义务的情况下，未经许可进入高度危险区域的行为可视为受害人具有重大过失或者自甘冒险。第二，未经许可进入高度危险区域的免责效果要综合以下因素来确定：一是受害人进入高度危险区域的方式。受害人通过非法闯入、秘密潜入等非正常方式进入高度危险区域的，则一般认为不在管理人可预见范围之内，意味着受害人自身的过错较大。反之，如受害人以平和的方式进入高度危险区域，则其自身的过错相对较轻。二是要考虑管理人是否已尽安全保障义务以及注意的程度，包括是否已尽合理警示义务以及采取足够的安全措施。

未经许可进入高度危险区域的法律后果，要综合考虑受害人进入高度危险区域的方式以及管理人安全保障义务的履行情况。就本案而言：第一，吴丙违反《中华人民共和国道路交通安全法》禁止性规定，逆向行走进入高度危险的高速公路，其损害后果系自身违规进入高速公路所致。第二，福建高速公司、泉厦高速公司已按照法律规定和行业标准采取了安全措施并尽到了警示义务。第三，吴丙的行为是本案损害后果发生的唯一原因，可免除福建高速公司、泉厦高速公司的责任。第四，若受害人以非正常的方式闯入或潜入高度危险区域，但管理人未尽安全保障义务的，尽管可以减轻管理人的责任，但不能免除其责任。

编写人：福建省南安市人民法院　黄振东

七、饲养动物损害责任

30

非接触性饲养动物侵权的认定

——朱某诉孙某、于某饲养动物损害责任案

【案件基本信息】

1. 裁判书字号

北京市西城区人民法院（2019）京0102民初7347号民事判决书

2. 案由：饲养动物损害责任纠纷

3. 当事人

原告：朱某

被告：孙某、于某

【基本案情】

2018年1月27日21时许，朱某（女，65岁）在其居住的小区8楼西侧电梯间等候电梯。电梯门打开后，从电梯内冲出一只大型边牧犬，该犬扑向朱某携带的小狗。朱某在提着小狗后退时摔倒受伤，经医院诊断为腰1、腰2椎体压缩性骨折。2018年12月7日，北京法源司法科学证据鉴定中心出具鉴定意见书，内容为朱某腰1、腰2椎体压缩性骨折椎体成形术后，评定为九级伤残；护理期为60~90日，营养期为60~90日。经查，该大型边牧犬的饲养者为孙某、于某。

朱某起诉，要求孙某、于某承担损害赔偿责任；孙某、于某认为朱某的受伤与自己无关，不同意朱某主张的诉讼请求。

【案件焦点】

非接触性饲养动物侵权如何认定因果关系。

【法院裁判要旨】

北京市西城区人民法院经审理认为：饲养的动物造成他人损害的，动物饲养人或者管理人应当承担侵权责任。违反管理规定，未对动物采取安全措施造成他人损害的，动物饲养人或者管理人应当承担侵权责任，禁止饲养的烈性犬等危险动物造成他人损害的，动物饲养人或者管理人应当承担侵权责任。孙某、于某主张朱某的受伤与自己没有关系，但从本案现有证据可以认定：2018年1月27日晚，于某携带边牧犬进入电梯后电梯在8层开门，边牧犬跑出电梯与8层牵着小狗的朱某相遇，边牧犬扑向朱某牵着的小狗，朱某提着小狗后退时摔倒受伤。根据《北京市养犬管理规定》，本市重点区域内，不得饲养大型犬、烈性犬，携犬出户时应当束犬链，携犬人应当携带养犬登记证，并应当避让老年人、残疾人和孕妇。对烈性犬、大型犬实行拴养或圈养，不得出户遛犬。孙某、于某作为边牧犬的饲养人、管理人违反了上述规定，造成朱某受伤，应当承担全部侵权责任。

北京市西城区人民法院依照《中华人民共和国侵权责任法》第六条、第十二条、第十六条，《中华人民共和国民事诉讼法》第六十四条第一款之规定，判决如下：

一、本判决生效之日起十五日内，被告孙某、于某赔偿原告朱某医疗费53991.92元、住院伙食补助费400元、护理费7820元、营养费2250元、残疾赔偿金217568元、精神损害抚慰金10000元、鉴定费3150元、交通费93元，合计295272.92元；

二、驳回原告朱某的其他诉讼请求。

【法官后语】

近些年，随着人民生活水平的提高，越来越多的人开始饲养宠物，尤其在大城市，动物饲养的数量呈逐年上升趋势，动物已由单纯的维持生计的工具转化为生活的伴侣和助手。与此同时，因动物而导致他人人身权、财产权的损害问题也渐渐增多。《中华人民共和国民法典》第一千二百四十五条规定，饲养的动物造成他人损害的，动物饲养人或者管理人应当承担侵权责任；但是，能够证明损害是因被侵权人故意或者重大过失造成的，可以不承担或者减轻责任。从上述规定中可以看出，动物饲养人或者管理人承担的是无过错责任，即一般情况下只要是饲养的动物给他人造成损害，饲养人即应当承担赔偿责任，除非损害系受害人过错或者第三人过错导致。构成动物侵权应符合以下构成要件：第一，存在动物加害行为；第二，存在损害后果；第三，动物加害行为与损害后果具有因果关系；第四，不存在免责事由。动物加害行为不仅是认定侵权构成的要件，亦是认定动物饲养人赔偿责任的关键。这里的动物侵害行为并不单指动物与被侵权人直接接触致损的情况，亦包括不直接发生动物冲撞、扑咬等直接接触的侵害。例如，一般观念中，饲养的宠物狗致人受伤基本上是狗咬伤人，而在本案中，孙某、于某饲养的大型边牧犬根本未与伤者朱某接触，而是接触了朱某的小狗，朱某是在慌乱中提着小狗后退时摔倒受伤的。

在认定因果关系上，这类案件比较特殊。本案中，朱某虽未与孙某、于某饲养的大型边牧犬直接接触，但根据本案发生的实际情境，很难不认定朱某后退时摔伤与大型边牧犬冲出电梯有因果关系。由于大型边牧犬冲出电梯直接扑向朱某的小狗，此时牵着小狗的朱某第一反应是将小狗提起拉回，这种举动符合一般人的生活常识，也是一个理性人遇见此情况会采取的正常措施，而在此过程中朱某摔倒受伤，这从另一方面说明大型边牧犬扑向小狗、朱某拉起小狗后退是一个完整的连贯过程，因此根据相当因果关系理论，大型边牧犬扑向小狗与朱某受伤有因果关系。

这类案件中另一典型情况为被侵权人因看到动物产生恐惧、惊吓、紧张的心理，最终造成损害后果。例如，行动不便的老年人因受到饲养人牵引的宠物狗惊吓而摔倒，最终导致伤残的严重后果。由于被侵权人年老，行动不便，即使宠物狗并未直接接触被侵权人，亦足以造成被侵权人恐惧、紧张的心理，从而致使被侵权人在躲避宠物狗过程中摔倒，此情况下亦应认定被侵权人受伤的后果是因宠物狗引起。当然，对这种因看到动物产生恐惧、惊吓、紧张的心理而造成损害后果的处理方式不是一成不变的，而要根据受害人的特征、年纪、身体状况，动物的体型、危险程度等综合考虑，同时也要从一个正常的理性人的生活经验去具体衡量所受伤害与看到动物之间的关系。例如，某正常成年人被路边的温顺的宠物狗吓到并在逃跑的过程中发生损害，应否认因果关系的存在。

编写人：北京市西城区人民法院　孙学武

31

“好心”饲喂遗弃动物可在一定范围内被认定为该动物管理人

——崔某诉罗某、温某饲养动物损害责任案

【案件基本信息】

1. 裁判书字号

北京市石景山区人民法院（2019）京 0107 民初 14294 号民事判决书

2. 案由：饲养动物损害责任纠纷

3. 当事人

原告：崔某

被告：罗某、温某

【基本案情】

2018 年 8 月 8 日，崔某在某小区院内散步，被一条约 1 米长的黄色比特犬咬伤臂部、腿部等处。崔某呼叫救命，吕甲前来赶走了比特犬及周围的几条流浪狗。随后，崔某前往石景山中医院、中国人民解放军海军总医院治疗。石景山中医院诊断崔某的病情为犬咬伤，三级暴露。中国人民解放军海军总医院急诊病历载明：冲洗消毒伤口，注射狂犬病免疫球蛋白，抗炎治疗，缝合引流伤口，隔 2 日换药，14 天拆线。崔某报警后，涉案比特犬在罗某的配合下被抓捕。

2019 年 4 月 29 日，崔某将罗某诉至法院。为查明案件事实，法院追加温某作为被告参加诉讼。经释明，崔某坚持只要求罗某赔偿损失。崔某认可温某已经赔偿其 6.5 万元。

法院调取了石景山公安分局模式口派出所的询问笔录。“吕甲的询问笔录”载明：“吕甲答：2018 年 8 月 8 日 14 时 30 分，我准备去干活，听见有人喊救命。我赶紧过去看，当时看见有好多狗围着一名女子。我就大喊一声，那女子冲我跑了过来。问：黄狗是哪里来的？答：平时在维修队院里拴着的，最近都是散养的。问：

这条狗是谁的？答：不知道。问：这条狗平时谁喂？答：好多人都喂。主要是院里的罗某喂。”“吕乙的询问笔录”载明：“问：你的工作单位？答：现在已经退休了，但我每天还在部队大院内工程队上班。问：这条狗为什么会在工程队的门口？答：这条狗在院里有好几个月了，平时都在院的西南角待着，大部分的时候是拴着的。院里有个干活的罗某，每次他来就把狗放开了。问：这条狗平时谁在喂？答：平时罗某喂，有时候有当兵的来看狗。问：这条狗是谁的？答：我不知道。”“罗某的询问笔录”载明：“问：狗为什么没拴在修理队南库？答：2018 年 3 月，李某、徐某、温某三个人带着狗跟我说这个地方没人管，狗就放这里。当时把狗拴树上了。有时候我喂狗，有时候别的住在院里的人也喂狗。问：李某、徐某、温某三人把狗放在院子里是卖给你还是让你寄养的？答：都不是。问：你喂过这只狗几次？答：我做饭吃剩下的就喂这只狗。”

诉讼中，温某主张比特犬已送给罗某，但未提供证据证实。经释明，崔某不申请对其伤情进行鉴定。

【案件焦点】

1. 罗某对被遗弃的烈性犬存在饲喂行为，能否被界定为动物的管理人；2. 涉案烈性犬伤害他人，责任应该如何划分。

【法院裁判要旨】

北京市石景山区人民法院经审理认为：公民的生命健康权应当受法律保护。《中华人民共和国侵权责任法》明确规定，禁止饲养的烈性犬等危险动物造成他人损害的，动物饲养人或者管理人应当承担侵权责任。遗弃、逃逸的动物在遗弃、逃逸期间造成他人损害的，由原动物饲养人或者管理人承担侵权责任。随着社会经济的发展和居民生活水平的提升，人们对精神生活越来越重视，饲养动物的人群和家庭日益增多。然而，动物是具有生命力和攻击力但缺乏理智的特殊主体，其饲养人和管理人在享受乐趣的同时，也应承担较高的管理责任。饲养人、管理人应严格遵守相关管理及安全规定，以降低饲养动物给公民健康和人身安全带来的危险性，营造安全的居住环境，维护社会公共秩序。《中华人民共和国侵权责任法》立法的首要目标亦在于救济受害人，维护公共安全。其中明确规定禁止饲养的烈性犬等危险动物造成他人损害的，动物饲养人或者管理人应当承担严格的无过错责任。因此，造成他人损害，无论受害人有无过错，动物饲养人或管理人均应承担侵权责任。《北京市养犬管理规定》第十条也明确规定，在重点管理区内，每户只准养一只犬，不得养烈性犬、大型犬。石景山区为北京市养犬重点管理区，在该区域不得喂养烈性犬。

本案中将崔某咬伤的狗为比特犬。比特犬是作为斗犬而繁殖培养出来的一种具有强大杀伤力的凶猛犬种，属于我市禁止饲养的烈性犬。温某在明知比特犬为烈性犬的情况下仍购买并饲养，且在部队不允许饲养后，温某未妥善处理比特犬，随意将狗安放在维修队的院落里，放任了危害后果的发生。故认定温某为比特犬的饲养人，应当对崔某的损失承担主要责任。此外，现有证据能够证实，不只罗某一人喂养涉案比特犬。但罗某是主要的无偿管理人。事发当天，罗某未将比特犬拴住，造成了崔某的损伤。故罗某应当对崔某的损失承担次要责任。

以原告的实际损失为基础，并考虑崔某不向温某主张的事实，对罗某应当赔偿崔某的各项损失认定为1万元。另，温某已经赔偿崔某6.5万元，因温某、崔某未在本案主张，故不予处理。

北京市石景山区人民法院依照《中华人民共和国侵权责任法》第八十条、第八十四条，《中华人民共和国民事诉讼法》第一百四十四条之规定，作出如下判决：

一、罗某于本判决生效后七日内赔偿崔某医疗费、护理费、营养费、交通费、连衣裙和鞋的损失共计8000元；

二、驳回崔某的其他诉讼请求。

【法官后语】

禁止饲养的烈性犬等危险动物造成他人损害的，动物饲养人或者管理人应当承担侵权责任。遗弃、逃逸的动物在遗弃、逃逸期间造成他人损害的，由动物原饲养人或者管理人承担侵权责任。立法虽明确规定禁止饲养烈性犬，被遗弃的烈性犬造成他人损害的，原饲养人或管理人应当承担侵权责任。然而，如何解释动物饲养人或管理人，在本案中存在较大争议。

1. 饲喂被遗弃烈犬的“好心人”能否被界定为动物的管理人

立法并未直接规定动物致人损伤的责任主体仅为动物的所有人，而是采用了饲养人或管理人的表述。这是因为，人们常常出于享受乐趣、表达爱心等各种目的，在不囿于只是所有人的情况下，去管理和饲养动物。故而，动物的管理人、饲养人的范畴应当大于所有人的范畴。同时，立法也是出于严格动物管理人或饲养人的责任，降低饲养动物给公民健康和人身安全带来的危险性，营造安全的居住环境，维护社会公共秩序之需要。探究立法本意，笔者认为，饲养人或管理人应该包含下列特征：(1) 为特定的动物提供食物与照料；(2) 对该动物具有一定控制力。本案中，比特犬的原所有人温某因不具备饲养条件，将其网购的比特犬随意遗弃在工作单位的一个院落里。现无证据证实温某在遗弃比特犬之前，曾与罗某就饲养、管理比特犬达成合意。而该院落还有其他流浪狗，院落里的很多住户常常出于“好心”投喂这些流浪狗。罗某即“好心”人之一。但经查实，罗某与普通的“好心”人具有明显的区别。首先，罗某对涉案比特犬的喂养较多；其次，平时罗某将比特犬拴起来，罗某来看狗时会将狗放开，故罗某对涉案比特犬有管理的行为；最后，罗某对涉案比特犬有一定控制力，该犬伤人后，罗某协助警察完成了抓捕工作。鉴此，罗某虽非涉案比特犬的所有人，也不是温某委托的管理人、饲养人，但罗某的饲喂成为该犬在被遗弃后主要的食物来源，经常性的管理也让罗某对该犬具有一定的控制力，故罗某应被认定为管理人。

2. 被遗弃的烈性犬伤害他人，责任如何划分问题

案发当天，涉案比特犬因散养在院落，失去管控咬伤崔某。本案中，温某为比特犬的购买人，罗某为“好心”管理人。烈犬伤人后，责任该如何划分?

《北京市养犬管理规定》第十条明确规定，在重点管理区内，每户只准养一只犬，不得养烈性犬、大型犬。案发地为北京市养犬重点管理区，在该区域不得喂养烈性犬。温某未妥善处理比特犬，随意将烈性犬遗弃在工作单位的院落里，放任了危害后果的发生，应当认定温某为比特犬的饲养人，对崔某的损失承担主要责任。而罗某应当知道涉案犬为禁止饲养的烈性犬，仍管理、饲养该比特犬，故对事故发生也应当承担责任。但罗某是无偿的、非固定的管理人。该比特犬是处于被遗弃状态，事发当天，罗某未拴住比特犬，导致比特犬失控，造成了崔某的损伤。故罗某应当对崔某的损失承担次要责任。

近年来，随着居民生活水平的提升，人们对精神生活越来越重视，很多居民选择饲养宠物。宠物数量的增加、类型的多样化，致使宠物致人损害的案件呈现复杂化趋势。尤其动物在遭人遗弃或丢失之后，又致人损害的，受害者往往因为找不到

原饲养人或管理人而难以得到赔偿。在司法实践中，有些受害人选择将饲喂人作为被告诉至法院，但是被遗弃、丢失动物的饲喂人是否可以直接等同于法律规定的饲养人或管理人，在理论和实践上都存在一定争议。比如，居民对小区流浪猫狗进行饲喂的，有观点认为，饲喂不一定以所有或占有为目的，饲喂面向不特性的动物，饲喂人对特定的动物不具有控制力，因此饲喂人不能被认定为饲养人或管理人。需要指出，饲喂人是否能被认定为法律规定的饲养人或管理人，不宜仅以是否存在饲喂行为、饲喂行为是否长期存在为唯一要件，还应考量该动物对饲喂人的生存依赖度以及饲喂人对动物的控制力。饲养动物是相对于野生动物的概念，饲养动物的生存依赖于人类的饲养行为。另，本案中，涉案比特犬固定饲养在同一个地方，平时用绳拴住，与在相当面积的范围内（可能横跨几个居民小区）自由活动的流浪动物相比，饲喂人对二者的控制力是不同的，饲喂人对前者具有更高的控制力。

大量的宠物与人共同生活在一个城市空间中，对城市的环境、公共卫生、社会秩序等方面都提出了挑战，如何管理好数量庞大的宠物群体是城市管理者必须面对的问题之一。笔者提出以下建议：第一，对宠物实行强制的登记注册免疫制度，并建立可追溯饲养人的系统，保证在宠物脱离控制时，可以对其饲养人进行追溯；第二，加强法制宣传，严格落实城市养犬等相关的规章制度，培育文明饲养宠物的良好社会风气；第三，引导民众科学看待流浪动物，政府应对街面上的流浪动物进行排查和收容，鼓励民众以领养代替购买；第四，坚决不能饲养法律法规所禁止饲养的动物。

编写人：北京市石景山区人民法院　孙紫淇　沈霞

32

未对动物采取安全措施与被侵权人存在重大过失竞合时的责任认定

——赵甲诉赵乙、严某饲养动物损害责任案

【案件基本信息】

1. 裁判书字号

北京市房山区人民法院（2019）京0111民初13069号民事判决书

2. 案由：饲养动物损害责任纠纷

3. 当事人

原告：赵甲

被告：赵乙、严某

【基本案情】

赵甲和赵乙均系北京市房山区十渡镇××村村民，二人利用各自饲养的马匹在××村委会无偿提供的场地内以出租马匹供游客骑玩的方式从事经营活动。

2018年10月2日14时许，游客严某租骑赵乙的马匹在上述场地内跑圈游玩。第一圈，赵乙牵领马匹供严某骑玩；第二圈，赵乙应严某要求，没有牵领，严某遂独自骑行跑圈。与此同时，赵甲为看顾场中马匹进入跑道，被正在骑马跑圈的严某撞倒。

赵甲的伤情被北京市房山区第一医院诊断为：急性胸部闭合性损伤，左侧第1－10肋骨骨折，右侧第1－5肋骨骨折，双侧创伤性血胸，肺挫伤，左侧后胸壁伤口不愈合蛛网膜下腔出血，左锁骨骨折，头面部皮擦伤，岗上肌腱损伤肩胛下肌肌腱损伤，左肩关节积液，左肩关节周围软组织损伤，脑胶质瘤术后。2018年10月2日至2018年11月17日，赵甲在北京市房山区第一医院住院治疗，产生医疗费

127081.11元、护理费1200元。赵乙负担了赵甲住院期间的医疗费用28000元。赵甲出院后陆续在医疗机构继续治疗产生医疗费804.59元。2019年6月24日，中天司法鉴定中心出具司法鉴定意见书，鉴定意见为：（1）赵甲12根以上肋骨骨折的伤残等级为九级，左肩关节功能丧失25%以上的伤残等级为十级，综合赔偿指数为25%；（2）赵甲的误工期评定为150日，护理期评定为60日，营养期评定为90日。赵甲支付鉴定费3350元。

【案件焦点】

1. 动物管理人、直接控制人及被侵权人三方均存在重大过失时的责任认定问题；2. 赵甲虽存在擅入跑道的重大过失行为，但能否基于赵乙放任严某独自骑玩而未对其经营管理的马匹采取安全措施的事实免于自负相应责任。

【法院裁判要旨】

北京市房山区人民法院经审理认为：本案系因饲养的动物造成他人损害产生的纠纷，故应为饲养动物损害责任纠纷。根据查明事实，赵甲的人身受到损害系赵乙饲养的马匹造成的，对此赵乙应当承担侵权责任；赵甲疏于注意自身安全，存在重大过失，可以减轻动物饲养人的责任；严某过于自信独自控制马匹跑圈撞倒赵甲，对于损害结果的发生存在过失，亦应承担一定责任。故关于责任的划分，赵乙承担40%的责任，严某承担30%的责任，赵甲自担30%的责任。

关于赔偿范围：（1）医疗费根据医疗机构出具的医药费、住院费等收款凭证，结合病历和诊断证明等相关证据确定。经核算，医疗费合计127885.70元。（2）误工费根据受害人的误工时间和收入状况确定。鉴定意见评定的误工期为150日，赵甲无固定收入亦未举证证明最近三年的平均收入状况，故其收入状况参照北京市职工最低工资标准每月2120元计算。经核算，误工费应为10600元。（3）护理费根据护理人员的收入状况和护理人数、护理期限确定；护理人员有收入的，参照误工费的规定计算；护理人员没有收入或者雇佣护工的，参照当地护工从事同等级别护理的劳务报酬标准计算。鉴定意见评定护理期为60日，按每日100元计算，护理费为6000元。（4）营养费根据受害人的伤残情况参照医疗机构的意见确定；出院医嘱建议适当加强营养，鉴定意见评定营养期为90日，按每日50元计算，营养费为4500元。（5）交通费根据受害人及其必要的陪护人员因就医或者转院治疗实际发生的费用计算。交通费应当以正式票据为凭；有关凭据应当与就医地点、时间、人数、次数相符合。法院酌情确定交通费500元。(6) 住院伙食补助费，住院病案首页显示实际住院46天，按每日100元计算，合计4600元。(7) 残疾赔偿金根据受害人伤残等级，按照受诉法院所在地上一年度农村居民人均纯收入标准，自定残之日起按二十年计算。鉴定意见确定赵甲12根以上肋骨骨折的伤残等级为九级，左肩关节功能丧失25%以上的伤残等级为十级，综合赔偿指数为25%，2018年度农村居民人均可支配收入26490元，残疾赔偿金为132450元。(8) 关于精神损害抚慰金，应给予精神损害抚慰金12500元。(9) 经审查，医疗器械费用实为住院期间产生的合理费用，应为1291.6元。

根据已确定的医疗费、误工费、护理费、营养费、交通费、住院伙食补助费、残疾赔偿金及精神损害抚慰金、住院治疗期间与愈伤有关的合理费用等各项费用，合计300327.3元。结合责任比例确定赔偿义务人和受害人应予分担赔偿数额如下：赵乙应赔偿包括医疗费、误工费、护理费、营养费、交通费、住院伙食补助费、残疾赔偿金、精神损害抚慰金、住院期间因愈伤产生的日用品费用在内的赔偿总额为120130.92元；严某赔偿总额为90098.19元；赵甲自行承担费用为90098.19元。

北京市房山区人民法院依照《中华人民共和国侵权责任法》第十六条，《最高人民法院关于适用〈中华人民共和国民事诉讼法〉的解释》第九十条规定，判决如下：

一、赵乙于本判决生效之日起十日内赔偿赵甲医疗费、误工费、护理费、营养费、交通费、住院伙食补助费、残疾赔偿金、精神损害抚慰金、住院期间产生的合理费用，以上共计120130.92元；

二、严某于本判决生效之日起十日内赔偿赵甲医疗费、误工费、护理费、营养费、交通费、住院伙食补助费、残疾赔偿金、精神损害抚慰金、住院期间产生的合理费用，以上共计90098.19元；

三、驳回赵甲的其他诉讼请求。

【法官后语】

本案处理重点在于侵权责任比例的划分。

首先，严某作为马匹的直接控制人在游玩时未遵守安全管理规定，要求独自骑行，并因其对自身骑术过于自信直接导致了损害结果的发生，应承担相应赔偿责任。其次，赵乙作为马匹的管理人和经营者，同意严某独自骑行，放任马匹脱离必要的安全防护措施进入场地，最终导致了损害结果的发生，其应承担重于严某的赔偿责任。然本案核心在于赵甲是否应基于其擅入跑道的重大过失行为自负部分责任的问题。

《中华人民共和国民法典》第一千二百四十六条规定，违反管理规定，未对动物采取安全措施造成他人损害的，动物饲养人或者管理人应当承担侵权责任；但是，能够证明损害是因被侵权人故意造成的，可以减轻责任。就立法目的推断，虽然我们理解立法者显然在动物饲养人或管理人能够基于被侵权人故意或重大过失而免除或减轻责任的情况下，又对该项免除或减轻的情形做了限制，即在动物饲养人或管理人未对动物采取安全措施的情形下，对其科以更重的责任认定规则。但该条确未直接认定当动物管理人未对动物采取安全措施与被侵权人存在故意或重大过失两种情况竞合时，被侵权人当然免除其自负责任，且不与动物管理人进行过失相抵。

因此，在适用该条规定免除被侵权人自负责任时，对以下两点情形加以考察，当能在尊重立法目的的基础上，最大限度地实现个案公平：(1) 应考察动物管理人是否基于动物所处场所客观上已是特定非公共区域而解除了对动物采取的安全措施；(2) 应考察被侵权人出现重大过失时，是否应基于其特定的职能、身份而被科以较常人更高的注意义务。

本案中，赵乙放任严某独自骑行确使马匹脱离了安全措施管控，但基于马场跑道及外围场地的防护措施来看，在严某独自骑行时，如有其余人员欲进入跑道，亦必须经由马场经营者组织带领。因此，针对特定的时间、空间条件，该场地对于可能在场的马场经营者赵乙、赵甲及游客严某而言实际上已经构成了特定的非公共区域；另外赵甲作为马场的经营者之一，其在严某骑行时进入跑道的动因是为看顾场地中心区域散放的马匹，实属经营行为，此时其更应意识到跑道中有游客骑行时，擅自进入跑道可能会导致的严重后果。根据上述两点特殊情形，赵甲应为其特定重大过失行为导致的损害结果自负部分责任。

与一般饲养动物损害责任纠纷类案件的审理思路不同，承办法官始终坚持法律效果与社会效果相统一的原则处理本案。从立法自身逻辑入手，剖析法律规定内涵及深层次立法目的，同时严格依据本案的特殊事实情况来认定各方责任划分的比例。本案判决后，承办法官对各方进行了深入的事实分析和法理论述，各方当事人均服判息诉，履行了相应的赔偿责任。

编写人：北京市房山区人民法院 周扬

八、财产损害责任

33

迟延履行生效判决造成财产损害的应当依法承担责任

——刘某诉史某财产损害赔偿案

【案件基本信息】

1. 裁判书字号

河北省沧州市中级人民法院（2019）冀09民终7848号民事判决书

2. 案由：财产损害赔偿纠纷

3. 当事人

原告（上诉人）：刘某

被告（上诉人）：史某

【基本案情】

2015年6月22日，刘某、史某签订《车辆代购协议》一份，约定刘某为史某代购SUV一辆，价款为266800元。史某收到该车后缴纳车辆购置税、车船税，投保交强险及商业险，共计支出33242.16元。史某在使用该车过程中发生故障，怀疑该车售前维修过，与刘某沟通未果，于2017年1月11日诉至法院。法院经审理认定：刘某、史某签订的代购协议合法有效，合同履行过程中，史某依约向刘某足额支付购车款，刘某延期交付车辆，且交付的车辆售前进行过维修，刘某的行为实质违约，导致合同目的无法实现，判决：一、解除史某与刘某于2015年6月22日签订的车辆代购协议；二、刘某于本判决生效后十日退还史某购车款266800元，并赔偿损失 33242.16 元；同时史某返还车辆。该判决发生法律效力后，刘某、史某均未如期履行判决书确定的义务。

2017 年 8 月 23 日，史某申请强制执行，至 2018 年 7 月左右刘某才将案件款汇入法院账户。其间刘某于 2018 年 5 月 8 日亦向法院申请强制执行。2018 年 10 月 22 日，史某将车辆交付给刘某，刘某保留追索车辆损失的权利。经史某陈述，2016 年 6 月 8 日，车辆在行驶过程中突然熄火，后车辆被拖至天津市北辰区广汽 4S 店维修，之后一直露天存放，没有加防护罩之类的保管措施。据司法鉴定报告及相关票据等，刘某的车辆保养维修费、贬值损失、交通费、公估费等各项共计 80993.2 元。

【案件焦点】

1. 迟延履行生效裁判文书应当依法承担相应的债务利息或迟延履行金，如因迟延履行行为造成财产损害的如何承担赔偿责任；2. 过错责任原则在财产损害案件中的适用。

【法院裁判要旨】

河北省黄骅市人民法院经审理认为：史某诉刘某买卖合同纠纷一案，人民法院已判决刘某履行金钱给付义务、史某履行车辆返还义务。判决生效后，史某、刘某均未在判决书指定期限内履行各自义务，后各自申请强制执行。从涉案车辆突然熄火双方发生争执，至通过法院强制执行，双方各自履行完相应义务，时隔两年多的时间里，本案被告史某作为车辆持有人未尽善意管理人义务，未对车辆采取任何合理必要的保护措施，放任车辆风吹日晒、露天搁置两年之久，扩大了车辆的老化和损失程度，史某的不作为行为存在过错，其应对车辆损失承担 50% 的过错责任。本案原告刘某提供不合格车辆过错在先，但其已在 630 号案件中承担了返还购车款并赔偿史某损失的全部责任，且因其未及时履行金钱给付义务也承担了债务利息的责任，因其有错在先，且未及时申请执行，故对因史某保管不当给其造成的车辆损失由其自行承担 50% 的赔偿责任，即 40496.6 元，原告请求的超出的部分，理据不足，不予支持。被告史某不承担赔偿责任的抗辩，理据不足，不予采信。

河北省黄骅市人民法院依照《中华人民共和国民法通则》第一百零六条，《最高人民法院关于适用〈中华人民共和国民事诉讼法〉的解释》第九十条之规定，判决如下：

史某于本判决生效后十日内赔偿刘某各项损失共计40496.6元。

双方均不服一审判决，提起上诉。河北省沧州市中级人民法院经审理认为：关于过错责任比例承担问题，史某诉刘某买卖合同纠纷一案，法院判决刘某履行金钱给付义务、史某履行车辆返还义务。该判决生效后，双方均未在判决书指定期限内履行各自义务，后各自申请法院强制执行。自2016年6月8日（史某自诉），涉案车辆突然熄火双方发生争执，至申请法院强制执行，双方各自履行完相应义务，时隔两年多的时间里，史某作为车辆持有人未尽善意管理人义务，原审判决其对车辆损失承担50%的过错责任比例并无不妥。刘某主张的车辆质保损失，不符合延保服务的服务范围，故其上诉主张证据不足，不予支持。

河北省沧州市中级人民法院依照《中华人民共和国民事诉讼法》第一百七十条第一款第一项之规定，作出如下判决：

驳回上诉，维持原判。

【法官后语】

发生法律效力的民事判决、裁定，当事人必须履行，未按法律文书指定的期限履行金钱给付义务的，需要加倍支付迟延履行期间的债务利息，未履行其他义务的，则可能需要支付相应的迟延履行金。在本案中，判决生效后，原、被告双方均未按照判决文书履行各自的义务，依法应当承担相应的责任，同时《中华人民共和国民事诉讼法》第二百三十九条规定，申请执行的时间为两年，申请执行时效的中止、中断，适用法律有关诉讼时效中止、中断的规定。申请执行既是当事人的权利，同时也变相地约束当事人及时行使权利，否则将面临最终权利无法实现的风险。在史某与刘某分别拒绝主动履行义务的情形下，为保证权利实现，法律赋予了双方申请强制执行的权利，该案最终也是通过法院执行程序履行完毕的。

本案的特殊之处在于履行过程中因涉案车辆被长时间露天存放，发生了折旧及损害形成本诉，如何认定双方在履行过程中的过错成为案件审判的关键。而财产损害赔偿纠纷，是指权利人认为其合法所有的财产遭到了侵害而向法院提起诉讼要求加害人停止侵害并予以赔偿的案件，本类案件的审理重点在于当事人对自己的诉辩进行举证后，如何认定当事人之间的过错责任。

本案的起因在于被告史某与原告刘某签订《车辆代购协议》后，原告刘某为史某代购的车辆存在过维修记录，经法院判决：解除双方的代购协议，刘某返还史某购车款并赔偿损失，史某返还涉案车辆。判决生效以后，双方均未按照生效判决文书如期履行各自的义务，经史某申请强制执行后，刘某于2018年6月、7月才将案件款打到法院账户，并在2018年5月亦向法院申请强制执行，2018年10月22日史某将原停放4S店的标的车交付刘某，此时车辆经长时间露天存放发生老化受损，车辆随之贬值并产生后续的保养维修费用，该部分损失与史某拒不履行生效判决书，且不采取任何措施放任车辆露天存放存在必然的因果关系，史某应当依法承担赔偿责任。但是结合整个案件经过，本起纠纷的根源性问题在于刘某未按照协议约定履行自己的代购义务，交付不符合要求的售前维修车辆在先，判决生效后也未及时支付史某购车款及损失，直至史某向法院申请强制执行，时隔近一年才迟延履行付款义务，在明知车辆价格较高，长时间存放易产生贬值损失的情形下，其本人既未向史某催促交付车辆，也没有及时依法申请强制执行，结合双方各自的过错程度，确定对于车辆的合理合法损失各自按照50%的责任比例予以分担公平合理。

编写人：河北省黄骅市人民法院　许延敏

34

房屋内发生非正常死亡事件，房屋贬值损失如何确定

——鞠某、付某诉观唐上院江阴分公司等财产损害赔偿案

【案件基本信息】

1. 裁判书字号

江苏省江阴市人民法院（2019）苏0281民初292号民事判决书

2. 案由：财产损害赔偿纠纷

3. 当事人

原告：鞠某、付某

被告：观唐上院江阴分公司、观唐上院公司、鸿禧公司

【基本案情】

2017年2月20日，鞠某、付某购买了江阴市某小区7－1202室房屋，价款为3138000元。鸿禧公司是该小区的物业管理公司。

2017年10月20日，鞠某作为发包方（甲方）与观唐上院江阴分公司作为承包方（乙方）签订《家庭居室装饰装修工程施工合同》及《工程补充条款》，约定由观唐上院江阴分公司对鞠某名下位于江阴市某小区7－1202室的房屋进行装饰装修。合同签订后，观唐上院江阴分公司对案涉房屋进行装饰装修。

刘某是观唐上院江阴分公司雇用的浇地坪、贴墙砖项目的施工人员。刘某于2018年7月22日下午4点多进入案涉房屋内，7月23日早晨被发现在案涉房屋中死亡，死亡时的状态为：刘某躺在南面书房门口，头朝南、脸朝上。刘某的妻子陈述，7月22日晚上刘某做地坪收光，水泥干了之后要干活，所以刘某当天晚上住在工地。

另查明，江阴市公安局出具的火化尸体通知书载明，刘某于2018年7月23日非正常死亡；鸿禧公司对进出小区的人员实行登记制度，并与业主签订了装修须知等文件。

因房屋内发生死亡事件，鞠某、付某诉至法院，请求法院判令：1. 观唐上院江阴分公司与鸿禧公司共同赔偿房屋贬值损失135万元；2. 观唐上院公司对观唐上院江阴分公司赔偿不足的部分承担补充赔偿责任。

【案件焦点】

1. 案涉房屋是否存在贬值损失；2. 观唐上院江阴分公司、鸿禧公司是否需要承担赔偿（补偿）责任。

【法院裁判要旨】

江苏省江阴市人民法院经审理认为：关于第一个争议焦点，从现实情况来看，房屋内发生过非正常死亡事件虽然不会对房屋的外观形状和实际使用功能产生影响，但是依社会通常观念，人们对发生过非正常死亡事件的房屋普遍存在恐惧、焦虑、忌讳等不良的心理感受。这种负面心理感受表现在房屋交易过程中，就是房屋流通的长期障碍。同时，这也会导致购房者或租房者对房屋的评价和价值认可度降低，从而对房屋能否出租、出售以及出租、出售的价格产生较大影响，降低房屋的交换价值和出租收益。正因如此，房地产交易惯例中，根据诚实信用原则，将房屋是否发生过非正常死亡事件作为必须披露的影响交易决策的重要事项。因此，刘某在案涉房屋内非正常死亡，导致案涉房屋在后续可能的出租、出售中受到不利影响，鞠某、付某对房屋的收益处分权能受到限制，由此导致的房屋贬值损失是客观存在的。

关于第二个争议焦点，鞠某、付某主张观唐上院江阴分公司、鸿禧公司同意刘某在非约定工作时间进入涉案房屋施工，最终导致刘某死亡，存在管理上的疏漏，具有过错，应当承担损害赔偿责任。但是从公安部门认定刘某属非正常死亡的结论可知刘某在从事浇地坪等装修过程中死亡，对此，刘某本人无法预见，也未有证据证明刘某在死亡前存在过错行为。观唐上院江阴分公司对刘某的死亡无法预见，也未有证据证明观唐上院江阴分公司对刘某的死亡存在过错行为。鸿禧公司作为某小区的物业管理公司，与鞠某、刘某签订了室内装饰装修合同，对出入小区的人员也建立了登记制度，鸿禧公司对刘某的死亡也无法预见，也未有证据证明鸿禧公司对刘某的死亡存在过错行为。综上，刘某、观唐上院江阴分公司、鸿禧公司对刘某的死亡均无过错。而行为人的过错是构成侵权责任的要件之一，故鞠某、付某以观唐上院江阴分公司、鸿禧公司侵权为由，要求其承担房屋贬值损失的赔偿责任，缺乏法律依据，法院不予支持。然而在现实生活中，有些损害的发生虽然行为人没有过错，但损害后果与行为人的行为有直接的因果关系，如果严格按照无过错即无责任的原则处理，由受害人自担损失，不仅有失公平，也不利于和谐人际关系的建立。《中华人民共和国侵权责任法》第二十四条规定，受害人和行为人对损害的发生都没有过错的，可以根据实际情况由双方分担损失。本案中，虽然鞠某、付某和刘某、观唐上院江阴分公司对房屋贬值损失的发生都没有过错，但刘某的死亡在客观上造成了涉案房屋价值的贬损，该损失让鞠某、付某自行承担有失公平。刘某系观唐上院江阴分公司的施工人员，故根据实际情况和公平原则，从衡平双方当事人利益出发，由观唐上院江阴分公司分担部分损失。综合案涉房屋购买时的价款，目前的房地产市场行情，观唐上院江阴分公司的经济能力等因素，酌情确定观唐上院江阴分公司补偿鞠某、付某房屋贬值损失 10 万元。观唐上院江阴分公司管理的财产不足以承担的，由观唐上院公司承担。

江苏省江阴市人民法院依照《中华人民共和国侵权责任法》第二十四条、第三十四条第一款,《中华人民共和国民法总则》第七十四条第二款,《中华人民共和国民事诉讼法》第六十四条第一款之规定,判决如下:

一、观唐上院江阴分公司于本判决发生法律效力之日起十日内补偿鞠某、付某房屋贬值损失10万元;

二、观唐上院江阴分公司管理的财产不足以清偿上述债务的,由观唐上院公司承担;

三、驳回鞠某、付某的其他诉讼请求。

【法官后语】

随着国内房地产交易市场的蓬勃发展,因非正常死亡事件引发房屋贬值损害赔偿的案件日益受到关注。该类案件属于新类型的侵权纠纷,法律对该类案件的处理没有明确规定,所以在司法实践中如何处理存在较大的争议,妥善处理该类纠纷具有重要的法律意义和社会价值。

1. 关于案涉房屋否存在贬值损失的问题

房屋的价格由多种因素决定。从客观方面来说,如房屋的质量、位置、面积、功能、周边的环境、配套的生活设施,有无学区等因素;从主观方面来说,如该房屋是否吉利。后者甚至会成为衡量房屋能否出售或出租的决定性因素,因为这是由中国人对于住宅的价值观决定的。住宅吉祥与安宁是我国普遍存在的民俗文化心理,是与中华民族历史传统相连的特有价值观念和取向。房屋贬值损失主要有两种表现形式:一种是房屋因物理受损导致的显性贬值,如房屋存在墙体开裂、渗漏水等质量问题,因而在交易时价值往往会降低。另一种是隐形贬值,是人们对房屋的一种主观评价的降低,将会直接导致房屋价值的降低或贬损。

发生过非正常死亡事件的房屋往往被人们称为“凶宅”。“凶宅”价值贬损的根源在于“趋吉避凶”的心理,人们普遍认为该房屋不吉利,不符合普通民众对住宅安全、舒适、吉祥的需求。因此,交易市场对发生非正常死亡事件房屋存在消极评价,这种消极的评价直接转化为交易市场上“凶宅”交易价格的下降,最终体现为房屋所有权人财产权益的受损。因此,“凶宅”的价值贬损是一种客观财产损失,满足相当性因果关系要求的,应当予以赔偿。但在房屋贬值损失尚未实际发生的情况下,可否要求侵权人赔偿?根据侵权责任的法理,只要损失客观存在就应当赔偿，不以损失实际发生作为前提。因此，在房屋贬值损失客观存在的情况下，侵权人就应当承担相应的赔偿责任。正因如此，在房地产交易惯例中，对于发生过非正常死亡事件的房屋，出卖人应当向买受人披露这一重要事实，如果未进行披露，买受人可以请求法院撤销双方的房屋买卖合同。

有观点认为，生老病死是一种自然现象，人们应当相信科学，认为房屋不吉利或忌讳是一种封建迷信，法院不应当支持房屋贬值损失。笔者认为，法律应当尊重住宅吉祥的民俗文化和心理，不应该给心存忌讳的人贴上封建迷信的标签，而应当考虑普通大众的价值观，部分人对“凶宅”的不介意并不能否认房屋贬值损失的客观存在。本案房屋的所有权人鞠某、付某自该事件发生后一年多都没有进入过该房屋，装修也一直处于停工状态，原先对于美好生活的计划和愿景也被打乱，足以表明该事件对当事人造成了相当大的困扰和负面影响。因此，损失是客观存在的。

2. 关于观唐上院江阴分公司、鸿禧公司是否需要承担赔偿（补偿）责任的问题

过错原则是侵权责任的基本归责原则之一，即侵权人因过错侵害他人民事权益的，才需要承担侵权赔偿责任。过错推定原则和无过错原则必须由法律明确规定。因此，在没有法律规定的情况下，行为人是否承担侵权责任的构成要件之一是判断行为人是否具有过错。本案的原告鞠某、付某认为观唐上院江阴分公司和鸿禧公司存在对刘某管理疏忽等过错，应当承担赔偿责任。但法院经审理查明，装修工人刘某是在从事装修活动中因自身健康原因意外死亡，这一结果是刘某所在的装修公司无法预见的，甚至连刘某自身也无法预见，小区物业鸿禧公司负责小区管理和安全等工作，更是对装修工人在从事装修活动者死亡的结果无法预见，难以认定观唐上院江阴分公司和鸿禧公司对刘某的死亡存在过错。也就是说，案涉房屋存在贬值损失是刘某这一死亡事件导致的，观唐上院江阴分公司和鸿禧公司对房屋贬值损失的损害后果没有过错。因此，原告主张观唐上院江阴分公司和鸿禧公司存在过错，进而要求两公司赔偿房屋贬值损失没有法律依据。但是，案涉房屋存在贬值损失与观唐上院江阴分公司的装修活动是有直接的因果关系的。在房屋业主和装修公司均不存在过错的情况下，该房屋贬值损失由谁承担？装修公司从事营利性活动，因其装修行为对业主造成损失，如果全部由业主自担风险，显然是不公平的。在这种情况下，法院适用公平原则，决定由装修公司对业主的房屋贬值损失进行适当分担，既

有效平衡了双方的利益，也有利于和谐人际关系的建立。法院根据案涉房屋购买时的价款、目前的房地产市场行情等因素，先确定房屋贬值损失的大小，再综合考虑双方的经济状况和装修公司的赔偿能力，最终酌定由观唐上院江阴分公司补偿鞠某、付某的房屋贬值损失10万元。该案判决后，双方都表示满意，均没有提起上诉，起到了良好的社会效果。

编写人：江苏省江阴市人民法院　浦峥　廖宏娟

35

公平原则在财产损失金额难以确定时的适用

——黄某诉林某、邵某提供劳务者致害责任案

【案件基本信息】

1. 裁判书字号

福建省厦门市中级人民法院（2018）闽02民终4928号民事判决书

2. 案由：提供劳务者致害责任纠纷

3. 当事人

原告（被上诉人）：黄某

被告（上诉人）：邵某、林某

【基本案情】

邵某从事废品回收工作。2016年9月24日8时55分，邵某雇用的气割工在厦门市同安区凤南农场赤松路厦门鑫必盛工贸有限公司（凤南中心小学东面）进行气割的过程中产生火花，引燃了周边塑料制品，后火势蔓延引发了火灾。2016年10月24日，厦门市公安消防支队同安区大队作出同公消火字［2016］第0005号火灾事故认定书。该认定书载明："火灾事故基本情况：2016年9月24日9时9分，厦门市公安消防支队'119'指挥中心接到群众报警称位于凤南中心小学旁工厂着火。火灾烧损位于厦门市同安区凤南农场赤松路厦门鑫必盛工贸有限公司（凤南中

心小学东面）的集装箱北侧物品及集装箱内部属于黄某……的物品等。经调查，对起火原因认定如下：起火时间为2016年9月24日8时55分。起火部位位于厦门市同安区凤南农场赤松路厦门鑫必盛工贸有限公司（凤南中心小学东面）东北区域单层集装箱北侧。起火点为厦门市同安区凤南农场赤松路厦门鑫必盛工贸有限公司（凤南中心小学东面）东北区域单层集装箱北侧靠集装箱西侧门的塑料制品。起火原因认定为气割工在厦门市同安区凤南农场赤松路厦门鑫必盛工贸有限公司（凤南中心小学东面）场所气割过程中产生火花引燃周边塑料制品蔓延成灾。”

黄某向一审法院申请委托鉴定“被烧毁的房车配件价格”。一审法院依法委托厦门永大全能资产评估有限公司及厦门银兴资产评估土地房地产评估有限公司进行价格评估。但上述二家评估机构均以无法评估为由予以退件。黄某又向法院申请由上海华碧检测技术有限公司进行评估，但邵某、林某均不同意由黄某自选的鉴定机构进行评估。

诉讼中，依黄某申请，一审法院依法向厦门市公安消防支队同安区大队调取的火灾的询问笔录及现场照片。证人周某在询问笔录中陈述“主要损失是半成品的玻璃钢制品和采购回来的房车配件”“火是从集装箱货柜中心位置烧起来的”“房东哥哥就跟我说隔壁厂房台风时被风吹过来的铁皮也要叫那些切割工人过来帮他清理掉”。被告邵某陈述：“蔡某打电话告诉我，隔壁厂房房东的哥哥还是弟弟要求我们把林某掉落在隔壁厦门鑫必盛工贸有限公司上的铁皮也处理掉”“是工人气割时滴落的铁水引发的火灾。”证人蔡某陈述：“有个人来跟我们说林某掉落在隔壁厦门鑫必盛工贸有限公司上的铁皮也要给他处理掉”“邵某让我们听那个人的去把厦门鑫必盛工贸有限公司上的铁皮也处理掉……我们询问周某得知那个人是厦门鑫必盛工贸有限公司的房东”。厦门市公安消防支队同安区大队在火灾现场的拍摄的集装箱内部的照片及备注中载明：“集装箱内部东侧物品烟熏痕迹，物品保存较好”“集装箱内部北侧物品过火痕迹明显，物品烧损严重”“集装箱内部南侧物品烟熏痕迹，物品保存较好”“集装箱内部西侧物品过火痕迹明显，物品烧损严重”。

【案件焦点】

财产损失客观存在但具体损失金额如何认定。

【法院裁判要旨】

福建省厦门市同安区人民法院经审理认为：为查明黄某物品的损失价值，法院依黄某申请，委托评估机构进行评估，但因物品已严重损毁、现场已无法实际进行清点、被毁损商品为非标准制品等客观原因，不具备评估条件而无法评估。现对损失价值无法评估不可归责于黄某，而根据厦门市公安消防支队同安区大队在火灾现场拍摄的集装箱内部的照片及备注，集装箱内确有物品烧毁，黄某确实遭受到了财产损失。黄某主张其被烧毁的财产损失价值为388020元，火灾发生后依此价值进行了火灾直接财产损失申报，并提供了一份火灾损失清单，列明了事发货柜存放商品的具体名称、规格、数量、单价等。在此情况下，如对黄某的损失一概不予认定，有悖诚实信用原则。因此，应当依据现有证据，结合本案火灾发生的过程等因素综合判断酌情确定黄某可能的财产损失。黄某申报的财产价值为购进时价格，且通常而言物品在集装箱内存放了一定时间会有所折旧。依公平原则，按黄某申报价值的70%酌定集装箱内的财产实际价值为271614元。此外，厦门市公安消防支队同安区大队在火灾现场的拍摄的集装箱内部的照片及备注中载明“集装箱内部东侧物品烟熏痕迹，物品保存较好”“集装箱内部北侧物品过火痕迹明显，物品烧损严重”“集装箱内部南侧物品烟熏痕迹，物品保存较好”“集装箱内部西侧物品过火痕迹明显，物品烧损严重”，即集装箱内部东侧和南侧物品保存较好，而北侧和西侧物品烧损严重。法院根据此情况进一步按损失的一半酌定黄某因火灾遭受的损失为135807元。另外，被告雇请没有气割资质的工人进行气割作业且在气割过程中未尽到安全注意义务，引发火灾应承担主要责任。原告未将易燃物品妥当存放应承担次要责任。

综上，酌定被告邵某承担损失的70%，原告承担30%。故被告邵某应赔偿原告黄某因火灾遭受的财产损失人民币95064.9元（135807元×70%）。

福建省厦门市同安区人民法院根据《中华人民共和国侵权责任法》第三十五条、《中华人民共和国民事诉讼法》第六十四条第一款之规定，判决如下：

一、被告邵某应于本判决生效之日起五日内赔偿原告黄某经济损失人民币95064.9元；

二、驳回原告黄某的其他诉讼请求。

二审法院同意一审法院裁判意见。

【法官后语】

本案是一起提供劳务者致害引发的纠纷，主要争议的焦点在于财产损失客观存在但具体损失金额难以确定时应如何处理。本案中因物品已严重烧毁、现场无法实际清点等客观原因，损失的财产不具备评估条件而无法进行评估，导致黄某所遭受的损失金额难以确定。但现有证据能证实集装箱内确有物品烧毁，黄某确实遭受了财产损失。我们认为，在这种情况下，不能仅凭当事人未举示充分证据证明具体损失的金额就驳回其诉讼请求，而应充分考虑个案的特殊性，根据造成损失的大小、侵权人的过错程度、财产购进时价格及相应的折旧情况等综合考虑，在适当范围内酌情认定具体损失金额。这主要体现了公平原则在民事审判实务中的运用。

第一，法院酌情认定符合客观实际。因本案侵权事实客观存在，如对黄某的损失一概不予认定，明显有悖诚实信用原则。另外，本案中的损失价值无法评估并不能归责于黄某，如果机械地适用“谁主张，谁举证”的证据规则，无疑过分加重了黄某的举证责任，这不仅不能保护公民的合法权益，而且也不符合公平原则。

第二，邵某理应对其过错侵权行为承担赔偿责任。在酌情认定具体损失的过程中，应以立法精神及法律原则、规则为前提，综合考虑特殊案件的酌定因素，如损失程度、当事人的过错程度、侵权的手段方式、侵权行为地的经济水平。

第三，行使自由裁量权有其必要性。法律的规定具有普遍性、模糊性、滞后性等特点，不能穷尽所有的社会现象。在审判实践中，遇到一些特殊案件，法官不能以法无明文规定或事实不清为由拒绝裁判。因此，赋予法官自由裁量权，就是为了弥补法律自身的缺陷，让法官在遇到一些特殊案件时，能够结合立法精神并依据法律原则、规则，秉持正确的司法理念和良知，遵循职业道德，进行自由心证，对事实认定、证据取舍、法律适用进行合理的取舍。

编写人：福建省厦门市同安区人民法院　胡道光　潘艺晴

36

暖气爆裂造成财产损害的赔偿责任认定

——孙某诉华能热电厂财产损害赔偿案

【案件基本信息】

1. 裁判书字号

黑龙江省齐齐哈尔市中级人民法院（2019）黑02民终2763号民事判决书

2. 案由：财产损害赔偿纠纷

3. 当事人

原告（上诉人）：孙某

被告（被上诉人）：华能热电厂

【基本案情】

2017年11月5日晚11时30分左右、2018年1月6日下午，孙某家中暖气爆裂，造成自家及楼下邻居家财产损失。孙某向华能热电厂提出赔付申请，华能热电厂拒绝赔付。孙某起诉，请求法院判令华能热电厂赔偿孙某更换暖气片、更换地板及人工费2724元、楼下邻居墙体粉刷费用500元。

【案件焦点】

如何界定居民室内供热设施损坏的责任问题及相关财产损失的赔偿问题。

【法院裁判要旨】

黑龙江省齐齐哈尔市富拉尔基区人民法院经审理认为：原告孙某的财产权受损与被告华能热电厂管理及服务不存在因果关系。依照《黑龙江省城市供热条例》第五十三条的规定，供热单位承担维修、养护的义务范围内为公共部分的供热设施，本案涉案供暖设施位于原告孙某的室内，不在供热单位主动维护范围之内，且供暖设施漏水后，原告未向华能热电厂提出维修要求，亦未举证证实被告对原告供暖设施漏水负有过错。因此，华能热电厂对孙某室内供热设施漏水造成的损失无赔偿义务。

黑龙江省齐齐哈尔市富拉尔基区人民法院依照《中华人民共和国民事诉讼法》第六十四条、《最高人民法院关于民事诉讼证据的若干规定》第二条的规定，判决如下：

驳回原告孙某的诉讼请求。

孙某不服一审判决，提起上诉。黑龙江省齐齐哈尔市中级人民法院经审理认为：关于孙某室内供热设施第一次漏水的损失问题，因孙某自认其自行关闭自家阀门，华能热电厂工作人员到孙某家后并未进入室内。二审审理期间孙某陈述的事实与一审审理期间证人的陈述相矛盾。根据孙某自认的事实，在第一次漏水时，孙某并未要求维修，而是自行找人更换的暖气片。孙某未能提供证据证实华能热电厂对其供热设施漏水存在过错，漏水时亦未要求华能热电厂进行维修，其主张华能热电厂对此次漏水应承担赔偿责任的证据不足，且不符合《黑龙江省城市供热条例》的相关规定，故不予采信。

关于孙某室内供热设施第二次漏水的损失问题，孙某自认当时并未向华能热电厂报修，亦未能提供证据证实华能热电厂对其供热设施漏水存在过错，故其主张华能热电厂对再次漏水承担赔偿责任，仍证据不足，亦不予采信。

综上所述，孙某的上诉请求不能成立，应予驳回；一审判决认定事实清楚，适用法律正确，应予维持。

黑龙江省齐齐哈尔市中级人民法院依照《中华人民共和国民事诉讼法》第一百七十条第一款第一项规定，判决如下：

驳回上诉，维持原判。

【法官后语】

随着人们法律意识的显著增强，运用法律法规处理日常事务的需求也越来越普遍，但部分当事人对法律法规存在理解偏差，需要法院在审判工作中具体应用法律时，向老百姓普及法律知识，解释法律的基本原理，人民群众才能有效维护自己的合法权益。

居民家中暖气爆裂，需要弄清楚是供热方供热压力的问题，还是暖气片产品质量有问题，以确定最终责任人。居民用户入户管网及楼内的共用供热设施的更新、改造、维修、养护、清洗、除锈由供热单位负责，居民对其室内的供热设备，应由居民用户自身履行保护义务。

关于华能热电厂是否需要赔偿孙某及其邻居因暖气爆裂造成的损失问题，因爆裂的暖气位于孙某家室内，不在热电厂主动维护的范围内。根据《中华人民共和国民事诉讼法》第六十四条规定，当事人对自己提出的主张，有责任提供证据；根据《最高人民法院关于民事诉讼证据的规定》第二条规定，人民法院应当向当事人说明举证的要求及法律后果，促使当事人在合理期限内积极、全面、正确、诚实地完成举证。证据是证明事实存在的依据，是支持诉讼请求的基础，证据问题是诉讼的核心问题，全部诉讼活动实际上都是围绕证据的搜集和运用进行。证据是法官在司法裁判中认定过去发生事实的重要依据，在任何一起案件的审判过程中，都需要通过证据和证据形成的证据链还原事件的本来面目。

原告孙某无法提供证据证明华能热电厂对暖气爆裂负有过错，在上诉过程中，也未将相应证据进行补充，导致提供证据不足。室内采暖设施产权属于用户自有，发生故障向热力公司报修的，热力公司可协助用户维修室外部分，室内部分的属于用户自行维护维修，用户应注意检查和保养。孙某要求华能热电厂赔偿财产损失的诉求不应予以支持。居民用户应当对其室内供热设施履行保护义务，供热单位承担维修、养护的义务范围为公共部分的供热设施。供暖设施位于居民室内，不在供热单位主动维护范围之内。

编写人：黑龙江省齐齐哈尔市富拉尔基区人民法院　张新颖

37

无人机喷洒农药致害的认定

——余某诉尚某、刘某财产损害赔偿案

【案件基本信息】

1. 裁判书字号

青海省都兰县人民法院（2019）青2822民初972号民事判决书

2. 案由：财产损害赔偿纠纷

3. 当事人

原告：余某

被告：尚某、刘某

【基本案情】

2019 年 6 月 22 日，原告余某与被告尚某、刘某双方口头约定，被告通过无人机为原告承包的 13.9 亩枸杞地打农药，每亩枸杞地打药费用为 20 元，费用合计为 260 元。同日下午，原告购买农药后，交由被告进行具体配比并利用无人机进行了打药。同年 7 月 1 日，原告发现打药后枸杞地中的 8 亩出现虫害，并与被告进行电话联系。7 月 2 日，被告通过无人机为出现虫害的枸杞地补打了农药。在补打农药后，原告发现虫害并未消退。7 月 11 日，原、被告协商由原告雇工人，被告支付费用 600 元，为虫害未除的土地进行了人工打药。但原告的枸杞苗木树叶及已结枸杞果实已经脱落，导致原告种植的枸杞减产。原告认为，被告在打药过程中存在失误，从而导致了损失，故依法诉至人民法院。

【案件焦点】

1. 枸杞减产的实际面积以及具体产量；2. 枸杞减产与无人机打药的行为存在因果关系。

【法院裁判要旨】

青海省都兰县人民法院经审理认为：财产损害赔偿纠纷是指因为财产受到损害，权利人请求赔偿损失的纠纷。原告要求被告赔偿枸杞减产损失，首先，应当举证证明枸杞因打药未全面覆盖而产生虫害导致了减产。第一，针对枸杞减产的实际面积，原告出示了青海诺木洪农场出具的虫害面积为 8 亩的“证明”一份，称受害面积是原、被告与青海诺木洪农场三方一同测量的，但原告并未通过有资质的单位或鉴定机构进行现场测量。对于减产受害面积为 8 亩的意见，原告并未提供有效的证据证明。第二，因枸杞的产量受品种、气候、虫害、管理等多方面因素的影响，原告应举证证明在本地区 2019 年的气候条件下，同类枸杞正常生长的平均亩产数据。在发现枸杞可能因打药未完全覆盖产生虫害后，原、被告已采取有效措施避免了损失的扩大。原告未通过鉴定机构进行测产鉴定，具体减产数量、是否绝收等缺少充足、有效的证据证明。因此，不能以亩产估值来确定其所种枸杞的实际产量。其次，原告应举证证明其种植的枸杞因打药未全面覆盖导致减产的损害结果与被告通过无人机打药的行为有关，即负有其遭受的损害结果与被告的行为之间具有因果关系的举证证明责任。针对枸杞减产是否系无人机打药未全覆盖造成，原告出具了一份由青海诺木洪农场生产指导科出具的“病虫害情况鉴别”，该份证据仅能证明原告种植的枸杞出现了木虱虫害，并不能证明虫害出现系无人机打药未全覆盖而造成的。枸杞本身易受多种病虫害侵扰，虫害产生的原因较多，自身因素、环境条件、田间管理等方面都会影响枸杞的生长。对于产生的虫害用药是否匹配、提供的农药是否符合标准、病虫是否产生耐药性等方面未提供有力证据证明。综上，原告未能举证证明其与被告之间存在财产损害赔偿之法律关系，其依法应当承担举证不能的法律后果。

青海省都兰县人民法院依照《中华人民共和国民事诉讼法》第六十四条，《最高人民法院关于适用〈中华人民共和国民事诉讼法〉的解释》第九十条、第九十一条之规定，判决如下：

驳回余某的全部诉讼请求。

【法官后语】

喷洒农药作为农业生产中极其重要的一环，其最大的意义在于对植物生产、粮食安全的保护，可最大限度地减少农业生产损失。随着近年来无人机技术的不断发展，为了便捷高效地开展农药喷洒作业，已经出现了许多小型农用无人机进行航空喷洒农药，这一方法在提供便利的同时也带来了一定的隐患。

在民事诉讼中，一般是“谁主张，谁举证”，当事人对自己所提出的主张中必须确认的事实，应承担举证责任。本案系无人机喷洒农药致害发生的财产损害纠纷，构成一般侵权民事责任，需要同时具备以下四个要件：（1）损害事实客观存在；（2）侵权行为与损害事实存在因果关系；（3）行为具有违法性；（4）行为人有过错。在上述四个要件事实中，前两个要件应由原告负举证责任。第三个要件实践中原告一般不必单独证明，因为损害的事实得到证明后，除非被告能够证明其行为是合法的，否则其行为的违法性也就随之确定。第四个要件的举证责任的负担，相对较为复杂。

本案中，原告需要从枸杞减产的亩数和数量、枸杞减产的损害结果与被告通过无人机打药的行为有关这两个方面进行举证，但原告均未能提供有力的证据加以证明。在实践中类似情况时有发生，农户由于对关键证据缺少必要的收集，对于所述事实，在庭审中难以列举充足的证据加以证明，从而导致发生损害后自身的权益也难以得到有效保护。针对此类案件，被侵权人应当围绕“损害事实客观存在和侵权行为与损害事实存在因果关系”两方面收集相关证据，并通过有资质的机构进行鉴定，确保证据扎实、有效，避免损失发生后发生难以维权的情况。

编写人：青海省都兰县人民法院　宋虎

38

行政认定结论对民事侵权责任划分的影响

——刘某诉杭州银行上海分行财产损害赔偿案

【案件基本信息】

1. 裁判书字号

上海金融法院（2019）沪74民终455号民事判决书

2. 案由：财产损害赔偿纠纷

3. 当事人

原告（上诉人）：刘某

被告（被上诉人）：杭州银行上海分行

【基本案情】

原告于2011年9月30日为其西湖卡账户办理网银业务，领取U盾，网银申请表中载明了个人网上银行的变更事项。2015年3月4日，原告又申领被告发行的西湖卡一张，并开通百灵鸟短信签约服务及电子渠道添加关联账户。原告确认已了解相关章程、业务功能说明及责任条款，同意遵守上述内容对应的相关责任条款和协议。同日，原告在《杭州银行个人客户风险提示声明》上签字。2016年1月15日，原告向被告申领了幸福盈家借记卡，开通了短信及电子渠道签约服务，并下挂个人网银、个人手机银行。相关《章程》《服务协议》《风险提示声明》均提示原告需妥善保管密码，因密码泄露造成的损失由原告自负。

2016年7月至2017年3月，原告累计购买了156万元的理财产品。同年6月2日，原告账户通过U盾办理了四笔《个人金融资产自助质押循环借款合同》，当日，被告分四笔累计放款124.8万元，其中，第一笔借款82.4万元分三次放款，分别为30万元、30万元和22.4万元。随后原告账户分28笔对外将款项汇出。被告曾发送短信告知原告撤销了百灵鸟短信通知服务及办理了四笔自助质押循环贷款。2017年6月15日，原告向派出所报案，称其被骗贷，并叙述了诈骗过程。

2017年9月13日，银监会上海监管局就原告的举报出具书面答复，称关于被告在办理质押贷款、电子渠道验证等方面存在违规操作的举报事项及补充事项。经核查，该局认为杭州银行上海分行在办理网上银行非保本理财质押业务流程中缺乏对押品情况进行调查并形成书面意见的规范，未严格执行《商业银行押品管理指引》等规定。关于被告未对客户采取双重认证、发送转账交易和支付限额修改提示的问题，经查，符合有关加强支付结算管理、防范电信网络违法犯罪的规定。

2018年1月24日，银监会上海监管局再次书面答复原告称，关于被告电子银行采用“化整为零”方式放贷的举报事项，经核查，该局认为杭州银行总行的格式合同中约定借款人“可一次或分次申请提取借款，单笔借款最高金额不超过30万元”这一单日多笔放款的操作模式存在一定问题。

【案件焦点】

1. 被告是否存在侵权行为；2. 原告是否存在过错，能否据此减免被告的责任。

【法院裁判要旨】

上海市黄浦区人民法院经审理认为：如果被告能够遵守监管规定，设定30万元的单日单次贷款申请上限，原告或许可在发现诈骗行为后采取措施减少损失的产生。故被告未按《个人贷款管理暂行办法》的规定履行支付管理义务与超额部分损失之间存在因果关系，应当承担相应的法律责任。被告对押品情况进行调查并形成书面意见与损失之间并无因果关系。原告据此要求被告承担侵权责任的主张，法院不予支持。原、被告之间的《电子银行个人客户服务协议》约定杭州银行上海分行根据客户的电子银行业务指令办理业务，对所有使用客户账户账号、客户编号、密码及客户证书进行的操作均视为客户所为。本案所涉关闭百灵鸟短信服务、签订《个人金融资产自助质押循环贷款借款合同》、对外转账等交易行为均是通过原告账户账号、密码及客户证书进行操作，应视为原告本人交易。据此，被告已尽对于贷款人的审核义务，双方的借贷关系成立。原告作为一名完全民事行为能力人，只要尽到普通客户的审慎义务，妥善保管交易密码，就可以避免账户内资金被他人转出。因此，原告未尽审慎义务与损失之间存在主要因果关系，原告应为其自身过错承担责任。

上海市黄浦区人民法院依据《中华人民共和国侵权责任法》第六条第一款、第二十六条之规定，判决如下：

一、被告杭州银行上海分行应于本判决生效之日起十日内赔偿原告刘某损失20万元；

二、原告刘某的其余诉讼请求，不予支持。

二审法院同意一审法院裁判意见。

【法官后语】

本案系财产损害赔偿纠纷，诉讼过程中原告明确以侵权法律关系作为民事赔偿的法律基础。一般侵权的构成要件包括加害行为、过错、损害事实、因果关系。本案中，原告在向银监会上海监管局举报后，该局对被告进行了调查约谈，根据调查的事实，形成了书面的结论。结论中叙述的事实及对被告作出的有责认定，证明了被告行为的违法性，亦是法院认定被告存在过错行为的依据和基础。

行政机关在履行其职能过程中进行调查核实所采集的事实，一般具有及时性和客观性的特点，且行政机关一般在某一领域具有丰富经验和专业知识，认定的事实更具专业性和针对性。在没有相反证据予以反驳的情况下，根据《最高人民法院关于民事诉讼证据的若干规定》第七十条、第七十七条之规定，应当确认其证明力且其证明力大于一般书证。本案中，说理部分就引用了银监会上海监管局对于网上银行转账界面安全警示的事实论述，用以阐明银行是否尽到安全保障义务。

行政有责认定包含了行政机关对被监管主体的合法性审查，行政机关对被监管主体作出的有责认定，代表了被监管主体的某些行为违反了相关法律法规的规定，存在违法性。行政部门作出有责认定，通常伴随着要求整改、行政处罚等措施，是对被监管主体存在瑕疵应予改正、惩罚的体现。该行政认定在民事侵权责任纠纷中，可以作为侵权要件中过错要件的基础与依据。当事人对行政认定有异议的，可采取行政复议或行政诉讼的方式，旨在通过行政复议或行政诉讼程序重新审核行政认定的内容，改变民事诉讼中违法性的认定。

编写人：上海市黄浦区人民法院　陶卓华　吴成佳

九、承揽定作损害责任

39

承揽合同履行中人身损害赔偿责任的确定

——田某诉吕某、王某健康权案

【案件基本信息】

1. 裁判书字号

辽宁省沈阳市中级人民法院（2019）辽01民终2960号民事判决书

2. 案由：健康权纠纷

3. 当事人

原告（被上诉人）：田某

被告（上诉人）：吕某

被告：王某

【基本案情】

2018年5月23日，被告吕某通过他人介绍与被告王某协商，由王某联络几个人共同为其经营的教育机构打扫卫生、擦玻璃等，并约定了报酬。王某与田某等四人联系并商议共同完成工作任务。次日，王某与田某等共同来到吕某的经营场所打扫卫生。田某站在二楼外接空心窗台擦玻璃时，窗台突然破裂，田某从窗台坠落至一楼摔伤。当日，田某到沈阳经济技术开发区人民医院、海城市正骨医院治疗，海城市正骨医院术前诊断其为L2椎体爆裂性骨折并椎管狭窄、神经损伤、左侧椎弓根、下关节突骨折、L2两侧横突骨折，共住院治疗26天，Ⅰ级护理4天，Ⅱ级护理22天。田某起诉要求判令二被告赔偿医疗费等费用。

【案件焦点】

1. 原告人身损害经济损失数额的确定；2. 各被告是否承担责任及责任比例的确定。

【法院裁判要旨】

辽宁省沈阳市辽中区人民法院经审理认为：被告吕某通过他人与被告王某协商打扫卫生和报酬等事宜，并告知王某可另外寻找几个人共同完成工作任务。王某与田某等人协商，四人同意共同完成工作任务。五人到达工作地点后，被告吕某并无异议。被告吕某与田某、王某等五人之间成立以五人打扫卫生、吕某支付对价的承揽合同关系。承揽合同履行中出现的人身损害风险，应由承揽人承担，但导致田某从外接窗台坠落的主要原因是中空窗台不够坚固而受力破裂，吕某作为定作人未能保证工作场所的安全，亦未尽到提醒、告知义务，应承担主要过错责任。田某未采取相应防护措施，应承担次要责任。根据事故发生的原因、事故发生危险性判断的可能性等因素，确定吕某承担70%的赔偿责任，其余责任由田某自行承担。根据田某受伤的部位、伤残等级等因素，确定被告吕某赔偿田某精神损害抚慰金7000元。被告王某对田某的人身损害事件并无过错，故不承担赔偿责任。

辽宁省沈阳市辽中区人民法院依照《中华人民共和国侵权责任法》第十六条、第二十二条、第二十六条，《最高人民法院关于审理人身损害赔偿案件适用法律若干问题的解释》第十条、第十七条、第十八条第一款和第二款、第十九条、第二十条、第二十一条、第二十二条、第二十三条、第二十五条、第二十八条规定，作出如下判决：

一、吕某于本判决生效后10日内赔偿田某医疗费49025.8元、后续医疗费9100元，误工费7599.8元、住院伙食补助费1820元、护理费2182.9元、交通费1400元、残疾赔偿金61736.7元、精神损害抚慰金7000元，鉴定费1330元，共计赔偿141195.2元；

二、驳回田某的其他诉讼请求。

吕某不服，提起上诉。辽宁省沈阳市中级人民法院经审理认为：自然人的健康权受法律保护。本案中，王某与田某等人共同为吕某完成打扫卫生的工作任务，吕某作为工作场所的管理者应当为完成工作任务的人员提供安全的工作环境，对可能存在的不安全风险应尽到提醒、告知的义务。吕某一审中提供于2018年9月23日拍摄的事故现场照片，欲证明工作场所设置有警示标示，但田某、王某对该份证据均不予认可，称与王某提供的事发时的事故现场的照片不符。吕某提供的照片拍摄时间较本案事故发生的时间间隔较长，无法证明系当时现场的状况，对方当事人亦不予认可，即吕某未能提供充分有效的证据证明其设置警示标示的主张成立。导致田某受伤的主要原因是田某所站立的外接窗台不够坚固，在受力后破裂，吕某未能提供证据证明其提供的工作环境达到能够保障他人人身安全的程度，对不安全处已尽到提示、告知义务，故一审法院根据双方当事人的过错程度，认定由吕某承担主要赔偿责任，符合本案的案情及证据情况，并无不妥。上诉人提出的其他上诉主张无事实与法律依据，不予支持。第二审人民法院应当围绕当事人的上诉请求进行审理，故对当事人没有提出请求的部分不再审理。综上所述，上诉人的上诉请求不成立。

辽宁省沈阳市中级人民法院依照《中华人民共和国民事诉讼法》第一百七十条第一款第一项之规定，判决如下：

驳回上诉，维持原判。

【法官后语】

劳务合同关系和承揽合同关系中产生人身损害赔偿，区别当事人之间法律关系的性质是确定责任的基础。根据法律条文，劳务合同关系和承揽合同关系似乎不难区分。但在具体案件审理中，当事人对此非常关注，成为辩论的核心争议焦点。确定科学的区分标准，有利于类案得到同等处理。

笔者认为，区分二者最为重要的标准是当事人之间是否存在依附和控制关系，通过劳动工具的归属、工作安排和控制情况、报酬计算方式等综合确定。如果由一方安排工作、提供劳动工具和场所、按照工作时间计算报酬的，一般认定为劳务合同关系。反之，如果一方凭借一定的专业知识、技能、工作经验，采取报酬定量方式的，一般认定为承揽合同。本案中，原告和被告、王某等五人与被告吕某之间协商，由五人打扫卫生，吕某支付一定报酬的行为。因五人在工作前已经与吕某约定报酬数额并自带工作工具，其工作有一定的职业性和专业性特点，吕某并未对他们的工作进行指挥和控制，故可认定双方之间存在承揽合同关系。

承揽人在完成工作过程中造成自身损害的，定作人不承担赔偿责任。但定作人对定作、指示或者选任有过失的，应当承担相应的赔偿责任。吕某提供给原告等人工作的场所存在事故隐患，并未告知、提醒承揽人，故应承担大部分赔偿责任。

实践中，定作人与某一个承揽人协商承揽事宜，形成初步意向后，再由这个承揽人寻找几个承揽人共同完成合同约定的工作、被寻找的几个承揽人可能与定作人进一步协商承揽价格等，也可能不与承揽人协商，同意初步协商方案，直接工作。这种承揽合同达成方式在家政服务等行业普遍存在。此情况下，与定作人最先达成承揽合同关系的人，是承揽人之一，与其他人并未形成劳务关系。工作中，发生人身损害事故，除非对人身损害有过错，否则不承担法律责任。

编写人：辽宁省沈阳市辽中区人民法院　刘治兵

40

定作人指示过失的认定及责任承担

——张甲诉张乙提供劳务者致害责任案

【案件基本信息】

1. 裁判书字号

江苏省常州市钟楼区人民法院（2019）苏0404民初1073号民事判决书

2. 案由：提供劳务者致害责任纠纷

3. 当事人

原告：张甲

被告：张乙

【基本案情】

张甲系个体工商户经营者，开设一家装饰装潢材料店，经营范围为室内装饰材料（除危险品）、五金产品零售，平时也会帮别人施工。张甲与张乙经一个瓦工介绍认识，经口头约定，张甲曾先后三次为张乙制作家里的室内衣柜、吊顶、桥上护栏、雨棚、木架。款项均已结算完毕，绝大部分材料由张甲提供，设计方案由张乙提供。2017 年 8 月 28 日，张甲经张乙要求至其家中为其家里的雨棚顶面玻璃钢瓦进行维修，该雨棚系三年前搭建，平时没有进行过修补。当日早上，张甲先买了两块玻璃钢瓦放在张乙处，张乙于当日下午进行维修即更换玻璃钢瓦。作业前，张甲发现因时间较长，雨棚里面已经坏了，存在安全风险，而张乙表示没有关系并在下面撑好梯子，让张甲爬上去进行作业。张甲在作业过程中，不慎踩到腐烂木架摔落至地面受伤。张甲经住院治疗 33 天，花费医疗费 19410.24 元。事发后张乙垫付 3000 元。经鉴定，张甲因摔伤致右肩关节功能丧失 25%以上，构成十级伤残，误工期限 150 日，护理期限 60 日，营养期限 90 日。张甲认为其系应张乙要求至其家中为其无偿修理雨棚，并因该雨棚木架腐烂断裂致其摔落受伤，故起诉至法院，请求法院判令张乙赔偿各项损失合计 184746.45 元并承担诉讼费用。

【案件焦点】

1. 双方之间存在义务帮工法律关系还是承揽法律关系；2. 如双方存在承揽关系，定作人是否存在指示过失，是否应对张甲人身损害承担相应赔偿责任。

【法院裁判要旨】

江苏省常州市钟楼区人民法院经审理认为：义务帮工是无偿行为。承揽关系是有偿行为，是一方按照另一方的要求完成一定工作并交付工作成果，另一方接受该成果并给付一定报酬的行为。本案中，张甲作为装潢店经营者，其本身亦从事一定施工行为，结合双方往来习惯，事发时张甲系为张乙提供修理服务并交付修理成果收取报酬的行为，该行为符合承揽关系法律要件。张甲主张系无偿帮工行为，不符合双方交易习惯，不合常理，法院不予采纳。因此法院认定双方存在承揽法律关系。同时，张乙将疏于管理、维护且存在重大安全隐患的雨棚交付张甲进行修理，修理前未进行全面安全检查，排除安全隐患，修理过程中未要求张甲采取安全措施，存有一定过失。张甲作为相对专业的承揽人，在知道修理雨棚存在重大安全隐患的情况下，未采取安全措施，未能谨慎作业是事故发生的直接原因。《最高人民法院关于审理人身损害赔偿案件适用法律若干问题的解释》第十条规定，承揽人在完成工作过程中对第三人造成损害或者造成自身损害的，定作人不承担赔偿责任。

但定作人对定作、指示或者选任有过失的，应当承担相应的赔偿责任。故，法院认定对张甲各项损失由张乙承担15%赔偿责任，由张甲自行承担85%。经法院核算，张甲各项损失共计142632.24元，由张乙承担15%即21395元。扣除已垫付3000元，仍应支付18395元。

江苏省常州市钟楼区人民法院依照《中华人民共和国侵权责任法》第三条、第十六条，《最高人民法院关于审理人身损害赔偿案件适用法律若干问题的解释》第十条及相关规定，作出如下判决：

一、张乙于本判决生效之日起十日内赔偿张甲各项损失共计21395元，扣除已垫付的3000元，仍应支付18395元；

二、驳回张甲的其他诉讼请求。

【法官后语】

随着市场经济的不断繁荣发展，经济社会中存在大量市场主体，并衍生出各类纷繁复杂的法律关系。在经济生活中遭受人身损害不可避免，而厘清其中的法律关系对于损害赔偿、责任承担事关重大。实践中较为常见的主要为雇佣关系、帮工关系、承揽关系的区分。帮工、雇佣、承揽关系的主体大多为自然人或相对欠缺规范化的市场主体，因为法律意识淡薄或囿于熟人社会观念等因素，当事人构建法律关系时往往不具备书面合同、协议，以口头约定为主，且不注重证据的收集、保存，对案件的处理造成一定难度。对此类案件的处理要严格把握相应法律关系的构成要件及区别，并在尽可能查明案件细节的基础上作出判断。本案即为帮工关系与承揽关系的区分认定，张甲如主张雇佣关系亦存在一定认定难度。

从定义上来看，雇佣关系是指雇佣者与被雇佣者约定，在一定期间内被雇佣者向雇佣者提供劳务，雇佣者给付报酬的关系。帮工一般指无偿、自愿、短期内为他人提供劳务的关系。承揽关系是指承揽人按照定作人的要求完成工作，交付工作成果，定作人给付报酬的行为。三者之间存在一定相似之处，承揽合同中承揽人要以自己的技术、条件为定作人完成一定的工作，因此是提供一种劳务。雇用合同中受雇人同样要按照雇用人的要求而为一定的工作，要向雇用人提供一定的劳务。帮工关系中也是帮工人向被帮工人提供一定劳务。正是因为三者存在这些相似之处，所以在实践中往往会引起争议。从区别上来看，可以重点把握以下几点：

(1) 当事人之间是否存在控制、支配和从属关系；(2) 是否由一方指定工作场所、提供劳动工具或设备、限定工作时间；(3) 是定期给付劳动报酬还是一次性结算劳动报酬；(4) 是继续性提供劳务还是一次性提供劳动成果；(5) 当事人一方提供的劳动是其独立的业务或者经营活动还是构成相对方的业务和经营活动的组成部分。如果当事人之间存在控制、支配和从属关系，由一方指定工作场所、提供劳动工具或设备，限定工作时间，定期给付劳动报酬，所提供的劳动是接受劳务一方生产经营活动的组成部分的，可以认定为雇佣。反之，则应当认定为承揽。如当事人之间不存在从属、支配关系，短期或一次性提供无偿劳务则为帮工关系。就本案而言，通过查明的事实可以确定原告与被告之间在事发前发生过几次装饰装修关系，且款项均已结算完毕。事发时系张甲应张乙要求维修雨棚，应属于提供维修成果的行为，较短时间内即可一次性完成，并非持续性劳务行为，双方之间不存在从属、支配关系，维修所需工具、材料也系张甲方自行提供，并由张甲先行垫付材料费用，并非无偿行为，所提供的维修行为也非张乙生产经营业务组成部分。综上，法院认定双方属于承揽法律关系。

不同法律关系所引发的责任承担也不同。定作人过失包括三种情况：定作过失、指示过失和选任过失。所谓定作过失，是指定作人委托加工、制作的定作物本身具有高度危险性或不法性。所谓指示过失，是指定作人在定作物的制作方法上所做出的指示有明显的过错，如指示承揽人用危险的方法制作或者强迫承揽人违反规律蛮干。所谓选任过失，是指定作人对承揽人的选择具有明显过错。如明知承揽人没有从业资格而选任。本案中，张乙将其所有的疏于管理、维护且存在重大安全隐患的雨棚交付张甲进行修理，修理前未进行全面安全检查，未排除安全隐患，修理过程中未要求张甲采取安全措施，明显存在一定的指示过失。张甲作为相对专业的承揽人，应当对自己的安全尽足够的注意义务，并采取相应的保护措施，但其在明知修理雨棚存在重大安全隐患的情况下，未采取安全措施，未能谨慎作业，直接导致事故的发生，张甲本人应对损害的发生承担主要责任。结合本案的实际情况，法院判决张甲承担85%的责任，张乙承担15%的赔偿责任较为适当。

编写人：江苏省常州市钟楼区人民法院　赵超

41

农村自建房中房主与施工人法律关系性质的认定

——何某诉蒋某提供劳务者受害责任案

【案件基本信息】

1. 裁判书字号

江苏省江阴市人民法院（2019）苏0281民初4930号民事判决书

2. 案由：提供劳务者受害责任纠纷

3. 当事人

原告：何某

被告：蒋某

【基本案情】

蒋某的老宅年久失修。2018年4月，蒋某打算翻新老宅。何某为农村的个体泥瓦匠，蒋某便找到何某，要求何某为其老宅进行施工改造，包括刮墙、粉刷、砌墙、换瓦等。双方商谈报酬按市场价计算，大工每天200元至240元，小工每天150元至180元，何某属于大工，每天报酬200元以上，报酬做一天算一天，最后双方按何某实际施工的天数进行结算。建筑材料全部由蒋某提供，何某“包工不包料”。4月至7月，蒋某自行将屋顶下方边缘的瓦片揭掉了一些。至2018年7月15日，何某来到蒋某的老宅，开始施工。何某决定先从屋顶进行翻修，在揭瓦片过程中踩到腐朽的椽木不慎从屋顶（房屋高2~2.8米）坠落摔伤，随即被送往医院进行治疗。经诊断，何某为多发伤、胸椎多发骨折、双肺挫伤、双侧血气胸、胸脊髓损伤伴截瘫、双侧多发肋骨骨折、头部外伤、左侧髌骨骨折，何某于2018年9月14日出院。此后，何某又到江阴英智澄江康复医院进行康复治疗。何某先后共花费医疗费177728.95元，蒋某为其垫付了47000元。

2019年3月26日，何某将蒋某诉至法院，认为蒋某与他之间系雇佣关系，蒋某作为雇主未能给他提供安全的劳动条件及设施，对他的损害应承担主要责任，遂要求法院依法判令蒋某赔偿他前期医疗费 77410.27 元（177728.95 元 × 70% − 47000 元）。蒋某则认为他与何某之间并非雇佣关系，而是承揽关系，何某作为承揽人，损害后果应由其自行承担，他无需承担赔偿责任。

【案件焦点】

1. 何某与蒋某之间形成何种法律关系；2. 蒋某应否对何某的损害承担赔偿责任及具体的赔偿比例。

【法院裁判要旨】

江苏省江阴市人民法院经审理认为：关于第一个争议焦点，雇佣关系是雇员在雇主授权或指示的范围内为雇主提供劳务，雇主向雇员给付报酬的法律关系，而承揽关系是承揽人按照定作人的要求完成工作，交付工作成果，定作人给付其报酬的法律关系。二者的主要区别：一是合同的标的和目的不同。雇佣合同的标的是劳务，雇员提供劳务是合同的直接目的；承揽合同的标的是工作成果，合同目的是承揽人完成并交付工作成果，不论承揽人是否付出劳务或付出劳务多少，只要按约交付工作成果即可。二是报酬确定的考量因素及支付方式不同。雇佣关系中，雇员付出的主要是劳动力，其报酬主要是根据劳动力价值确定，报酬的给付一般具有周期性，即使劳务尚未完全提供完毕，雇主仍应按约给付报酬；承揽关系中，承揽人提供的劳务具有一定的技术性，报酬主要根据工作成果确定，除含劳动力价值外，一般还包括使用设备、技术的合理成本及利润等，多在承揽人按约交付工作成果后一次性给付。三是主体间的关系和地位不同。雇佣关系的雇员一定程度上受雇主的支配，在完成工作时要听从雇主的指挥和管理，雇主与雇员存在控制、支配和从属关系；而在承揽合同关系中，定作人与承揽人地位平等，承揽人对于工作如何安排有完全的自主权，只要在合同约定的时间内完成即可，具体的完成方式、工作时间由承揽人自行决定。本案中，何某在蒋某指定的时间和地点为其翻修房屋，包括刮墙、砌墙、换瓦等，从双方约定看，何某按蒋某的指示提供劳务，不具有独立性特征，何某为蒋某提供的是劳务而非工作成果。从报酬的确定及支付上看，双方约定依照建筑行业人工的市场价按天结算，大工与小工有所区别，而且双方“包工不包料”，说明报酬是根据劳动力价值确定的，不包含其他附加价值，做一天算一天，即使劳务尚未完全提供完毕，蒋某仍应按约给付劳务报酬。此外，在翻修房屋过程中，蒋某一直在施工现场，并指挥何某具体工作内容，说明蒋某对何某在一定程度上存在控制和支配关系。综上，根据双方的意思表示以及实施的民事行为特征来看，蒋某与何某之间的法律关系符合雇佣法律关系的主要特征。蒋某抗辩双方系承揽关系，但未能提供相关依据，法院对其主张不予采纳。

关于第二个争议焦点，根据《中华人民共和国侵权责任法》第三十五条之规定，提供劳务一方因劳务自己受到损害的，根据双方各自的过错承担相应的责任。本案中，蒋某作为接受劳务一方，在劳务关系中是劳务活动的组织者、指挥者、监督者和风险防控者，对提供劳务一方的活动应负有安全注意和劳动保护的义务，其应当为提供劳务者提供必要的设施等工作条件，其将房屋下面瓦片先行揭掉的行为也增加了后期屋顶作业人员的危险性，但蒋某并未提供任何安全防护设施。而提供劳务一方在为他人提供劳务活动中，应具备与提供劳务活动相符合的能力和正确的操作技术以及安全注意义务，何某作为一名长期从事建筑行业的工匠，结合其自身的专业常识及工作环境，理应判断出在无任何安全措施保障下，在高达2米至2.8米的屋顶作业具有高度危险性，且房屋已年久失修，瓦片与椽木都已腐化不够牢固，但何某未佩戴安全护具，也未采取任何安全防护措施，对损害后果的发生亦存在过错，应承担相应的责任。综上，法院依法认定蒋某承担60%的责任，何某自行承担40%的责任。对于医疗费金额，原、被告双方均认可据票结算，共计金额177728.95元，根据原、被告的责任比例，并扣除蒋某已垫付的47000元，蒋某还需支付何某59637.37元。

江苏省江阴市人民法院依据《中华人民共和国合同法》第二百五十一条，《中华人民共和国侵权责任法》第十六条、第三十五条，《最高人民法院关于审理人身损害赔偿案件适用法律若干问题的解释》第十七条第一款、第十九条第一款，《中华人民共和国民事诉讼法》第六十四条第一款，《最高人民法院关于适用〈中华人民共和国民事诉讼法〉的解释》第九十条之规定，判决如下：

一、蒋某应于本判决发生法律效力之日起10日内给付何某医疗费59637.37元。

二、驳回何某的其他诉讼请求。

【法官后语】

随着生活水平的不断提高，农村新建、改建、增建房屋的数量不断增加。目前，农村建房基本由农村个体包工头、工匠进行施工，由于安全意识淡薄、操作不规范、安全设施简陋等原因，农村建房安全事故频发，由此引发的人身损害赔偿纠纷也日益增多。法院审理此类纠纷的难点在于房主与施工人之间法律关系性质的认定，法律关系性质不同，承担责任的主体及方式亦有所不同。

实践中农村房屋建设通常有两种方式。一种是房主与包工头达成协议，将房屋建造交由包工头及其施工队完成，房主按约定向包工头支付价款，由包工头组织施工。另一种是房主根据自己的需要，直接找建筑工匠为其建房，由房主提供材料，工匠受房主管理，双方之间按工结算。在审判实践中对上述情形中法律关系性质的认定存在分歧，主要有建设工程施工合同、承揽合同及劳务合同关系三种观点。笔者认为应区分不同情形进行认定。

1. 农村自建三层（含三层）以上的房屋应认定为农村建房施工合同

《中华人民共和国建筑法》第八十三条第三款规定："抢险救灾及其他临时性房屋建筑和农村自建低层住宅的建筑活动，不适用本法。"关于农民自建低层住宅的含义，现行有效的《建设部关于加强村镇建设工程质量安全管理的若干意见》第三条规定，农民自建低层住宅是指农民自建两层（含两层）以下的住宅。结合《村庄和集镇规划建设管理条例》的规定，农民自建两层（含两层）以下的住宅不需要建筑资质，三层（含三层）以上则需要建筑资质，受建筑法调整。按照上述规定，农村建设两层以上的房屋应严格按照《中华人民共和国建筑法》的相关规定，如发生纠纷，案由应定为建设工程施工合同纠纷的下一级案由"农村建房施工合同纠纷"。

2. 农村自建两层（含两层）以下低层住宅且包工包料的，应认定为承揽合同

承揽合同是指承揽人按照定作人的要求完成工作，交付工作成果，定作人给付劳动报酬的合同。承揽人以自己的设备、技术、劳力等完成工作任务，不受定作人的指挥管理，对在交付工作成果之前产生的责任由承揽人自己承担。此种情况下，房主与包工头达成房屋建造协议，包工头承担房屋建造的全部事项，工期期满后房主向包工头支付报酬，即通常所说的"包工包料"，符合承揽合同的法律特征。如包工头发生人身损害，责任由其自行承担，如受雇于包工头的劳务者发生人身损害，应由包工头承担赔偿责任，房主在没有定作、指示或者选任方面过失的不承担赔偿责任。

3. 农村自建两层（含两层）以下且包工不包料的，应认定为劳务合同关系

此种情况即“包清工”，双方按实际提供的劳务进行结算，也就是本案的情形，在没有包工头参与的情况下，房主在整个施工过程中发挥了指挥、监督和管理的作用，不仅督导各施工人按施工进度保质保量地完成工作，而且确保施工安全，监管工程质量，对施工人起到了实际控制和支配的作用，双方达成建房协议的性质应为劳务合同，属于广义的雇佣关系。个人之间形成劳务关系，提供劳务一方因劳务造成他人损害的，由接受劳务一方承担侵权责任，提供劳务一方因劳务自己受到损害的，根据双方各自的过错承担相应的责任。

编写人：江苏省江阴市人民法院　王晓丹

42

数个承揽人造成他人损害的责任认定

——陆立春诉张甲、张乙生命权、健康权、身体权案

【案件基本信息】

1. 裁判书字号

河南省安阳县人民法院（2019）豫0522民初5108号民事判决书

2. 案由：生命权、健康权、身体权纠纷

3. 当事人

原告：陆立春（化名，下略）

被告：张甲、张乙

【基本案情】

2018年秋，张甲、张乙共同到安阳县崔家桥镇东庄村收割玉米。张甲提供收割机，张乙提供农用三马车，二人共同作业。2018年9月23日，陆立夏（化名，下略）的妻子吴夏至（化名，下略）与张甲约定，由张甲为陆立夏一家收割玉米并负责将玉米运送到家，吴夏至按每亩100元支付张甲报酬。在收割玉米时，陆立春作为陆立夏

的哥哥，到田地中帮助其共同收割，并主动要求搭乘张乙驾驶的无牌农用三马车回家。途中三马车侧翻，致使陆立春受伤。陆立春即被送至安阳市人民医院进行检查，由于伤情较重，当天转入中国人民解放军第一五三中心医院救治，被诊断为：右足开放性外伤；左膝软组织损伤；高血压病。住院治疗58天，花费医疗费64468.41元。张乙为陆立春垫付医疗费用17200元。2018年11月4日，中国人民解放军第一五三中心医院正式更名为中国人民解放军联勤保障部队第九八八医院。经陆立春申请，法院委托安阳殷都法医临床司法鉴定所对陆立春的伤情进行了鉴定，2019年7月17日出具的鉴定意见为：陆立春本次损伤已构成九级伤残，护理期限评定为180日，护理人数为住院手术期间2人/日（30日），其余护理人数为1人/日。为此，陆立春支付鉴定费1300元。另查明，事故发生后，张乙另支付陆立春转院车费2000元。

【案件焦点】

数个承揽人因共同承揽活动造成他人损害责任如何认定。

【法院裁判要旨】

河南省安阳县人民法院经审理认为：公民的人身健康权依法受法律保护。本案中，陆立夏妻子吴夏至与张甲约定，由张甲负责收割玉米并运送到家，吴夏至按每亩100元支付张甲报酬。张甲与吴夏至之间实际建立起了以收割玉米并运送为成果的加工承揽合同关系。实际作业时张甲只负责提供收割机，张乙提供农用三马车负责运送，且二被告按一定比例分割报酬，故吴夏至系与二被告成立承揽合同关系。张甲提供证人葛某某并不能证实二被告系分别收取报酬，故对张甲辩称与张乙分别收取报酬的主张法院不予采信。在事故发生时，陆立春因乘坐张乙驾驶的无牌农用三马车侧翻而受伤，二被告作为共同侵权人应共同对原告因本次事故造成的损害承担赔偿责任。故二被告均主张在本案中作为被告主体不适格的请求，法院不予支持。原告应当知道农用三轮车不能载人，对车辆在运行过程中的危险应当有预见性但却未采取措施予以避免，仍然自愿乘坐，对自身的受伤有一定过错，根据《中华人民共和国侵权责任法》第二十六条规定，可减轻被告的赔偿责任，故由二被告赔偿原告各项损失（精神损害抚慰金除外）的50%为宜。陆立春诉讼请求中超出法定标准部分及不合理部分，法院不予支持。原告损失的具体数额计算如下：医疗费，据正规医疗票据为64468.41元；误工费，因原告未提供证据证明其收入情况，按河南省农林牧渔业标准40990元/年计算，计算至定残前一日（297天）为33353.5元；护理费，按河南省居民服务业和其他服务业标准39522/年计算，150天/1人、30天/2人，应为19490.3元，因原告诉求数额为19476元，故护理费按原告诉求支持；住院伙食补助费，按每天50元计算，住院58天，应确定为2900元；营养费，按每天20元计算，住院58天，应确定为1160元；伤残赔偿金，按河南省农村居民人均可支配收入13830.74元/年计算，原告九级伤残，应确定为55322.96元；交通费，原告住院58天，应确定为1160元；鉴定费，据票确定为1300元；以上合计179140.87元。外地就医住宿费1000元，因原告未提供证据证明，故法院不予支持；精神损害抚慰金，原告构成九级伤残，应确定为10000元，由二被告赔偿。张乙已支付给原告的19200元在执行时应扣除。

河南省安阳县人民法院根据《中华人民共和国侵权责任法》第二十六条，《最高人民法院关于审理人身损害赔偿案件适用法律若干问题的解释》第十七条、第十八条、第十九条、第二十条、第二十一条、第二十二条、第二十三条、第二十四条、第二十五条，《中华人民共和国民事诉讼法》第六十四条之规定，判决：

一、张甲、张乙于本判决生效后十日内赔偿陆立春医疗费、误工费、护理费、住院伙食补助费、营养费、交通费、鉴定费、伤残赔偿金、精神损害抚慰金共计169940.87元；

二、驳回陆立春的其他诉讼请求。

【法官后语】

随着人们生活水平的提高，农业机械化水平也不断提高，农忙时节，机械收割小麦、玉米已成常态，但在农用车管理、使用方面尚存在诸多漏洞，导致农用车辆伤人事故频发。本案就是众多农用车伤人事故中典型的一例。笔者通过法律分析试图解决类似法律纠纷。

1. 从承揽合同造成他人损害的角度分析

承揽合同是指承揽人按照定作人的要求完成工作，交付工作成果，定作人给付报酬的合同。在承揽合同中，完成工作并交付工作成果的一方为承揽人；接受工作成果并支付报酬的一方称为定作人。在日常生活中，如果合同中没有以承揽人、定作人指称双方当事人，也不影响对其法律性质的认定。承揽合同的承揽人既可以是一人，也可以是数人。

共同承揽是指由两个或者两个以上的人共同完成承揽工作的合同。共同完成承揽工作的人称共同承揽人。共同承揽可以由共同承揽人与定作人共同订立承揽合同，也可以根据承揽人的约定由其中一个承揽人代表所有共同承揽人与定作人订立承揽合同。在共同承揽过程中，每一个共同承揽人都应当对承揽的全部工作负责。因此，共同承揽人对他人造成损害承担共同责任。

在本案中，陆立夏的妻子吴夏至与张甲约定，由张甲负责收割玉米并运送到家，吴夏至按每亩100元支付张甲报酬。收割玉米与运输玉米系收割玉米工作的整体，张甲与吴夏至之间实际建立起了以收割玉米并运送玉米的加工承揽合同关系。陆立春系吴夏至的帮工，张甲与张乙系共同承揽人。张乙在承揽过程中造成陆立春受伤，故张甲作为共同承揽人应与张乙共同承担责任。

2. 从车辆享有控制、支配和运营利益的角度分析

根据机动车损害赔偿责任法理依据，判决责任主体的依据是“运行支配”和“运行利益”二元判断标准。即由对车辆享有控制、支配和运营利益的人对损害负赔偿责任。

在本案中，张甲和张乙搭伙约定，玉米收割机所有人是张甲，三马车所有人是张乙，张甲负责收玉米、张乙负责运输玉米，对外张甲负责谈价钱、收钱，对内张甲、张乙将共同收取的款项分配。实际上，张甲和张乙对于玉米收割机和三马车这两辆机动车系共同经营，共享利益，因此也应共担风险。张乙驾驶机动车未谨慎驾驶，导致车辆侧翻，应当承担事故责任。考虑到陆立春应当知道农用三轮车不能载人，对车辆在运行过程中的危险应当有预见性但却未采取措施予以避免，仍然自愿乘坐，对自身的受伤有一定过错，故由二被告赔偿原告各项损失（精神损害抚慰金除外）的50%。

编写人：河南省安阳县人民法院　李晶晶

十、其他

43

玩家消费权与游戏运营商处罚权的界限

——陆某诉××公司网络侵权责任案

【案件基本信息】

1. 裁判书字号

广西壮族自治区高级人民法院（2019）桂民再681号民事判决书

2. 案由：网络侵权责任纠纷

3. 当事人

原告（上诉人、再审申请人）：陆某

被告（被上诉人、再审被申请人）：××公司

【基本案情】

2013年7月11日，陆某通过××公司经营管理的《倩女幽魂2》网络游戏中实名申请注册了2个××通行证账号，并分别在每个账号下创建3个角色，共计6个角色。根据××公司设置的程序，注册××通行证必须接受《××通行证服务条款》《最终用户使用许可协议》《服务条款》《"藏宝阁"网上交易平台服务协议》等网络服务合同。根据××公司的"藏宝阁"数据显示，2015年2月22日，陆某的两个角色ID在藏宝阁分别出售了96000000的银两，交易价格均为800元人民币（包含交易手续费）。××公司认为陆某的游戏行为属于"牟取不正当利益"，于2015年2月24日对陆某的6个角色进行了"角色隔离和扣除该角色游戏币"的处

罚措施，处罚原因是“利用游戏内容牟取不正当利益”，并于2015年2月25日对合计1520.8元的交易款进行截流，处罚类型为“牟取不正当利益”；2015年2月27日，陆某通过缴纳“保释金”5000元宝（游戏道具）的方式解除了对其中2个角色1D暂时隔离的处罚措施。解除角色隔离后，××公司未返还清除的游戏币，陆某缴纳的元宝已领回。另外4个角色ID尚未解除隔离。××公司提供的玩家账号角色ID信息基本记录载明，陆某的2个账号、6个角色人物的娱乐互动中“是否帮会”“是否结婚”均为否，商城购买及“藏宝阁”购买记录均为0。××公司提供的“玩家自己组队赚钱牟利记录表”及“玩家任务记录”载明：2014年2月24日至2015年2月24日期间，陆某在游戏中频繁利用自己多个游戏账号角色自己组队，共完成了“师徒”任务9182次，“中三环”任务3266次等，赚取了大量银两。

陆某认为，××公司的处罚行为侵犯其合法权利，向法院起诉请求××公司解除对其账号下所有角色人物的处罚措施，返还扣除的交易款1600元及利息500元，返还清空的游戏币，同时要求××公司向陆某公开书面道歉并赔偿经济损失人民币63623元。

【案件焦点】

1. ××公司对陆某案涉游戏账号的相关处罚措施是否构成侵权；2. 陆某的诉讼请求是否有事实和法律依据。

【法院裁判要旨】

广西壮族自治区宾阳县人民法院经审理认为：陆某获取虚拟游戏币后，未将这些虚拟游戏币用以提升自己的装备，增强与其他玩家的互动，而是将之放置在藏宝阁中出售，其行为不属于正常的娱乐互动，属于“牟取不正当利益”，××公司据此处罚不构成侵权。

广西壮族自治区宾阳县人民法院依照《中华人民共和国侵权责任法》第六条第一款、《中华人民共和国民事诉讼法》第六十四条第一款的规定，判决如下：

驳回陆某的全部诉讼请求。

二审法院同意一审法院裁判意见。

陆某不服一审、二审判决，申请再审。广西壮族自治区高级人民法院经审理认为：

第一，××公司对陆某案涉游戏账号的处罚构成侵权。

《倩女幽魂 2》对玩家注册游戏账号并无数量限制，每个账号下最多可创建 4 个角色。陆某在案涉游戏中注册了两个账号，每个账号下分别创建 3 个角色，无论是注册账号数量还是创建角色数量，均符合游戏规则。游戏的“师徒”任务，师父每日可接“师徒”任务为 30 次，徒弟每日可接“师徒”任务为 6 次；“中三环”任务每日次数上限为 5 次，获得的奖励随着完成任务次数的增加而递减。一年内陆某共完成“师徒”任务 9182 次，“中三环”任务 3266 次。一年按 365 天计算，陆某两个角色 ID 每年最多可完成“师徒”任务 26280 次［（30 + 6）×365 ×2］，完成“中三环”任务 3650 次（5 ×365 ×2），陆某完成“师徒”“中三环”任务的次数并没有超出××公司提供的该游戏设定的任务次数上限。因此，陆某的游戏行为并不违反游戏规则。同理，陆某把通过游戏规则获取的游戏币（银两）在该游戏设置的“藏宝阁”与其他玩家进行交易且交易成功，说明该交易行为亦不为游戏所设置的交易规则所限制，符合该游戏设置的规则。因此，××公司对陆某游戏角色处罚没有事实依据。

第二，陆某的部分请求有事实和法律依据。

陆某请求××公司立即解除对所有角色的处罚措施，返还清除的游戏币，退还扣除的交易款及利息 500 元，向陆某公开书面道歉并赔偿经济损失 63623 元。××公司在扣除陆某交易款 1520.8 元期间，导致陆某对被扣除的交易款无法占有和使用，××公司应承担赔偿交易款被占用期间的利息损失。利息损失可参照《最高人民法院关于审理民间借贷案件适用法律若干问题的规定》第二十九条第二款第一项的规定，按照年利率 6% 计算。陆某请求支付 500 元利息已经超过该计算标准，不予支持。至于陆某请求××公司公开书面道歉并赔偿经济损失 63623 元的问题。再审庭审中经询问，陆某的经济损失数额系其根据广西平均工资收入水平和玩案涉游戏时间计算得出，但其并未提供证据证明其实际造成的损失为多少，也未提供证据证明其收入情况和名誉遭受损害情况，虽然××公司的处罚行为客观上侵犯了陆某的权利，但尚不足以造成其其他经济损失和对其名誉的损害，因此对该项请求不予支持。

广西壮族自治区高级人民法院依照《中华人民共和国民事诉讼法》第二百零七条、第一百七十条第一款第二项规定，判决如下：

一、撤销本案一审判决和二审判决；

二、判决××公司于本判决生效之日起十日内解除对陆某2个角色的暂时隔离措施；

三、判决××公司于本判决生效之日起十日内返还对6个角色ID清除的游戏币；

四、判决××公司于本判决生效之日起十日内退还扣除的交易款1520.8元及利息损失（该利息损失以1520.8元为基数，从2015年2月24日起，按照年利率6%的计算标准，计至××公司退还交易款之日止）；

五、驳回陆某的其他诉讼请求。

【法官后语】

网络游戏产业随着互联网与计算机技术的发展，已成为全球瞩目的顶尖娱乐产业，在文化产业链中占据重要地位。随之而来，网络游戏纠纷案件也与日俱增。虽然我国推出了一系列政策法规规范游戏市场，但在维护网络游戏环境公平和利益平衡上，真正的主角还是运营商，在游戏运营商与游戏玩家地位不完全对等的前提下，相关法律法规对运营商并未形成有效制约，运营商在履行监管职责时，常会出现损害游戏玩家合法权益的情形。针对这些存在的问题，笔者认为玩家的消费权与游戏运营商的处罚权的界限应有如下区分。

1. 游戏玩家有自主选择的消费权

游戏玩家作为消费者，有自主选择消费权，只要其在游戏规则范围内进行游戏活动，运营商便无权干涉玩家的游戏行为，玩家就不应被处罚。如玩家正常的游戏行为可能会影响游戏环境的公平，则说明游戏规则存在漏洞，运营商应通过游戏后台修补漏洞，而不应将玩家合法合规的游戏行为导致游戏环境不公平的过错归责于玩家。对“娱乐互动”的认定，没有统一的标准，每个游戏玩家参与特定游戏的动机和获得的游戏体验都是主观的、个性化的，运营商作为游戏提供方，只能对游戏具体的娱乐形式进行设定，客观上并不能规定游戏玩家所能获得的游戏心理体验。

2. 运营商对玩家的处罚应有所制约

首先，游戏规则是由运营商设置，网络服务合同也是由运营商提供，对游戏环境进行监管的还是运营商。可以说，运营商在整个网络游戏服务中既是规则制定者，又是裁判员，往往会为了自身利益而损害玩家的合法权益。运营商直接以玩家游戏数据“异常”，认定玩家存在不良游戏行为，并对玩家的封号、隔离角色、清除游戏币、扣除交易款等处罚，没有确切依据。游戏数据异常可能会因多种情况导致，未必是因玩家使用了私服、外挂或其他破坏游戏程序的手段。其次，运营商的处罚理由不能与游戏规则矛盾。运营商在认定玩家是否存在不良游戏行为时，应严格按照游戏规则和服务条款来认定，不能与自身设定的游戏规则相矛盾，否则处罚理由无法成立。如果运营商认为游戏场景存在漏洞，完全可以中止该场景或者对该漏洞进行修补。如果存在客观原因导致中止或修补不能立即实施，运营商应对玩家公告该漏洞的具体情况，并公告禁止玩家使用该漏洞以及对不正当使用漏洞的处罚措施，而不是简单粗暴地通过强硬手段对游戏玩家处罚。最后，运营商的处罚条款应符合法律规定。玩家倾入大量时间和精力升级装备，提高等级，游戏装备、游戏币等均是玩家的虚拟财产。游戏装备或者游戏币交易后兑换成人民币，就不再是保护虚拟财产的问题了。虽然运营商与玩家对处罚属于约定事项，但运营商在服务协议中约定可以强制扣除玩家交易款的条款，违反了《中华人民共和国行政强制法》关于行政强制措施应当由行政机关具备资格的行政执法人员实施，其他人员不得实施的相关规定，运营商不具有该项执法权，因此运营商无权扣除交易款。运营商拟制处罚条款时应严格按照法律规定，否则合同条款的效力是存在问题的。

编写人：广西壮族自治区高级人民法院　朱子聪　李延　田丽霞

44

不履行合同约定义务构成侵权行为的法律认定

——耿某诉阳光积善公司生命权、健康权、身体权案

【案件基本信息】

1. 裁判书字号

北京市第三中级人民法院（2019）京03民终9594号民事判决书

2. 案由：生命权、健康权、身体权纠纷

3. 当事人

原告（被上诉人）：耿某

被告（上诉人）：阳光积善公司

【基本案情】

耿某之女吴某（丙方）与阳光积善公司（乙方）签订《阳光积善养老服务合同》，约定：入住老人为耿某（甲方），甲方依据乙方提供的《健康状况陈述书》《体检报告》及对乙方的身体状况进行综合测评，确定乙方为完全不能自理的老人，乙方选择入住的房间号为101，床位号为01，入住方式为单床方式。根据乙方的实际情况，乙方选用的养老服务为照护一级，各级别对应的具体服务内容见本合同附件7。

2018年5月3日，耿某在阳光积善公司经营的养老机构房间内穿衣过程中，站立时摔倒受伤，房间内仅耿某一人，在事故发生过程中，耿某行走困难、缓慢。2018年5月3日至2018年5月25日，耿某在医院住院治疗。

阳光积善公司提交证据照护等级明细（即《阳光积善养老服务合同》附件7，照护一级内容主要为：为老人穿衣、扣扣子、更换衣物、系鞋带，协助老人上下楼梯，协助扶起及安顿入座椅/轮椅，必要时扶抱以协助活动，评估老人不安全因素，防止老年人跌倒、坠床，防止老人自行除去尿袋、鼻饲管、尿布、衣服和其他危险因素，必要时使用约束用具；对痴呆老人根据情况定时巡视，防止走失或发生意外，对易发生坠床、座椅意外的老人，提供床栏、座椅安全带等保护器具，确保安全），证明阳光积善公司照护的内容，耿某称没有见过。

庭审中，耿某称阳光积善公司承诺是24小时陪护，而且房间中有24小时监控，觉得还不错，才同意在此养老的，在受伤之前耿某也不能独立行走。阳光积善公司称其安全措施包括24小时视频监控，每2小时工作人员巡视一次，地上有地胶、床上有床挡，四角有防撞角。因为耿某不用坐轮椅，所以也没有其他的防护措施，如果坐轮椅，会有约束带，耿某是可以自我移动和行走的，既不是法律意义上的完全不能自理，也不是完全不能自理，合同中约定的完全不能自理是为了多收费。

【案件焦点】

阳光积善公司未履行《阳光积善养老服务合同》约定的义务是否构成侵权。

【法院裁判要旨】

北京市朝阳区人民法院经审理认为：因当事人一方的违约行为，侵害对方人身、财产权益的，受损害方有权选择依照本法要求其承担违约责任或者依照其他法律要求其承担侵权责任。侵权行为既包括积极的侵权行为也包括消极的侵权行为，消极的侵权行为是指行为人违反对他人负有的法定或约定之作为义务，不履行或未正确履行该义务从而造成他人损害的行为。本案中，《阳光积善养老服务合同》系双方真实意思表示，且内容不违反法律、行政法规的强制性规定，应属有效。根据合同约定，阳光积善公司负有防止耿某跌倒的义务，根据本案查明事实，耿某在房间内穿衣过程中，摔倒受伤，阳光积善公司未按照合同约定履行为老人穿衣、扣扣子，防止老年人跌倒的约定义务，导致耿某摔倒，阳光积善公司构成侵权，耿某以生命权、健康权、身体权纠纷为由将阳光积善公司诉至法院，阳光积善公司应承担耿某因此次事故发生产生的合理损失。耿某明知自己行动不便，并且居住在养老机构，在未通知阳光积善公司工作人员及采用相应辅助器具的情况下，独自进行超出其行动能力的动作，亦应承担相应责任。因此，酌定耿某承担30%责任，阳光积善公司承担70%责任。

北京市朝阳区人民法院依照《中华人民共和国侵权责任法》第六条、第十六条、第二十六条，《中华人民共和国合同法》第一百二十二条，《中华人民共和国民事诉讼法》第六十四条之规定，判决如下：

一、阳光积善公司于本判决生效之日起七日内赔偿耿某医疗费8182.4元、住院伙食补助费1540元、营养费2100元、护理费15120元、伤残赔偿金21842.1元、精神损害抚慰金7000元、残疾器具费979.3元、交通费350元、鉴定费3045元；

二、驳回原告耿某的其他诉讼请求。

二审法院同意一审法院裁判意见。

【法官后语】

在现代社会，“不侵害他人”是任何一个民事主体所应遵守的普遍性义务，没有合法依据或者法律授权，不得损害他人的民事权益，否则就可能承担一定的法律后果。在多数情况下，行为人都是因为对他人的民事权益实施了积极的行为（即作为）而承担侵权责任，但是在一些情况下，行为人不作为也有可能产生侵权责任。

不作为之所以也会被认定为侵权行为，是因为行为人违反对他人负有的某种作为义务，未实施或未正确实施该义务所要求的行为而致他人损害。不作为的侵权构成要件和一般的侵权构成要件相同，即要具备：(1) 侵权行为；(2) 损害后果；(3) 侵权行为和损害后果之间具有因果关系；(4) 侵权人具有过错。

作为义务总体上可划分为：(1) 法定的作为义务，如基于特定关系产生的作为义务，或基于特定职业产生的作为义务。(2) 约定的作为义务。该作为义务是当事人依据民法中的意思自治原则，通过民事法律行为完全可以约定各种作为的义务。(3) 在先行为引发的作为义务，即行为人的在先行为诱发了某种危险状态时，从而使其负有消除该危险状态或救助因此而受害之人的义务。(4) 基于诚信原则产生的义务。比如，《人民法院案例选》中入选的某一案例曾确认，与受害人共同出行的唯一的人不应独自在副驾驶座位上睡觉，而应当“谨慎提醒，或采取要求住宿、停车休息等相互保护措施”。(5) 安全保障义务。《中华人民共和国民法典》已将违反安全保障义务作为一类特殊的侵权责任加以规定。

本案即当事人违反约定的作为义务构成侵权的典型案例。《中华人民共和国民法典》第一百八十六条规定：“因当事人一方的违约行为，损害对方人身权益、财产权益的，受损害方有权选择请求其承担违约责任或者侵权责任。”本案依据不作为侵权责任要件要素的具体分析。首先，从“作为义务”的来源分析，耿某的女儿吴某与阳光积善公司签订的《阳光积善养老服务合同》，是阳光积善公司的义务来源，阳光积善公司负有为耿某“为老人穿衣、扣扣子、更换衣物”的义务。其次，从“作为的能力”来分析，阳光积善公司作为专业养老服务机构，且“为老人穿衣、扣扣子、更换衣物”作为基础的养老服务内容，阳光积善公司有能力履行自己的义务。最后，从“未履行义务”来分析，阳光积善公司应悉心照顾耿某，全面了解耿某的生活需求，避免耿某因从事能力范围以外的行为而受伤，但阳光积善公司未按照及时为耿某添加衣物，在耿某在房间中换衣服过程中，也未及时发现耿某的行为，从而防止损害结果的发生。综上所述，阳光积善公司未按照约定全面履行自己的义务，导致耿某摔倒受伤，阳光积善公司对耿某的受伤具有过错，应当承担侵权责任。

编写人：北京市朝阳区人民法院　张旭

45

对存在损失可能性的“机会损失”是否应予赔偿的认定

——史某诉国宏信公司侵权责任案

【案件基本信息】

1. 裁判书字号

北京市丰台区人民法院（2019）京0106民初25726号民事判决书

2. 案由：侵权责任纠纷

3. 当事人

原告：史某

被告：国宏信公司

【基本案情】

因承租地点发生火灾，2015年6月，史某以财产损害赔偿纠纷为由将北京广联印务有限公司（以下简称广联公司）诉至北京市海淀区人民法院（以下简称海淀法院），要求广联公司赔偿财产损失2331080元、经营损失600000元及小客车租用指标损失100000元。在该案中，史某就上述损失提供了物品列表清单，另附有相应的送货单、销售单以及报价单、照片、租赁费收据、北京京慧通达自动变速箱大全绿色单据等证据，并申请对经营损失以及汽修零配件的价值进行鉴定。

广联公司在该案中辩称：对原告的物品清单中损失的数量、范围，是否为本次火灾造成的毁损无法认定，原告提交的采购证据不能一一对应，发票数额和清单差距较大，且现场还有大部分金属制物品，没有烧毁痕迹，不认可依据原告提供的损失清单作为鉴定依据和赔偿依据，火灾于2015年3月9日发生，史某提供的自动变速箱等的发票是2016年的，大多发票都是火灾发生之后的。

海淀法院基于史某提供的上述材料，依其申请委托了国宏信公司对史某主张的经营损失以及汽修零配件的价值进行鉴定。后国宏信公司出具了《关于火灾事故造成的经营损失及汽修零配件损失价值的价格评估结论书》，载明："由于评估标的处于已灭失或受损状态，本次评估完全依据委托方提供的评估资料中所反映的项目内容、数据，我公司不对评估标的的真伪性进行判断，亦不承担评估标的的真实性责任。"评估结论为：汽修零配件的评估价值为3042916元，受损残存配件及设备残值22000元，由于史某未提供经营情况的材料，评估标的经营损失价值无法评估。

此后，在案件庭审中，国宏信公司将史某提交的鉴定材料原件遗失。海淀法院经审理认为，该案中，空调室外机连接电源线短路，导致发生火灾，给史某造成损失，作为空调的所有权人，广联公司应予赔偿。损失的范围和损失的数额是本案需要解决的关键问题。关于损失的范围一节，史某主张其四个区域的财产损失、经营损失、小客车租用指标损失。对此，广联公司不予认可。由于火灾现场无法勘验，故无法通过鉴定程序得出损失的范围。考虑到史某从事的是汽修行业，故史某提供的四个区域的财产损失明细中但凡与汽修行业有关的项目，法院可以确定为损失的范围。按照《中华人民共和国侵权责任法》第十九条规定，侵害他人财产的，财产损失按照损失发生时的市场价格或者其他方式计算。该案虽然通过鉴定程序对史某的损失进行了鉴定，但考虑到评估结论书所依据的材料现属遗失状态，作出评估结论书的基础已不存在，故法院无法采信评估结论书，只能根据双方的举证以及火灾现场的实际情况酌情予以确定史某的财产损失。对于史某提出的经营损失、小客车租用指标损失，因未提交证据予以证明，法院无法支持。海淀法院最终酌情判决广联公司赔偿史某财产损失合计1048986元，驳回史某的其他诉讼请求。史某不服该判决，提起上诉，二审法院维持了一审裁判。

此后史某提起本案诉讼，主张因国宏信公司将鉴定材料原件遗失，致使在其与广联公司的诉讼中，法院无法采信鉴定报告认定的财产损失数额，给其造成损失，要求国宏信公司赔偿法院判决数额与其诉讼请求数额的差额1282094元、退还其交纳的评估服务费30750元并赔偿其上诉产生的诉讼费用16339元。

国宏信公司辩称：我们的评估师当时已经把证据材料原件随评估报告一起寄给法院了，我们翻了所有的档案材料，也跟邮政那边沟通过。我们已经完成了评估工作，不是我们的原因导致原件的丢失。

【案件焦点】

1. 国宏信公司的侵权行为是否产生了相应损害后果；2. 如果存在损害事实，损害的具体数额应如何认定。

【法院裁判要旨】

北京市丰台区人民法院经审理认为：当事人对自己提出的诉讼请求所依据的事实或者反驳对方诉讼请求所依据的事实有责任提供证据加以证明。没有证据或者证据不足以证明当事人主张的，由负有举证责任的当事人承担不利后果。行为人因过错侵害他人民事权益，应当承担侵权责任。

国宏信公司虽辩称已向法院邮寄退回了在上述财产损害赔偿纠纷案件鉴定程序中提交的证据材料原件，但未向法院提交证据加以证明，法院对此不予采信，结合史某与广联公司财产损害赔偿纠纷一案生效判决结果，认定系因国宏信公司原因，致使评估结论书的基础丧失，法院无法采信评估结论书，只能根据双方的举证及火灾现场的实际情况酌情确定史某的财产损失，判决数额远低于史某通过鉴定程序主张其损失数额的预期，并造成史某产生评估费及上诉费损失。国宏信公司未能妥善保管鉴定过程中证据材料原件的行为，存在过错，与史某所持其预期损失存在因果关系，故国宏信公司应当承担侵权责任，返还评估费，负担上诉费，并赔偿史某火灾案件中相应财产损失。关于财产损失数额，鉴定结论通常对法院判决具有参考作用，但依据国宏信公司评估结论书中对评估限定条件的表述，以及广联公司在该案辩称中对史某提交证据提出的异议，结合北京市海淀区法院在该案判决中对财产损失数额的酌定情况，法院综合考虑对史某财产损失数额酌定为 300000 元。

北京市丰台区人民法院依照《中华人民共和国侵权责任法》第六条、《最高人民法院关于适用〈中华人民共和国民事诉讼法〉的解释》第九十条之规定，判决如下：

一、国宏信公司于本判决生效之日起七日内赔偿史某财产损失 300000 元；

二、国宏信公司于本判决生效之日起七日内退还史某评估费 30750 元；

三、国宏信公司于本判决生效之日起七日内向史某支付（2019）京 01 民终 2455 号案件受理费 16339 元；

四、驳回史某的其他诉讼请求。

【法官后语】

本案系侵权责任纠纷，对照审查构成侵权责任的要件事实，依据证据规则，对于国宏信公司未妥善保管鉴定材料原件的侵权行为及主观过错的认定并无争议，本案的审理难点，是国宏信公司的侵权行为是否产生了相应损害后果，以及如果存在损害事实，损害的具体数额应如何认定。

史某主张，其方损失源于在与广联公司财产损害赔偿一案中，其方预期通过鉴定程序，对在火灾事故中所受财产损失予以确定，以获得赔偿。史某起诉时提出的财产损失赔偿数额为2331080元，经国宏信公司鉴定，其方火灾事故中汽修零配件、受损残存配件及设备残值等财产损失合计应为3064916元，但因鉴定材料原件丢失，法院认定作出评估结论书的基础已不存在，故无法采信评估结论书，仅依据双方的举证以及火灾现场实际情况，酌情认定财产损失总计为1048986元，与鉴定结论确认数额及其方起诉时主张的数额均相差巨大。简言之，史某认为，如果鉴定材料不遗失，则法院会采信评估结论，认定损失数额，退而求其次，其方能够接受按原起诉数额获赔。

笔者认为，上述史某所持损失基础存疑。本案的鉴定情况较为特殊，广联公司对史某提交的物品损失清单作为鉴定和赔偿依据均提出异议，而鉴定机构在价格评估限定条件中载明，由于评估标的已灭失或受损，该评估完全依据委托方提供的评估资料中所反映的项目内容、数据作出，鉴定机构不对评估标的的真伪性进行判断，亦不承担评估标的的真实性责任。鉴定意见的法律属性系一类法定证据，只有在查证属实后才能作为定案依据。认定案件事实是法官的职责而非鉴定人的职责，法官应严格适用证据审查制度，依据证据规则排除鉴定意见可能存在的失真性，力求作出客观、公平、公正的裁判。上述鉴定意见，囿于评估条件及对方异议所限，法官宜结合财产损失相关细节再行审核，方可作出认定，不宜不经实质审查直接采信。其中，史某提交的相关鉴定材料原件即可能作为法官对鉴定结论进行进一步审查的依据之一。综上，在财产损害赔偿案件中，假设鉴定材料未遗失，法院是否采信鉴定机构的结论并不确定，认定的赔偿数额是否高于鉴定材料遗失情况下酌情确定的赔偿数额亦不确定，故而史某在本案中主张的损失是否存在同样不确定。但凡此诸多不确定的因素却表达了一种确定的存在："可能性"，即上述不确定问题的回答均可能为"是"，而此种可能性因鉴定材料原件的遗失归于消灭。

审理本案需引入一种独特的损害类型：机会损失。所谓机会损失，就是机会利益的减少或者丧失，主要体现为因他人的违约、侵权或其他不当行为，导致机会享有者所拥有的获取特定利益或避免特定损害的可能性降低或者丧失。可能性是机会利益赖以存在的基础，若无可能，也即无利益。可能性的状态遭受破坏，降低或者丧失，则损害随之产生，赔偿便成为现实问题。以传统理论来看，仅因某种可能性的降低或者丧失即苛以赔偿，未免不伦不类，但笔者认为，对机会损失施予赔偿，确有必要和价值。可能性的利益因他人的侵权或者违约行为落空时，若仅因其可能性本质，加害人即无需承担赔偿责任，系对利益可能享有者的无视及加害人的姑息，不利于维护正常秩序，实现公平。

本案所涉情形与机会损失赔偿理论相契合，笔者认为国宏信公司应当就其侵权行为承担相应责任，但因可能性的不确定性内涵，给损失的计算带来困扰，故相应责任的具体数额认定，仍需法官综合全案，行使自由裁量权，审慎酌情确定。最终，本案原、被告双方均未提起上诉，服判履行。本案判决系对机会损失赔偿理论适用的一次探索与尝试，具有典型意义。

编写人：北京市丰台区人民法院　郑阳

46

公证损害责任中的过错应根据公证人的职能结合公证人的效力义务和顾问说明义务进行认定

——段甲诉精诚公证处公证损害责任案

【案件基本信息】

1. 裁判书字号

北京市第二中级人民法院（2019）京02民终9808号民事判决书

2. 案由：公证损害责任纠纷

3. 当事人

原告（上诉人）：段甲

被告（被上诉人）：精诚公证处

【基本案情】

段某与徐某系夫妻关系，段甲和段乙系二人之女。北京市丰台区×号楼×幢×门×号房屋（以下简称涉案房屋）的产权登记在段某名下。

2001年10月22日，经段某、徐某申请，二人在精诚公证处订立遗嘱，精诚公证处分别出具了（2001）京宣证字×号公证书和（2001）京宣证字××号公证书。《遗嘱》内容主要包括：涉案房屋产权属段某，实际是夫妻二人共有。现该房产无抵押、无担保、无任何经济纠纷。为防止二人百年后因上述房产发生纠纷，自愿立遗嘱将涉案房屋分别属于段某、徐某二人的房产份额，去世后遗留给女儿段乙个人所有。此遗嘱委托邻居李某为遗嘱执行人。

段某于2006年9月死亡，徐某于2016年4月死亡。2018年8月，段乙依据段某、徐某在精诚公证处所作的公证遗嘱，在北京市丰台区人民法院提起诉讼，要求继承涉案房屋。目前该案正在审理中。

段甲提供的北京佑安医院、友谊医院病历载明，段某曾患有败血症（克雷伯氏杆菌），并发疾病包括化脓性脑膜炎、小脑萎缩。根据精诚公证处提供的公证卷宗材料，段某和徐某2001年10月22日到精诚公证处进行遗嘱公证时向精诚公证处提供了办理国内公证申请表、房屋买卖合同书、遗嘱、房产证、指纹样本，同时也提供了友谊医院关于段某“伴小脑萎缩”的诊断证明书。在精诚公证处对段某所做的接谈笔录中，段某在回答“健康情况”时明确谈到，其于10年前得了小脑萎缩，现行走不便，但头脑清醒，语言表达没有问题。

段甲称其在房改购买涉案房屋时曾出资11000元，并提供张某和钱某的书面证明材料，二人亦出庭作证，意欲证明存在段甲从张某和钱某处借款10000元用于交纳购房款及段某当时身体情况（处于呆傻状态）的事实。

段甲认为，精诚公证处出具的两份公证书侵犯了其财产权利，请求判令精诚公证处向段甲赔偿财产损失11000元。

【案件焦点】

1. 精诚公证处在对段某、徐某的遗嘱进行公证过程中是否存在违反法律规定的情形；2. 精诚公证处应否赔偿段甲所主张的经济损失。

【法院裁判要旨】

北京市西城区人民法院经审理认为：公证机构及其公证员因过错给当事人、公证事项的利害关系人造成损失的，由公证机构承担相应的赔偿责任。公证损害责任的成立要件包括：公证机构及其公证员在公证活动中存在过错、当事人及利害关系人存在损失、当事人及利害关系人的损失与公证机构及其公证员的过错行为之间存在直接的因果关系。段甲作为主张公证损害责任成立的一方当事人，应当对上述公证损害责任成立的基本要件承担举证证明责任。

本案中，段甲主张其父段某是限制行为能力人，但未提供精神疾病专科医院的相应诊断或鉴定机构明确的鉴定意见，其提供的首都医科大学附属北京友谊医院出具的段某患有小脑萎缩等疾病诊断证明等病历材料，难以证明其主张，且根据公证卷宗材料，段某和徐某自行向精诚公证处申请公证，并不存在段甲所述的徐某受胁迫的事实，在回答公证员的问题时，段某亦主动提供了其患有小脑萎缩的诊断证明，同时明确表示其头脑清醒，语言表达没有问题。在此情况下，精诚公证处根据其申请，对段某和徐某的遗嘱进行公证的行为，未违反相关法律规定。段甲主张的损害后果为财产损失11000元，段甲自述该款系段某购买涉案房屋所交纳购房款的一部分，但该款项的支付与涉诉公证行为之间并不存在直接、必然的因果关系，不能据此认定为经济损失。综上，段甲关于公证损害责任的侵权主张因缺乏构成要件而不能成立，对其诉讼请求不予支持。

北京市西城区人民法院依照《中华人民共和国公证法》第四十三条，《最高人民法院关于适用〈中华人民共和国民事诉讼法〉的解释》第九十条、第九十一条之规定，判决如下：

驳回原告段甲的诉讼请求。

二审法院同意一审法院裁判意见。

【法官后语】

本案的焦点在于公证赔偿责任的认定问题。公证赔偿责任属于侵权责任，其归责适用过错责任原则，其过错的具体判定应结合公证人的职能，以公证人违反效力义务和说明义务为判断标准进行。

1. 违反效力义务的过错认定

公证书的效力义务是指公证书能够满足当事人所期待的证据效力、强制执行效力以及法律行为成立的要件效力。公证书所具有的上述效力要求公证书的制作应满足形式要件、程序要件以及实质要件三个方面的内容。

（1）形式要件方面，公证书不可或缺的形式要件有公证书的标准用纸、标准格式、标准用语、公证人员的签名、公证机构的盖章等。如果出现未采用公证专用防伪水印纸、未采用公证范本、公证内容遗漏、公证书日期错漏、缺少公证人员签名或者公证机构的盖章等，则公证书在形式要件方面即为不合格，可推定公证人员或机构具有过错。

（2）程序要件方面，为规范公证程序，司法部不仅制作了《公证程序规则》，还根据不同的公证事项分别制定了《遗嘱公证细则》《抵押贷款合同公证规则》等多个细则。公证人如果违反公证程序出具公证书，可推定具有过错。

（3）实质要件方面，公证书所载明的内容被推定为合法和真实的，故实质要件的审查包括合法性和真实性的审查。在合法性审查方面，如果公证人因故意、过失或者欠缺相关法律知识而出具了内容违法的公证书，自然具有过错，这一方面过错的判断比较容易。但在真实性审查方面就困难得多，困难一方面是存在当事人隐瞒真实情况或者故意提供虚假材料的情况，另一方面出于时间、费用成本考虑，以及公证人缺乏必要的调查核实手段。此时，应坚持一般人的标准，即一个合格公证人员在正常情形下都会产生怀疑的，受理该公证事项的公证人员若没有意识到或者疏于履行查实义务，就应该认定有过错。所谓合格就是指其经过业务培训后所应达到的标准。

2. 违反说明义务的过错认定

所谓说明义务是指，公证人员在公证中必须向当事人告知的公正行为所产生的法律效果和有关信息。要让公证书产生当事人所期望的法律效力，公证人员作为法律服务专家，必须履行告知说明义务，必须确信当事人对其制作文书的法律效力有准确的理解，这样才能了解当事人的真实意思并为其提供相关法律保护，达到公证预防纠纷、保障交易安全的目的。我国《遗嘱公证细则》规定，公证人员应当向遗嘱人讲解我国立法中有关遗嘱和公民财产处分权利的规定，以及公证遗嘱的意义和法律后果。如果公证人员在公证过程中没有告知或者没有准确告知当事人行为可能产生的法律后果，就可认定其有过错。

编写人：北京市西城区人民法院　姜涛　李彦周

47

涉不动产公证损害责任的判断标准

——张甲、张乙诉国泰公证处等侵权责任案

【案件基本信息】

1. 裁判书字号

北京市第一中级人民法院（2019）京01民终6234号民事判决书

2. 案由：侵权责任纠纷

3. 当事人

原告（被上诉人）：张甲、张乙

被告（上诉人）：国泰公证处

被告（被上诉人）：瑞龙兴达中心、张丙

第三人：袁某

【基本案情】

原告张甲与张乙系夫妻关系，张丙系张甲与张乙之子。原告张甲、张乙于2009年取得位于涉案房屋的所有权，登记所有权人为原告张甲。

2012年8月30日，国泰公证处作出1130号公证书，内容为："兹证明张甲、张乙来到我处，在本公证员的面前，在前面的《委托书》上签名，并表示知悉委托的法律意义和法律后果。"2012年8月28日的委托书内容为张甲、张乙委托袁某代办涉案房屋的买卖、过户、银行贷款、抵押、借款等事宜。国泰公证处办理公证时，核对了张甲、张乙的身份证、结婚证、房产证以及户口本的原件，并在公证卷宗中留存了相应复印件。

2012年8月29日，第三人袁某代原告张甲与被告张丙签订《房屋买卖合同》，将涉案房屋出卖给被告张丙。2012年9月3日，被告张丙领取房屋所有权证书。

2012年9月13日，被告张丙向被告瑞龙兴达中心支付了750000元，作为办理

相关公证手续的费用。被告瑞龙兴达中心向被告张丙出具了收条。第三人袁某系受被告瑞龙兴达中心指使，上述行为均属于其职务行为。

被告张丙取得涉案房屋所有权后，先后向3名案外人借款并以涉案房屋进行抵押。其中与一名李姓债权人办理了涉案房屋的抵押登记。

因被告张丙系在原告张甲、张乙不知情的情况下，偷拿二原告证件办理的相关公证事宜，2013年2月27日，二原告告向被告国泰公证处提出申请，要求撤销1130号公证书。2013年2月28日，国泰公证处作出撤销（2012）京国泰内民证字第1130号公证书的决定，即撤字第1号决定，认定当时的申请人是假冒的，并撤销了1130号公证书。

2015年，案外债权人李某将张丙、张甲、张乙诉至法院，要求实现债权及抵押权。经法院主持调解，双方达成调解协议，根据调解书内容，张甲、张乙需要向案外债权人李某支付205万元，李某在收到款项后办理解除涉案房屋的抵押登记。张甲、张乙实际支付1976014元。对此，原告张甲、张乙称，因被告张丙无法还钱解除抵押，为确保房屋不被拍卖、为解除抵押，而由原告张甲、被告张丙代为偿还借款，但被告张丙并未向二原告偿还该款项。各被告的侵权行为给二原告造成了巨大损失，故向法院起诉，要求各被告承担连带赔偿责任。

【案件焦点】

国泰公证处作为公证机构，是否应当对二原告承担侵权责任以及承担何种责任。

【法院裁判要旨】

北京市石景山区人民法院经审理认为：首先，根据相关司法解释规定，公证机构为不真实、不合法的事项出具公证书的，应当认定公证机构有过错；公证机构在公证过程中未尽到充分的审查、核实义务，致使公证书错误或者不真实的，应当认定公证机构有过错。公证机构未依法尽到审查、核实义务的，应当承担与其过错相应的补充赔偿责任。由于公证机构出具的公证书对外具有公信力，公证机构应当谨慎履行审核职责。公证机构存在审核过失的，应当根据其过错程度大小，承担相应的补充责任。本案中，被告国泰公证处在办理本案所涉公证书的过程中，未能尽到充分的注意义务，向假冒原告张甲、张乙的人出具了公证书，为不真实的事项出具公证书。同时，根据公证法相关规定，申请办理涉及不动产的公证，应当向不动产所在地的公证机构提出；申请办理涉及不动产的委托、声明、赠与、遗嘱的公证，可以适用前款的规定。因本案涉及不动产的公证，位于怀柔区的国泰公证处办理石景山区房屋委托公证时，理应更为审慎认真。但被告国泰公证处在办理涉案公证时，并未认真审查，导致公证书出现错误，致使原告张甲、张乙仅有的房产被过户和抵押。虽原告张甲、张乙事后通过涤除抵押权等方式，保护了自身的合法权益，但付出了巨大代价。故因被告国泰公证处在办理公证过程中存在重大过失，应当承担与其过错程度相应的侵权责任。结合本案具体情况，法院酌情确定被告国泰公证处对原告张甲、张乙的损失承担40%的补充赔偿责任。

其次，根据相关司法解释的规定，当事人提供虚假证明材料申请公证致使公证书错误造成他人损失的，当事人应当承担赔偿责任。公证机构依法尽到审查、核实义务的，不承担赔偿责任；未依法尽到审查、核实义务的，应当承担与其过错相应的补充赔偿责任；明知公证证明的材料虚假或者与当事人恶意串通的，承担连带赔偿责任。据此，公证机构承担连带赔偿责任的前提在于，公证机构明知公证证明材料虚假或与当事人恶意串通。本案中，被告国泰公证处承担补充责任原因在于其与被告张丙、瑞龙兴达中心不构成无意思联络的共同侵权，不适用连带责任，且原告张甲、张乙现有证据不足以证实被告国泰公证处在办理公证时对他人冒充原告行为是明知或与其他侵权人存在通谋行为。故关于二原告要求被告国泰公证处承担连带赔偿责任的主张，缺乏事实和法律依据，不予支持。

北京市石景山区人民法院依照《中华人民共和国公证法》第四十三条，《中华人民共和国侵权责任法》第二条、第六条、第八条，《最高人民法院关于审理涉及公证活动相关民事案件的若干规定》第一条、第四条、第五条，《中华人民共和国民事诉讼法》第一百四十四条之规定，判决如下：

一、被告张丙、被告瑞龙兴达中心于本判决生效后七日内连带赔偿原告张甲、原告张乙各项经济损失，共计2038604.8元；

二、被告国泰公证处对被告张丙、被告瑞龙兴达中心就上述本判决第一项不能清偿部分承担40%的补充赔偿责任；

三、驳回原告张甲、张乙的其他诉讼请求。

二审法院基本同意一审法院裁判意见。

【法官后语】

公证损害赔偿责任在本质上属于侵权责任，需要综合考虑主观过错、侵权行为、损害结果、因果关系等基本构成要件。因篇幅所限，笔者将结合案例，侧重于涉不动产公证过错的认定及承担责任的类型等方面的分析。

1. 涉不动产公证的审查义务标准较高

“申请办理涉及不动产的公证，应当向不动产所在地的公证机构提出；申请办理涉及不动产的委托、声明、赠与、遗嘱的公证，可以适用前款的规定。”从前述条文来看，其立法本意已经充分考虑到涉不动产公证具有极强的地域性，因而通过规定“应当向不动产所在地公证机构提出”的方式，以避免地域性对公证真实性的客观不利影响。而对于“涉及不动产的委托、声明、赠与、遗嘱的公证，可以适用前款”的规定，即对于涉及不动产的委托、声明等公证事项，可以向公证申请人的住所地、经常居住地、行为地或者事实发生地的公证机构提出。虽然可以按照上述规定提出申请，但不可否认，由于地域性的跨度，相较于不动产所在地的公证机构，非不动产所在地的公证机构，在保证公证真实有效的方面，并不具备优势。有鉴于此，非不动产所在地的公证机构在办理涉及不动产的委托、声明等公证时，为保证公证真实、有效，其审慎审查的标准，必然要高于办理其他一般公证事项的审查标准。

2. 公证损害赔偿责任类型的判断

《最高人民法院关于审理涉及公证活动相关民事案件的若干规定》第五条规定，当事人提供虚假证明材料申请公证致使公证书错误造成他人损失的，当事人应当承担赔偿责任。公证机构依法尽到审查、核实义务的，不承担赔偿责任；未依法尽到审查、核实义务的，应当承担与其过错相应的补充赔偿责任；明知公证证明的材料虚假或者与当事人恶意串通的，承担连带赔偿责任。根据前述条文，公证机构承担责任的类型分为三种情况：一是公证机构不承担责任的情况；二是公证机构承担补充赔偿责任的情况；三是公证机构承担连带赔偿责任的情况。在公证损害赔偿责任纠纷中，过错归责原则的确立，实际上也对当事人之间举证责任的分配进行了确定。被侵权人需要举证证明公证机构在公证活动中存在过错、过错大小、公证机构是否明知为虚假材料或与虚假申请人存在恶意串通。同时，根据前述规定，对于公证机构承担连带责任，在主观方面，强调公证机构故意为之。若公证机构仅是存在一般性的过错，不存在故意的情况，那么应当承担相应的补充责任。

此外，需要注意的是，补充责任是一种具有特殊性的担责方式。一方面，在承担责任上存在先后顺序，虚假申请人及其他直接侵权人，为第一顺位的责任承担者，而公证机构作为第二顺位的责任承担者。如果第一顺位的承担者，能够全面承担责任，那么公证机构就不必承担责任。另一方面，“相应的”责任并非对第一顺位责任承担者无法承担的部分，全部由公证机构承担，而是根据公证机构的过错程度，确定责任大小。同时，在公证机构承担补充责任后，无法向直接侵权人进行追偿。

编写人：北京市石景山区人民法院　车玉龙

48

平台未处理“有效删帖申请”的责任认定

——好车同享公司诉北京新浪公司网络侵权案

【案件基本信息】

1. 裁判书字号

北京互联网法院（2018）京 0491 民初 1412 号民事判决书

2. 案由：网络侵权纠纷

3. 当事人

原告：好车同享公司

被告：北京新浪公司

【基本案情】

原告系多个“好车同享”注册商标的注册人。2018 年 6 月，原告发现被告运营的新浪博客中有多名用户发布或转发了《揭露好车同享设备招商加盟骗局！骗人的》《［转载］揭露好车同享设备招商加盟骗局！骗人的》等多篇侵权文章。原告多次联系被告并按照被告要求通过电子邮件递交了新浪网删帖申请，被告未按要求进行删除。2018年8月8日，原告委托律师向被告发送了律师函，再次要求被告删除侵权信息，被告仍未予删除。原告主张文章捏造、歪曲事实，对原告及“好车同享”商标、品牌及名誉进行恶意诋毁，已经构成侵权。被告未及时删帖导致类似侵权文章被大量发布或转发，不仅影响了原告的正常经营，对原告的声誉也造成了极为恶劣的影响。被告不能提供有效的侵权人信息，应当承担全部的侵权责任，因此要求被告停止侵权、赔礼道歉、提供实际侵权人的身份信息、赔偿经济损失与合理支出。北京新浪公司不同意原告的全部诉讼请求。

【案件焦点】

原告的行为是否构成有偿删帖，被告是否可以以此为由对抗通知删除义务。

【法院裁判要旨】

北京互联网法院经审理认为：公民、法人享有名誉权，禁止用侮辱、诽谤等方式损害公民、法人的名誉。涉案文章使用“招商加盟骗局”“骗人”“骗子公司”等词语，并将文章发布在微博这一公共交流平台，该行为侵犯好车同享公司名誉权的可能性极大，被告作为网络服务提供者，接到原告的有效删帖申请后，应当履行“通知—删除”义务，及时删除涉案文章。

关于侵权行为及责任的认定。依据《中华人民共和国侵权责任法》第三十六条与《最高人民法院关于审理利用信息网络侵害人身权益民事纠纷案件适用法律若干问题的规定》第五条的规定，被告是否应该承担侵权责任，涉及两个关键问题：其一，原告向被告发送的删帖通知是否有效。原告于6月6日、6月11日、6月15日、6月22日四次使用被告公示的方式发送通知，通知内容包含通知人的名称、联系方式、侵权文章的网络地址、删除理由，并于6月11日和7月13日两次对被告提出的质疑进行回复，原告发送的通知符合法律规定的条件，应当认定有效。其二，被告收到原告的删帖申请后，以原告系有偿删帖为由未及时删除涉案链接，该抗辩理由是否成立。虽然原告在2018年6月8日、11日、14日在线咨询时，向客服提供的删帖申请人名称为“湖北好车同享科技有限公司”，与通过邮件提交的删帖文档中的申请人“北京好车同享科技有限公司”不一致，但从原、被告就删帖事宜多次反复沟通的内容来判断，被告主张原告系有偿删帖，证据不足，故被告的抗辩理由法院不予采信。因此，被告应对损害的扩大部分与网络用户承担连带责任。

综合通知的准确程度及本案实际情况，法院认定被告收到原告7月13日发送的邮件之日至侵权文章删除之日的损失由被告与网络用户承担连带责任。被告承担赔偿责任后，有权向直接侵权人追偿。

关于被告作为网络平台是否完全履行了应尽的披露义务。《最高人民法院关于审理利用信息网络侵害人身权益民事纠纷案件适用法律若干问题的规定》第四条规定，平台提供侵权人的具体信息，包括侵权人的姓名（名称）、联系方式、网络地址等，但是否可以提供真实姓名、身份证件号码、注册时间、注册IP、登录地址等，应以被告掌握的侵权人的具体信息为准。本案中，被告已经向原告披露了博客账户的UID、昵称、绑定的手机号、博客注册时间及注册IP，原告并无证据证明被告掌握侵权人的其他身份信息，故现有证据可以认定被告已经尽到了充分的信息披露义务。即使认定被告未尽到信息披露义务，该事实也只能作为判断人民法院应否对被告采取罚款或强制措施等的具体情节，而非认定被告侵害原告名誉权的事由。

北京互联网法院依据《中华人民共和国民法总则》第一百一十条，《中华人民共和国侵权责任法》第二条、第六条、第十五条、第三十六条，《最高人民法院关于审理利用信息网络侵害人身权益民事纠纷案件适用法律若干问题的规定》第十六条、第十八条第一款规定，判决如下：

一、本判决生效之日起15日内，被告北京新浪公司在新浪博客首页发布声明，向原告好车同享公司赔礼道歉，声明内容应持续保留24小时（声明内容须经审核，逾期不履行，法院将选择在一家全国发行的报刊上公布本判决书主要内容，费用由被告北京新浪公司负担）；

二、本判决生效之日起15日内，被告北京新浪公司赔偿原告好车同享公司合理支出11500元；

三、驳回原告好车同享公司的其他诉讼请求。

【法官后语】

本案是对于“通知—删除规则”深度细化的典型案例。互联网产业飞速发展，网络言论如过江之鲫，数不胜数，网络平台应当秉持中立的态度对待用户所发表的言论。如有涉嫌侵权的言论，在权利人及时通知后，平台应采取必要措施，以避免不必要的损失发生。

1. 通知有效性的认定标准

权利人是否需要提交侵权凭证，网络服务提供者才能根据通知内容删除侵权链接呢?《中华人民共和国民法典》第一千一百九十五条第一款、第二款规定，网络用户利用网络服务实施侵权行为的，权利人有权通知网络服务提供者采取删除、屏蔽、断开链接等必要措施。通知应当包括构成侵权的初步证据及权利人的真实身份信息。网络服务提供者接到通知后，应当及时将该通知转送相关网络用户，并根据构成侵权的初步证据和服务类型采取必要措施；未及时采取必要措施的，对损害的扩大部分与该网络用户承担连带责任。通过上述法律规定，可以明确以下三点内容：第一，只要通知内容具备上述法律规定的要件，网络服务提供者接到通知后应及时采取必要措施，即网络服务提供者不能自行设定额外的条件，也不能以自行制定的平台规则为由推卸责任，更不能要求权利人提供权威机关出具的侵权证明。否则，必将大大加重被侵权人的维权成本，导致大量案件涌向法院，浪费司法资源，而且平台自身承担责任的风险也大大增加。第二，及时，是指网络服务提供者认识到存在侵权行为的明显可能时，则应立即采取措施，通常表现为一个有效的通知到达网络服务提供者之后，在可期待该网络服务提供者应处理该通知的时间段内。第三，必要措施，是指足以防止侵权行为的继续和侵害后果的扩大，包括删除、屏蔽、断开链接、暂时中止对该网络用户提供服务等。

本案中，原告好车同享公司四次使用被告新浪公司公示的方式发送通知，通知内容包含通知人的名称、联系方式、侵权文章的网络地址、删除理由，并两次对被告提出的质疑（同一邮箱曾为其他单位申请过删帖）进行回复，故该通知应认定有效。

2. 有偿删帖的认定及法律后果

有偿删帖是指新闻网站及其从业者违反互联网信息管理的规定，收受他人财物和好处，有偿删除、下沉、稀释网上不利信息的行为。有偿删帖的利益链上主要有三种角色：买家、卖家、中介。买家是有删帖需求的人，主要有个别公职人员、企业、明星等；卖家是有权删帖的人，根据网络公司的权限设置，有删帖权限的人的范围略有不同。这些有权删帖的人利用职务上的便利为自己牟取非法利益，此外，也包括少部分黑客；中介有不同的表示形式，如QQ群、淘宝店铺、网站平台等，有时存在层层转包，由此形成较长的利益链。网站平台一般以共享资源的形式相互合作，形成有偿删帖、发帖、灌水等形式的中介模式产业链，平台网站大大地方便了雇主与水军之间的联系，雇主发布任务信息后支付保证金，由平台代为保管，水军领取任务完成后向平台结算佣金。

在网络上发言是公民行使言论自由权的重要表现形式，即使帖子存在不当或违法内容，也须通过法定程序，以公开、公正的方式予以评价、删除，而网络水军普遍从事编造虚假信息、诽谤攻击、非法推广等违法活动，严重侵害公民的人身财产权利，带有强烈的网络黑社会性质，破坏网络正常生态，不仅侵犯了发帖人的言论权，更有可能构成犯罪。

本案中，被告仅仅依据不同人使用同一邮箱为不同公司申请删帖，就怀疑原告是有偿删帖，而没有及时履行删帖义务，实际上，提交删帖申请的是原告方的职工，原告的行为不符合有偿删帖的形式要件，被告也未提交证据予以证明，故不能认定为有偿删帖。被告担心错删而承担责任，可以利用反通知、留存申请人信息等方式免除自己的责任。如果坚持认为原告是有偿删帖，应及时报警，而不是消极地不履行删除义务。事实上，对违反相关规定，侵犯他人隐私权、名誉权等情形的贴文，如果网络服务提供者能提供更快捷的通道，保证个人提出的合理主张能够被接受，畅通正常删帖渠道，对于遏制有偿删帖也有一定积极作用。

综上，及时删除义务是网络服务提供者的一项法定义务，收到权利人发送的有效通知以后，应履行及时进行删除操作，否则需要就扩大的损失与侵权人承担连带责任。

编写人：北京互联网法院　方淑梅　柴榕翔

49

网络平台内部规定可能影响消费者目的实现应履行告知义务

——孙某诉上海航空公司、上海携程公司侵权责任案

【案件基本信息】

1. 裁判书字号

重庆市第一中级人民法院（2019）渝01民终2513号民事判决书

2. 案由：侵权责任纠纷

3. 当事人

原告（上诉人）：孙某

被告（被上诉人）：上海航空公司、上海携程公司

【基本案情】

2018年8月11日，孙某通过上海携程公司网站订购重庆至上海头等舱往返机票，分别为8月24日重庆至上海、8月26日上海至重庆。孙某以土耳其里拉支付订单，上海携程公司为订购涉案机票向上海航空公司支付人民币5120元。

8月12日，孙某到上海航空公司柜台将8月24日重庆至上海的机票改签至8月25日，将8月26日上海至重庆的机票改签至8月27日，之后又办理了退票。网上订票至柜台退票期间，因土耳其里拉汇率变动，孙某获取的退款较其订票款高出约560元人民币。上海携程公司认为孙某在里拉暴跌的情况下，通过订票和退票行为获得不当利益，遂于8月13日对孙某所订机票进行挂起操作限制其使用，但未将限制使用的情况通知孙某。

8月25日，孙某因上海携程公司对其所定机票进行挂起操作，因无法出票未能飞往上海，遂在重庆停留三天，支出住宿费用3036.27元。9月6日，上海航空公司为涉案机票办理退款，向上海携程公司支付人民币4610元，上海携程公司当日退还孙某购票款3686.51里拉。

孙某诉称，上海航空公司、上海携程公司构成欺诈，应对机票费用承担退一赔三责任，并赔偿孙某因未能登机产生的住宿费用、精神损失费等。上海携程公司辩称，本案应为合同纠纷，在案证据不能证明孙某遭受合同履行及可得利益等合同债权之外的损害，孙某以侵权责任纠纷起诉有误。上海航空公司辩称，孙某所购机票不是在被告上海航空公司购买，上海携程公司对该机票进行了挂起操作，所以无法办理登机手续。请求驳回孙某对上海航空公司的诉讼请求。

【案件焦点】

上海航空公司、上海携程公司的行为是否构成欺诈，是否应承担赔偿责任。

【法院裁判要旨】

重庆市渝北区人民法院经审理认为：孙某向上海航空公司、上海携程公司主张侵权损害赔偿，但上海航空公司、上海携程公司并无侵权行为，孙某要求其承担侵权责任缺乏事实依据。

重庆市渝北区人民法院依照《中华人民共和国侵权责任法》第二条、第三条、第六条、第二十二条，《中华人民共和国民事诉讼法》第六十四条的规定，判决如下：

驳回孙某的诉讼请求。

孙某不服，提起上诉。重庆市第一中级人民法院经审理认为：上海携程公司为避免因汇率波动导致公司损失，遂对恶意下单的订单执行挂起操作，并举示了汇率变动证据。孙某在航空公司柜台改签上海至重庆机票后退票，退票结算价款高于支付价款，其确因汇率波动造成获利的客观事实；在孙某为返程机票办理退票并在客观上实际获利后，上海携程公司认为孙某已取消返程机票，其重庆飞往上海的行程可能存在虚假，怀疑孙某会再次通过在航空公司柜台改签并退票的方式获取利益；同时，因上海携程公司在订购机票、办理退票的过程中可能存在负成本交易的客观情况，其有理由采取相应措施降低交易风险，减轻交易损失。综上，上海携程公司对涉案机票执行挂起操作，系保障其自身交易安全，不具备欺诈的故意。上海航空公司因上海携程公司执行挂起操作，未向孙某提供服务，不存在主观过错，不构成侵权。

虽然二公司的行为不构成欺诈消费者，但上海携程公司未如实告知孙某机票挂起操作限制使用的事实，导致孙某未能按时起飞，侵犯了其作为消费者的知情权，应承担赔偿责任。因上海携程公司已将孙某所支付的机票款项予以退还，综合重庆市主城区普通住宿标准、孙某居住地至机场往返距离等因素，确定由上海携程公司对孙某的相应损失进行合理填补。

重庆市第一中级人民法院依照《中华人民共和国消费者权益保护法》第八条、第四十条第三款，《中华人民共和国民事诉讼法》第一百七十条第一款第二项之规定，作出判决：

一、撤销重庆市渝北区人民法院（2018）渝0112民初22961号民事判决；

二、上海携程公司于本判决生效后十日内赔偿孙某600元；

三、驳回孙某的其他诉讼请求。

【法官后语】

随着网络平台介入生活的广度和深度逐渐拓展，在线购物已成为消费者购物的重要途径。网络媒介在带来消费便利的同时，亦会加剧消费信息不对称的情况。为此，在涉网络平台消费领域纠纷案件中，合理确定网络平台的告知义务，对保障消费者合法权益和维护交易秩序具有重要意义。

1. 网络平台经营者对提供服务的相关信息负有告知义务

为解决消费领域经营者与消费者占有信息不对称的问题，消费者权益保护法在赋予消费者知情权的同时，课以了经营者告知义务。经营者销售商品或提供服务所包含的信息内容众多，主要分为三类：第一类是关于商品或服务的法定和约定交付条件的信息，直接关系消费者购买目的能否实现；第二类是影响消费者购买意愿、服务方式、价款选择等与消费选择有关的信息，法律虽无明确规定是否须告知该类信息，但按照一般消费者的认知，此类信息可能影响其消费选择；第三类是除前两类信息外的其他信息，虽与商品或服务相关，但是否告知消费者对消费行为并无影响。笔者认为，经营者对上述第一种、第二种信息应负有告知义务。由于网络平台消费领域的消费关系本质上仍与线下消费的性质一致，只是消费发生的平台和媒介有所不同，因此经营者的告知义务同样适用上述规则。

2. 本案中网络平台未告知服务信息的行为不构成欺诈

网络经营者未履行上文所述的告知义务，既可能侵害消费者的知情权，也可能构成欺诈消费者。上海携程网提供售票服务时未告知消费者相关信息是否构成欺诈，消费者权益保护法对此未作规定，为此可参考民法关于“欺诈”的认定标准评判，即经营者具有欺诈故意、具有欺诈行为，消费者因经营者的误导而陷入错误认识，并基于错误认识作出意思表示。上海携程公司隐瞒其内部关于机票挂起操作的规定，属于影响消费目的实现的重要事实，尽管行为表征符合隐瞒真相的特点，但其主观上并不具备欺诈故意，而是为了降低公司的交易风险，并且也没有误导消费者使其产生错误意思表示，因而该“隐瞒”行为并不构成欺诈。

3. 网络平台侵犯消费者知情权及其责任承担

由于消费者权益保护法第八条、第二十条规定的消费者知情权和经营者的告知义务，仅包括了价格、性能、用途等，远不能涵盖商品或服务的全部信息，因此网络平台消费关于知情权和告知义务的范围需结合案情具体判断。本案中，机票挂起操作是上海携程公司基于保障交易安全而采取的内部管理行为，该行为仅为内部规定，如未专门告知则消费者无从知晓，且从消费者一般认知角度看，该挂起操作足以使孙某购买机票的目的落空。因此，上海携程公司未及时告知孙某案涉机票已被公司内部采取挂起操作，导致孙某不能掌握机票的实际情况进而做出消费选择调整，可认定其违反了消费者权益保护法确定的告知义务，侵犯了孙某的知情权。根据侵权责任法的相关规定，可综合商品服务价款、销售者过错程度、侵犯知情权内容等因素，酌情确定上海携程公司赔偿孙某因此遭受的损失。

编写人：重庆市第一中级人民法院　李立新　黄琦　黄晨

50

银行与储户违反各自注意义务的责任承担

——温某诉北京银行密云支行侵权责任案

【案件基本信息】

1. 裁判书字号

北京市第三中级人民法院（2019）京03民终9631号民事判决书

2. 案由：侵权责任纠纷

3. 当事人

原告（上诉人）：温某

被告（被上诉人）：北京银行密云支行

【基本案情】

王某系北京银行密云支行的工作人员。2018 年 7 月 20 日，温某前往北京银行密云支行，打算向外汇款 9 万元。在王某的协助下，温某向外汇款四笔。在第一笔汇款后，自助柜员机出了交易凭单。第二笔汇款操作时，自助柜员机未出交易凭单，同时显示账号非法。王某告知温某账号有问题，不能继续进行汇款。温某在进行确认后坚持继续汇款。因在进行了前两笔汇款后，温某向王某出示过未汇款成功的短信，因此王某认为第一笔汇款也没有成功，故又协助温某进行了两笔汇款。此后，温某发现有问题，找到王某进行确认，经过查询发现总计汇出款项 13.5 万元。因担心被投诉，王某就此向温某表示了道歉并表示可以协助温某冻结账户，温某表示“这是我们同事之间的事情，你不用管了”，后温某自行离开。温某认为因银行员工引导失误造成其损失，向法院起诉请求判令北京银行密云支行赔偿 13.5 万元，并承担诉讼费用。

【案件焦点】

银行与储户违反各自注意义务造成财产损失，责任该如何承担。

【法院裁判要旨】

北京市密云区人民法院经审理认为：公民的合法民事权益受法律保护。当事人对自己提出的诉讼请求所依据的事实或者反驳对方诉讼请求所依据的事实有责任提供证据加以证明。没有证据或者证据不足以证明当事人的事实主张的，由负有举证责任的当事人承担不利后果。本案中，温某就其主张事实已向公安机关报刑事案件，根据温某之陈述，该案件尚在侦查之中，则在公安机关侦查完结并作出相应处理结果之前，温某所主张之损害后果暂无法确定，故综合本案现有事实，法院对温某之主张现难以支持。

北京市密云区人民法院依据《中华人民共和国民事诉讼法》第六十四条、《最高人民法院关于适用〈中华人民共和国民事诉讼法〉的解释》第九十条、《最高人民法院关于民事诉讼证据的若干规定》第二条之规定，作出如下判决：

驳回温某的全部诉讼请求。

温某不服一审判决，提起上诉。北京市第三中级人民法院经审理认为：温某以侵权为由主张北京银行密云支行应向其承担损害赔偿责任。就其侵权主张，温某应当举证证明北京银行密云支行实施了侵权行为、温某实际遭受损害、侵权行为与温某的实际损害之间有因果关系、北京银行密云支行有过错。温某主张北京银行密云支行应向其赔偿13.5万元，而该13.5万元实际上包含两部分：一部分为温某意欲向外汇出的9万元，另一部分为在温某意思之外错误向外汇出的4.5万元。

关于9万元汇款的问题。温某是根据“自称系其领导”的指示自主作出转账9万元的意思表示，转账行为亦系其本人亲自到银行完成。根据本案所查的事实，直接实施侵权行为的系案外人，北京银行密云支行没有直接的侵权行为，虽在温某转账过程中，作为北京银行密云支行工作人员的王某进行了协助，但温某作为具有完全民事行为能力的自然人，对于是否对外转账、选择何种转账方式、审核对方交易账户等方面应当具有相应的认识判断能力和最终的决定权。综合本案现有事实，不能认定王某之行为构成对温某对外转账9万元部分之财产权的侵害，亦不能认定王某对此具有过错。温某上诉主张北京银行密云支行侵犯其在柜台转账的选择权、误导其拆分转账、未核实其身份信息的上诉理由，均不能成立。温某关于北京银行密云支行毁灭案件证据的主张缺乏证据支持，法院不予采信。综上，针对9万元汇款部分，温某要求北京银行密云支行承担赔偿责任，缺乏事实与法律依据，法院不予支持。

关于4.5万元汇款部分的问题。根据法院查明的内容，王某对于温某共计向外汇款9万元的需求和意思表示是明知的。在第一笔汇款已有交易凭条为证证明该笔汇款成功的情况下，王某未通过进一步详细查询交易流水信息等方式认真核实实际转账情况即简单依据部分短信内容作出错误判断，由此导致温某超出其意思向外多汇出4.5万元，应当认定该行为构成了对温某该4.5万元财产权的侵害，且对该损害之发生具有一定的过错。因王某系北京银行密云支行的工作人员，其协助温某转账之行为亦系履行职务之行为，故由此对温某造成的损失，应当由作为用人单位的北京银行密云支行承担相应的赔偿责任。关于责任比例，综合考虑此次错误汇款的起因、经过及王某在此过程中的具体行为及该行为与温某损失之间的因果关系等因素，法院认为北京银行密云支行应当就该4.5万元的损失向温某承担50%的赔偿责任。

北京市第三中级人民法院依照《中华人民共和国侵权责任法》第六条第一款、第三十四条第一款，《中华人民共和国民事诉讼法》第一百七十条第一款第二项规定，作出如下判决：

一、撤销北京市密云区人民法院（2018）京0118民初10052号民事判决；

二、北京银行密云支行于本判决生效之日起7日内支付温某赔偿款22500元；

三、驳回温某的其他诉讼请求。

【法官后语】

1. 银行与储户的注意义务

民法上的注意义务指的是民事主体为自己的行为对他人所负担的谨慎法律义务，其核心内容包括行为致害后果预见义务和致害后果避免义务。储户前往银行柜员机办理转账业务，即与银行建立了储蓄合同关系。相对一般合同，储蓄合同对主体有一定的资格要求，并具有特别的履行方式。因涉及资金交易安全，储蓄合同双方在履行过程中都负有注意义务。

银行作为吸收公众存款、发放贷款、办理结算等业务的专门性金融机构，通过设计烦琐的工作流程、复杂的科技化服务，一方面为储户提供了更多便利，另一方面也为资金安全提供了更多保障。相对于其服务对象而言，银行更具有技术和资源上的优势，更了解内部服务设施的性能和操作管理要求，对储户的财产安全风险更易预见，对不当操作的致害后果更有能力避免，银行在提供金融服务的过程中理应负有更高的注意义务。而普通储户到银行办理相关业务，因缺乏金融知识，更依赖于营业的环境、规范的服务与科技的手段。储户相应的注意义务自然会大大降低，加之可能身后还有许多客户在等待办理业务，即便想尽到最大的注意义务，客观条件也难以允许。更多时候只能是被动地接受银行工作人员的引导，完全按照工作人员的指示办理。然而，这并不意味着储户没有注意义务。储户在履行储蓄合同过程中，要承担妥善保管银行卡和存折、对密码绝对保密、卡折遗失被盗后及时通知银行等一般注意义务。

总之，在储蓄合同中，银行的注意义务远高于储户的注意义务。具体分析本案中的银行工作人员协助储户在柜员机的一系列操作，银行的注意义务是保障设施的安全、操作的安全，以及对可能发生的电信诈骗进行及时提醒。而储户的注意义务则是在收到工作人员提醒后，对此给予足够重视，认真核对相关信息，谨慎开展后续操作。

2. 银行与储户违反各自注意义务之责任承担

本案中的储户损失共计13.5万元，可以分为两个部分，一是原告意欲转出且成功转出的9万元，二是多转出的4.5万元。

先分析第一部分，原告意欲转出且成功转出的9万元。本案原告自主作出转账9万元的意思表示且亲自到银行完成，虽然银行工作人员予以协助，但是作为具有完全民事行为能力的自然人，原告在转账大额资金时，对于是否对外转账、如何转账、审核账户信息等方面，应当具有相应的认知能力。在第二笔转账时，显示账号非法，银行工作人员告知原告账号有问题，不能继续进行转账。原告在进行确认后坚持继续汇款。在涉银行卡诈骗案件频发，公安机关在银行营业场所等公众场所进行广泛宣传防止犯罪分子利用银行卡进行诈骗的背景下，拥有完全民事行为能力的自然人应当尽到最大的注意义务，接到诈骗短信后，首先应当认真核实相关信息。但其不仅没有尽到最大的注意义务，反而降低了风险防范意识，在工作人员明确告知提醒的情况下仍然坚持转账。原告违反了储户的一般注意义务，应当自担风险。对于原告的9万元损失，侵权人是诈骗分子，不是银行，银行对此不应承担赔偿责任。

再分析第二部分，多转出的4.5万元。银行工作人员在协助转账过程中，负有高度的注意义务，其应该利用自己的专业知识和专业优势保证操作的安全。工作人员协助原告在第一次转账成功后进行了第二次操作，柜员机未出交易凭单，且原告收到短信显示转账不成功。这种情况下，银行工作人员完全可以利用技术手段为储户进一步查询、核实，而不是贸然让储户继续转账。对于原告多转出的4.5万元，可以认定是银行工作人员违反高度注意义务，采取错误行为而造成的损害。因工作人员协助转账行为系履行职务行为，应当由银行承担相应的赔偿责任。综合考虑此次错误转账的起因、经过及工作人员在此过程中的具体行为及该行为与原告损失之间的因果关系等因素，法院酌定银行承担50%的赔偿责任。

综上，银行作为办理金融业务的专业机构，在为自然人办理储蓄等业务时，居于明显的、支配的优势地位，而自然人则处于相对的、被支配的弱势地位，故银行工作人员在为客户办理业务时，理应严格遵守工作流程和业务操作规范，尽到最大的注意和风险提示义务。而储户也应尽到一般注意义务，如因违反注意义务造成损失，应当自担风险。

编写人：北京市密云区人民法院　陈琼

51

酒后执意驾车发生事故，已尽劝阻义务的同桌共饮者责任如何认定

——胡某、蒋某诉吴某等人身损害赔偿案

【案件基本信息】

1. 裁判书字号

江苏省无锡市中级人民法院（2019）苏02民终3811号民事判决书

2. 案由：人身损害赔偿纠纷

3. 当事人

原告（上诉人）：胡某、蒋某

被告（上诉人）：吴某、高某、崔某、任某

被告（被上诉人）：周某、杨某、殷某

【基本案情】

胡某、蒋某系死者胡甲的父母。胡甲、高某受周某约请参与吴某组织的饭局，同时吴某也组织殷某、崔某、任某、杨某、吕某、陈某、张某等共计十一人参与饭局。

胡甲在席间喝酒，未发生强迫饮酒或恶意劝酒行为。饭后赴宴人员相约回到周

某的工作室喝茶，陈某先于其他人离开周某的工作室。周某亦先于胡甲离开工作室，周某离开时表明“等接完孩子回来再送大家回去”，其后胡甲离开工作室，在胡甲离开时，工作室尚有八人即高某、任某、杨某、吴某、崔某、殷某、吕某及张某。

胡甲离开工作室后，驾驶摩托车与尹某驾驶的轿车发生交通事故，胡甲后经抢救无效死亡。交警部门确认胡甲存在持与准驾车型不相符的机动车驾驶证、饮酒后驾驶二轮摩托车且未戴安全头盔上路、行驶中未在道路中间行驶的过错行为，故尹某、胡甲存在过错行为，分别承担事故的同等责任。尹某驾驶车辆投保交强险、三者险，故保险公司在承保保险范围内分别向胡某、蒋某予以赔偿，其中超出交强险限额损失825332元按事故责任50%比例赔偿。

现胡某、蒋某无法核实陈某、吕某、崔某三人的身份信息，故主张周某、吴某、高某、崔某、任某、殷某、杨某七人赔偿因胡甲死亡造成的损失289372.05元。其中，胡甲是应老板周某的要求参加吴某当晚组织的饭局，故周某对于胡甲有更大的安全保障义务，理应采取必要合理措施将胡甲安全送回家。周某未尽到安全保障义务与胡甲发生事故死亡存在因果关系，相对于其他参加饭局的人员，应承担更大的责任。此外，吴某作为饭局组织者，未在胡甲酒后驾车准备离开时进行劝阻，也应承担更大赔偿责任。

【案件焦点】

1. 同桌共饮七人是否均对醉酒者的死亡经济损失承担赔偿责任；2. 同饮者及组织者的赔偿比例如何确定。

【法院裁判要旨】

江苏省宜兴市人民法院经审理认为：胡甲作为成年人，应当对酒后驾驶产生的后果有充分的认知，其酒后驾驶车辆陷于危险境地，其自身存在过错。作为共同饮酒人或参与者，对胡甲饮酒后的反应负有谨慎注意义务。周某虽约请胡甲参与饭局、知晓胡甲饮酒，但其先于胡甲离开工作室，且在离开工作室时表示接完孩子回来后送大家回家，对于其他饮酒人员已表明了护送的态度，可视为周某已尽相关注意、提醒义务，故不应担责。当时留在周某工作室的吴某、高某、殷某、崔某、任某、杨某等人在胡甲饮酒驾车离开时，未积极承担提醒、劝阻、通知义务与扶助、照顾、护送义务，应承担相应责任。对陈某、吕某及崔某朋友三人，因当事人不能提供身份信息，无法通知三人参与诉讼，无法确认是否应承担民事责任。

关于同饮者与组织者的赔偿比例，本案中，组织者吴某席间亦同样未对胡甲进行强迫饮酒或恶意劝酒，本身不存在故意及重大过失，其责任并不比其他共饮者更严重。故参照保险赔偿项目金额，确定同饮者与组织者平均承担赔偿责任。

江苏省宜兴市人民法院根据《中华人民共和国民法通则》第九十八条、第一百零六条，《中华人民共和国侵权责任法》第二十六条之规定，《最高人民法院关于审理人身损害赔偿案件适用法律若干问题的解释》第十七条第一款、第二款，《最高人民法院关于确定民事侵权精神损害赔偿责任若干问题的解释》第八条第二款、第十条之规定，判决如下：

一、吴某于判决发生法律效力之日起10日内向胡某、蒋某支付赔偿款7000元；

二、高某于判决发生法律效力之日起10日内向胡某、蒋某支付赔偿款7000元；

三、殷某于判决发生法律效力之日起10日内向胡某、蒋某支付赔偿款7000元；

四、崔某于判决发生法律效力之日起10日内向胡某、蒋某支付赔偿款7000元；

五、任某于判决发生法律效力之日起10日内向胡某、蒋某支付赔偿款7000元；

六、杨某于判决发生法律效力之日起10日内向胡某、蒋某支付赔偿款7000元；

七、驳回胡某、蒋某对周某的诉讼请求；

八、驳回胡某、蒋某的其他诉讼请求。

二审法院同意一审法院裁判意见。

【法官后语】

1. 同桌共饮者提醒、劝阻义务的来源

单纯的共同饮酒等情谊行为，系相约与合意的民事活动，属于道德调整范围。一旦饮酒过程中出现伤亡情形必将使情谊行为的道德问题上升法律层面侵权责任赔偿问题，故共同饮酒中不仅存在道德上的义务，而且存在法定义务，通常是指“开启或持续特定危险的人所应承担的、根据具体情况采取必要的、最期待可能性的防范措施，以保护第三者免受损害的义务”。

饮酒本身是一种危险性活动，会使饮酒者的控制能力下降，导致醉酒或者诱发疾病，饮酒者在人身、财产上会处于一种比正常情况下更危险的境地。同桌共饮开启了这个活动的危险，应邀参加活动的当事人互相之间形成了合理信赖关系，饮酒者相信自己的人身、财产安全在社交互动中得到保障。

2. 同桌共饮者提醒、劝阻义务的限度

在共同饮酒的情况下，同桌同饮人之间无论是朋友、同事还是初次相识的人，均应负有相互关照、相互保护的安全注意义务，包括劝阻、通知、协助、照顾和帮助等。对于饮酒但未醉酒的人，共同饮酒人应当提醒其注意安全并劝阻其驾驶车辆。该注意义务为饮酒协议产生的附随义务，义务人未履行义务或履行义务不完全需要承担法律责任。

但值得注意的是，饮酒者应当了解自身酒量，应当控制风险的发生，对其自身安全负有合理谨慎义务，如科以他人过高的风险防范义务，将不当限制正常的社会交往活动。如本案中，“喝酒不开车，开车不喝酒”已成为社会共识。饮酒人对自身酒量应有预判，其酒后驾驶摩托车，无论是对人还是对己均构成威胁，其在实施违法行为时导致自身损害，其自身存在重大过错，应承担主要责任。同桌共饮人主动提出护送其回家，可视为已尽相关注意、提醒义务，故不应担责。

3. 共饮者之间存在一个责任比例问题

在确定同桌共饮者的责任分担时，应根据每人在酒桌中的地位和过错程度、因果关系进行分配。一般来说，无论召集者、组织者是否直接参与饮酒，都应当对酒宴所有参与人负注意义务，对共饮者的饮酒数量应当审慎控制，对人身安全应当负有合理注意义务，如未对共饮者采取妥善的处置措施，则对伤亡结果具有一定的过失责任。

在现实生活中，朋友之间的小聚浅酌是联络感情、增进友谊的重要方式，在注重人情交往的中国社会，有其文化基础和现实需求。法院根据价值判断原则，对社会交往中的共饮行为进行了规范和调整，对于酒后不听劝阻、任性驾车离开的饮酒者最终造成的悲痛事件予以警示，对共饮者应尽的合理义务予以厘清，对已在合理范围内尽到提醒、劝阻、照料、通知义务的共饮人的行为予以肯定。

编写人：江苏省宜兴市人民法院　尹昳

52

高空坠物侵权行为人范围及侵权责任的认定

——孟某诉张乙等生命权、健康权、身体权案

【案件基本信息】

1. 裁判书字号

河南省郑州市中级人民法院（2019）豫01民终8663号民事判决书

2. 案由：生命权、健康权、身体权纠纷

3. 当事人

原告（上诉人）：孟某

被告（上诉人）：张乙、食品公司、食品公司肉食分公司（以下简称肉食分公司）

被告（被上诉人）：张甲、张丙、郑州市金水区南阳新村街道办事处

【基本案情】

2017年8月18日，孟某在郑州市南阳路与群英路交叉口西北角，被店铺门头架子、广告牌和倒塌墙体砸伤。该房屋系肉食分公司所有，为肉食分公司院门口的平房。2012年，肉食分公司通过张甲将该房租赁给张乙经营童装店，张乙于2012年7月在该平房顶部安装了门头广告架、广告牌开始经营。2016年8月，张乙将店铺的一部分租给张丙做生意，张丙在己方租赁部分安装了自己的广告牌后开始经营，并根据季节更换门头上面己方的广告。张乙在公安机关对其进行的询问中称："我家店铺和租赁我店铺门面卖炒酸奶的墙倒塌了，门头掉下来砸伤人了；我是2012年7月找人做的门头，安装门头时墙面完好没有裂痕，自门头安装后，没有更换过、也没有维护过。"原告孟某及被告张乙提供的事发后现场照片显示，事发现场张乙店铺的门头铁架子和部分墙体相连坠落在地上。张丙安装广告牌的方式系在自己原有广告牌上叠加。事发当日，孟某被送往河南省中医院治疗，后住院27天，

诊断为截瘫。2017年9月15日，出院后的孟某入住北京博爱医院进行康复治疗，住院91天，诊断为脊髓损伤，后继续进行康复治疗。2018年9月19日，经司法鉴定，孟某脊柱损伤构成伤残等级一级，肋骨损伤构成九级伤残。孟某诉至法院，请求赔偿各项人身损害赔偿费用2343731元。

【案件焦点】

1. 如何确认高空坠物侵权人，即致伤致害物的所有人、管理人、使用人等谁需承担侵权责任；2. 如何划分侵权责任以保护被侵权人的合法权益。

【法院裁判要旨】

河南省郑州市中原区人民法院经审理认为：原告孟某系因门头广告架、广告牌、倒塌墙体相连的物体坠落导致受伤，故房屋墙体、门头广告架、广告牌的所有人、使用人、管理人在不能证明其不存在过错的情况下应依法共同承担对原告孟某的赔偿责任。被告肉食分公司作为出租房屋的所有人，未提供其所出租的平房的产权手续、质量合格手续，故不能证明自己没有过错，应当承担责任，郑州食品公司作为总公司应共同承担责任。被告张乙安装的门头广告架与墙体相连，二者之所以坠落，应当是广告架的重量、墙体质量共同作用导致墙体、门头倒塌坠落，其在公安机关询问时也表示自2012年安装后未进行过维护，故其不能证明自己没有过错，也应承担责任。被告张丙在门头架子上安装广告牌，并根据季节更换，其属于广告牌的使用人，且其加装广告板的方式并不能证明自己没有过错，也应承担一定责任。无证据证明被告张甲与南阳新村办事处是倒塌坠落物的所有人、管理人、使用人，故该二被告不承担责任。被告肉食分公司关于已将房屋出租，并尽到安全提醒义务应当免责的意见以及被告张乙关于责任全部由房屋所有人承担的意见，二被告均未提交证据证明，故对二被告辩解不予采纳。综合考虑原因力大小因素，确定如下责任比例：被告肉食分公司负担50%赔偿责任，被告张乙负担45%赔偿责任，被告张丙负担5%赔偿责任。

关于原告孟某主张的各项费用，除被抚养人生活费外其余各项费用均按照鉴定结果和相关标准予以认定。原告未提供证据证明在遭受人身损害时有依法应承担抚养义务的人且丧失了劳动能力无生活来源，故对被抚养人生活费不予支持。

河南省郑州市中原区人民法院依照《中华人民共和国侵权责任法》第八十五

条，《最高人民法院关于审理人身损害赔偿案件适用法律若干问题的解释》第十七条、第十九条、第二十一条、第二十二条、第二十三条、第二十四条之规定，作出如下判决：

一、肉食分公司、食品公司于本判决生效十五日内共同赔偿原告孟某835137.1元；

二、被告张乙于本判决生效十五日内赔偿原告孟某751623.4元；

三、被告张丙于本判决生效十五日内赔偿原告孟某83513.7元；

四、驳回原告孟某其他诉讼请求。

二审法院同意一审法院裁判意见。

【法官后语】

高空坠物案件近些年呈增长态势，据不完全统计，河南省近三年高空抛物侵权案件已达百余件。同时，该类案件往往易形成较高的社会关注度。因此，正确处理好侵权人的界定以及侵权责任的认定对该类案件案结事了和相关舆情的顺利化解将起到至关重要的作用。

高空坠物致人损害涉及三种侵权责任类型：(1) 如果高空坠物致人损害产生于行为人直接行为即行为人积极行为的，属于一般侵权责任形态，应适用过错责任，这是侵权案件中应首先考虑适用的基本原则。(2) 高空坠物致人损害产生于物件实际管控者的消极不作为，即疏于对物件的管理和维护的，应适用过错推定责任。此时，侵权行为人具有特定的范围，一般包括物件的所有人、管理人和使用人。(3) 物件坠落致人损害，但不能确定具体行为人的，可以考虑适用公平原则。该种情形下，既无法确定坠落物的来源，也无法确定实际的侵权人。立法上为了保护受害人的利益而要求“可能加害的建筑物使用人”承担补偿责任，排除了能够证明自己不是侵权人的主体，对责任主体进行了限定。既不会造成受害人得不到救济的情况，又能在一定程度上督促建筑物使用人尽到注意义务，体现了相对公平的原则。本案中，合议庭根据具体案情，区分高空坠物案件不同的法律适用规则，主动依职权调查，充分运用日常生活经验法则，依法限定侵权责任人范围并合理确定责任比例，努力发挥司法裁判规范、指导、评价、引领社会价值的重要作用，实现法律效果和社会效果的有机统一。

同时，该类案件证据往往难以保存固定，第一现场对事实认定往往能起关键作用，因此笔者建议比照机动车交通事故责任纠纷，引入公安机关先行调查制度，在出警后对事故的责任进行分配，有利于案件的审理和裁判。本案之所以能顺利化解即受益于公安机关在前期事故调查时所做的大量工作，如在公安机关对张乙询问时其明确表示了自2012年安装后未对广告牌进行过维护。

编写人：河南省郑州市中原区人民法院　申阳　胡桐

53

室内燃气爆炸事故中侵权责任的认定

——白某诉李甲等财产损害赔偿案

【案件基本信息】

1. 裁判书字号

北京市第三中级人民法院（2018）京03民终12766号民事判决书

2. 案由：财产损害赔偿纠纷

3. 当事人

原告（被上诉人）：白某

被告（上诉人）：李甲、李乙、北京市通州区张家湾镇某某村村民委员会（以下简称村委会）、北京某燃气集团有限责任公司（以下简称燃气公司）

被告：北京某某物业管理有限公司（以下简称物业公司）

【基本案情】

2017年2月25日，白某所有的车辆正常停放在北京市通州区张家湾镇某小区车位，因李甲家中燃气爆炸事故受损，产生维修费14000元。

事故发生原因系李甲之子李乙在厕所内抽烟，点燃打火机后引起室内燃气发生爆炸。燃气公司是涉案房屋的燃气服务提供者，涉案房屋为俗称的“小产权”房屋，村委会为该小区的开发建设者，物业公司为该小区物业管理者。

燃气公司对涉案房屋进行燃气安全巡检的时间为2015年7月2日。燃气公司在其官方网站“常见问题”栏目中，答复“居民客户巡检周期为18个月，非居民客户巡检周期为12个月”，涉案房屋进行安全巡检的时间已超过18个月。

燃气公司（供气人）与村委会（用气人）签订《城市燃气供用合同》，该合同约定：双方同意自用气人接线点起顺燃气流向的燃气输配设施产权为用气人持有；双方按上述产权界定范围，各自对持有产权的燃气设施进行运行维护并承担相关费用，并对其安全负责，任何一方不得以任何理由将安全责任转移给另一方；用气人对持有产权的燃气设施进行维护管理，由具有燃气运行、调节、维护、管理和故障处理技能的人员进行，燃气设施的运行维护、检修及故障处理工作须按专业技术规范实施，因使用管理不当造成事故，后果由用气人负责等。

白某主张：1. 李乙、李甲使用燃气不当，存在过错，应承担赔偿责任；2. 燃气是危险品，燃气公司应承担无过错责任；3. 村委会作为开发建设单位及燃气管道公共部分的所有权人，负有维护责任；4. 物业公司是小区的物业服务提供者，负有对燃气管道进行维修、管理的责任。故要求上述被告共同赔偿其车辆维修费、车辆贬值损失等。

【案件焦点】

1. 室内燃气是否属于高度危险品，燃气公司、李乙是否应承担无过错责任；2. 燃气公司未按规定进行安全巡检，是否构成不作为侵权；3. 李甲、李乙在使用燃气过程中是否存在过错；4. 村委会作为房屋开发建设单位、物业公司作为物业管理者在本案中与燃气使用者、燃气服务提供者是否成立共同侵权。

【法院裁判要旨】

北京市通州区人民法院经审理认为：首先，根据燃气加臭剂添加的国家标准，在室内燃气浓度达到可能引发爆炸的下限时，应能为用户察觉。李乙应能察觉室内存在燃气泄漏，但其仍然使用明火，导致爆炸发生，存在过错。李甲作为燃气用户，在使用燃气过程中应做好日常的管理、维护工作，及时发现安全隐患。现李甲屋内燃气发生泄漏导致事故发生，其对事故发生存在过错。

其次，燃气公司作为燃气经营者，应按照规定进行安全巡检。燃气公司曾在其官方网站答复安全巡检周期为18个月，该答复对其具有拘束力，本案中，燃气公司未按巡检周期进行安全检查，对事故发生存在过错，应承担侵权责任。

最后，涉案房屋属于“小产权”房屋，没有合法的规划审批手续，村委会对房屋进行出售的行为存在过错。现没有证据证明物业公司对事故发生存在过错，故其不应承担侵权责任。

综上，李甲、李乙、燃气公司、村委会对事故发生存在过错，应承担侵权责任，李乙使用明火和李甲对燃气管理不善是导致事故发生的主要原因，应承担主要责任（70%），燃气公司、村委会承担次要责任（15%）。

北京市通州区人民法院依照《中华人民共和国侵权责任法》第六条、第十二条，《中华人民共和国民事诉讼法》第六十四条第一款之规定，作出如下判决：

一、李甲、李乙共同赔偿白某财产损失9800元，于本判决生效之日起七日内付清；

二、村委会赔偿白某财产损失2100元，于本判决生效之日起七日内付清；

三、燃气公司赔偿白某财产损失2100元，于本判决生效之日起七日内付清；

四、驳回白某其他诉讼请求。

村委会不服一审判决，提起上诉。北京市第三中级人民法院经审理认为：村委会作为涉案房屋的开发建设单位，理应确保涉案房屋及设施设备的质量符合国家规范标准，并负担后续保修期内的维修、养护之义务。因涉案小区系“小产权”房屋，村委会无法提供该小区规划设计、建设施工、投入使用等重要环节的合法审批手续，即对外出售，存在明显过错，村委会也未举证证明涉案房屋及相关设施设备质量符合国家规范标准。故村委会关于其已经承担质量保证责任，且与白某财产损害事件缺乏因果关系的辩论意见缺乏事实依据，法院不予支持。综上所述，村委会的上诉请求不能成立，应予驳回；一审判决认定事实清楚，适用法律正确，应予维持。

北京市第三中级人民法院依照《中华人民共和国民事诉讼法》第一百七十条第一款第一项之规定，判决如下：

驳回上诉，维持原判。

【法官后语】

本案系一起典型的因室内燃气爆炸引起的财产损害赔偿纠纷。室内燃气爆炸事故往往会造成人身、财产等重大损失。但审理此类案件时，对应适用的归责原则存在争议。并且，燃气爆炸事故的原因往往较为复杂，可能涉及燃气经营者、燃气用户、房屋开发建设单位等多方主体，上述主体是否成立共同侵权，在司法实践中往往难以判断。本案例对室内燃气爆炸事故中侵权责任的归责原则、过错责任的具体适用、共同侵权行为认定等问题可起到示范作用。

1. 归责原则：无过错危险责任与过错责任之辨析

占有或者使用易燃、易爆、剧毒、放射性等高度危险物造成他人损害的，占有人或者使用人应当承担侵权责任。面对现代社会各种风险，立法特此规定了高度危险责任，属于无过错责任范畴。但室内燃气事故在责任主体、工作或活动的危险性等要件上不符合高度危险责任，不能适用无过错责任。

高度危险指超出一般范畴的“生活风险”，尽到最大谨慎义务仍不能避免损害发生，风险的发生具有经常性，损害的后果具有严重性等。① 燃气属于易燃、易爆物，一般认为属于高度危险物品。而根据相关国家设计规范，住宅内各类用气设备应使用低压燃气，居民室内的燃气具有低压属性，发生泄漏及爆炸、火灾、中毒事故的概率较低，只要使用人尽到相应的注意义务，完全可以避免损害的发生。因此，室内燃气事故应适用一般过错责任作为归责原则。

2. 燃气经营者、燃气用户的过错责任适用

如前文所述，室内燃气事故采用一般过错责任的归责原则，对燃气经营者、用户等主体因故意、过失等导致损害发生的，应承担赔偿责任。

(1) 燃气用户的注意义务

行为人的注意义务，应当以善良管理人的注意（抽象的轻过失）为准。② 燃气用户是室内燃气的占用人、使用人，《城镇燃气管理条例》第二十七条规定，燃气用户应当遵守安全用气规则，使用合格的燃气燃烧器具和气瓶等。燃气用户在使用燃气过程中，应当按照安全用气的要求使用、操作燃气设备，采取合理措施防止安全隐患方式，譬如定期更换灶具、软管，用气完毕后关闭阀门，安装燃气报警装置，发生泄漏后合理处置并及时报警，等等。

---

① 朱岩：《侵权责任法通论》，法律出版社2011年版，第418～419页。

② 王泽鉴：《侵权行为》，北京大学出版社2009年版，第242页。

（2）燃气经营者的不作为侵权责任

燃气经营者依据国家法律法规的规定以及与燃气用户的合同约定，负有一系列提供燃气服务、保障安全用气的法定积极作为义务及约定积极作为义务。燃气经营者违反上述规定或约定，可能构成不作为侵权。

《城镇燃气管理条例》第十七条规定，燃气经营者应当向燃气用户持续、稳定、安全供应符合国家质量标准的燃气，指导燃气用户安全用气、节约用气，并对燃气设施定期进行安全检查。燃气经营者应当公示业务流程、服务承诺、收费标准和服务热线等信息，并按照国家燃气服务标准提供服务。根据该条规定，燃气经营者负有提供符合质量标准的燃气、进行安全检查的法定义务。燃气经营者违反上述规定，即可认为行为具有违法性，并且可以推定其存在过失。

燃气经营者与用户通过订立燃气服务合同成立合同关系，在合同中，燃气经营者负担为燃气用户提供燃气服务和安全保障的义务，燃气经营者违反合同约定，在符合侵权责任构成要件的情况下，构成违约责任和侵权责任的竞合。

3. 室内燃气事故中共同侵权认定的思考

室内燃气事故引发的侵权之诉，往往涉及多方主体，除燃气经营者、燃气用户外，一般还包括房屋开发建设单位、物业公司等，各主体均负有一定的维护义务，可能成立共同侵权。

公共管道部分燃气应属于小区业主共有，小区的物业服务企业根据物业服务合同的约定，对共有部分的设施具有管理、维护的义务。房屋开发建设单位在房屋建设铺设燃气管道时，依据相关规定，承担相应的配合、验收义务。

在发生共同侵权时，在进行具体共同侵权类型划分时，因燃气事故往往难以明确具体的原因，因果关系认定存在困难，司法实践中往往难以做出判断。笔者认为，如能够确定责任大小的，则各自承担相应的责任。但如果无法界定各主体单独加害行为在多大程度上导致了损害的发生，应以最大程度保护受害人为目的，仍然推定每个行为与整个损害后果之间存在因果关系，由各主体承担连带的赔偿责任。

编写人：北京市通州区人民法院　许多清　燕若瑜

54

因建筑物等设施脱落、坠落造成他人损害责任认定

——李某诉柏丽酒店等物件脱落、坠落损害责任案

【案件基本信息】

1. 裁判书字号

四川省成都市中级人民法院（2019）川01民终20121号民事判决书

2. 案由：物件脱落、坠落损害责任纠纷

3. 当事人

原告（被上诉人）：李某

被告（上诉人）：柏丽酒店

被告（被上诉人）：蛟龙投资公司、蛟龙物业公司

【基本案情】

蛟龙投资公司系柏丽酒店的业主。2018年1月1日，蛟龙投资公司与蛟龙物业公司签订《物业管理委托合同》，约定蛟龙投资公司将蛟龙金座小区委托蛟龙物业公司进行物业管理。委托管理事项包括房屋建筑共用部位的维修、养护和管理，具体部位包括楼盖、屋顶、外墙面、承重结构、楼梯间、走廊通道、门厅、保安监察亭，其中每季度检查1次外墙贴饰面或抹灰、屋檐、阳台、雨罩、空调室外机支撑构件等；委托期限为3年，自2018年1月1日起至2020年12月31日止。

2018年5月11日，李某在前往补课的途中经过柏丽酒店门口时，被柏丽酒店所在建筑二楼顶部脱落的外墙大理石砖砸中头部，当场昏迷。随后，李某被送至双流区中医院进行治疗。当日，因病情严重转至四川大学华西医院上锦院区进行住院治疗至2018年5月21日。出院诊断为：左顶部开放性颅脑损伤，左顶急性硬膜外血肿、左顶骨折、左顶部头皮挫裂伤。2018年5月21日，李某至四川省司法警官总医院住院治疗至2018年6月16日出院。

在李某治疗期间，共产生医疗费54109.97元，其中蛟龙投资公司垫付43728.97元，李某垫付10381元。2018年12月26日，根据李某的法定代理人的申请，四川西南司法鉴定中心出具鉴定意见书，载明李某的脑外伤为十级伤残，李某为此支付鉴定费3150元。

【案件焦点】

1. 蛟龙投资公司、蛟龙物业公司及柏丽酒店是否应当对李某承担赔偿责任；2. 李某主张的各项损失是否应当支持。

【法院裁判要旨】

四川省成都市双流区人民法院经审理认为：蛟龙物业公司作为蛟龙金座小区的物业管理人，对蛟龙金座小区的外墙瓷砖负有日常安全管理、维修、养护之职责，但其并未提交任何证据证明其已经尽到物业安全管理义务，且蛟龙物业公司疏于管理，未及时发现、排除隐患，导致案涉脱落的外墙瓷砖砸伤李某。故蛟龙物业公司未尽到管理责任是导致事故发生的主要原因，其应当对李某承担主要赔偿责任。

蛟龙投资公司作为蛟龙金座小区的业主，负有防止该建筑物不得对他人造成损害、及时排除安全隐患等职责。但在无证据证明存在外力影响的情况下，蛟龙金座小区的外墙瓷砖自行脱落，从而导致李某被砸伤。故蛟龙投资公司作为建筑物的所有人，对事故的发生也存在过错。至于蛟龙投资公司已委托蛟龙物业公司对蛟龙金座小区进行物业管理，系蛟龙投资公司与蛟龙物业公司之间内部的问题，不能以此抗辩无过错的李某的赔偿主张，故蛟龙投资公司对李某应当承担次要赔偿责任。

此外，虽然柏丽酒店的经营场所为室内，但砸伤李某的瓷砖系自柏丽酒店使用的房屋外墙脱落；且根据现场照片显示，柏丽酒店也在脱落瓷砖部位的外墙处悬挂了柏丽酒店的招牌，其并非完全未使用房屋外墙部分。因此，作为案涉房屋外墙的使用人，柏丽酒店与蛟龙物业公司共同负有对案涉外墙瓷砖日常安全管理，及时排除使用建筑范围内的安全隐患之职责，在发现安全隐患后，柏丽酒店应及时报告、处理。但因柏丽酒店并未举证证明其已尽到安全管理职责，故也应当对李某承担次要赔偿责任。

四川省成都市双流区人民法院依照《中华人民共和国侵权责任法》第六条、第十六条、第八十五条，《最高人民法院关于审理人身损害赔偿案件适用法律若干问题的解释》第十八条、第十九条、第二十一条、第二十二条、第二十三条、第二十四条、第二十五条之规定，判决如下：

一、蛟龙物业公司于本判决生效之日起十日内向李某赔偿各项损失共计69722.21元；

二、柏丽酒店于本判决生效之日起十日内向李某赔偿各项损失共计20020.8元；

三、蛟龙物业公司于本判决生效之日起十日内向蛟龙投资公司返还垫付的费用23708.17元。

二审法院同意一审法院裁判意见。

【法官后语】

本案的裁判规则为：(1) 因建筑物等设施脱落、坠落造成他人损害，所有人、管理人或者使用人不能证明自己没有过错的，应根据其过错大小、与损害发生的因果关系程度、与设施的接触度等按份承担侵权责任；(2) 建筑物等设施的所有人不因将建筑物等设施委托给专业物业管理机构而当然免除其安全管理责任，在其不能证明自己没有过错时，仍应根据过错推定原则承担相适应的侵权责任。

1. 侵权责任领域的连带责任需要法律的明确规定

在侵权法领域，连带责任是一种法定责任，其具有法定性，司法机关在裁判确定承担连带责任时，也必须以有法律规定为明确前提。本案中，因为法律并没有明确所有人、管理人或者使用人承担的是连带责任，所以承办人在裁判时也不能认定蛟龙投资公司、蛟龙物业公司、柏丽酒店对李某的损害承担连带责任。

那么根据侵权行为承担责任的一般原则，此时根据所有人、管理人或者使用人在事件中的过错大小、与损害发生的因果关系程度、与设施的接触度等按份承担侵权责任既具有合理性也具有可操作性。蛟龙物业公司作为专业的物业管理公司，应当定期巡视外墙，排除隐患，而不应以管理范围超出其管理能力为由置之不理，现案涉建筑物的外墙砖出现脱落致人损害，判定蛟龙物业公司承担主要责任（70%）并无不妥。柏丽酒店作为案涉建筑物的使用人，对设施的接触度最高，并且其还在脱落瓷砖的外墙处悬挂了招牌，并非完全没有使用案涉建筑物的外墙部分，但鉴于其过错大小、与损害发生的因果关系程度较之蛟龙物业公司为轻，所以裁判其承担

15%的责任也无不妥。

2. 建筑物等设施的所有人承担的安全管理职责不因其将该职责委托给其他机构即当然免责

当前一些建筑物业主聘请专业的物业管理机构对建筑物等进行管理已成为常态，那么此时如果发生建筑物等设施脱落、坠落致人损害时，建筑物所有人并非当然能够免除责任。理由如下：(1) 权利与义务应当相对等，作为所有权的享有者，在享有其权利的同时，也应当承担相对等的义务。本案中，蛟龙投资公司作为案涉建筑物的业主，负有防止该建筑物不得对他人造成损害的义务，这项义务不因其委托蛟龙物业公司进行管理而免除。(2) 蛟龙投资公司与蛟龙物业公司之间就责任承担有事前约定，但这项约定仅具有内部效力，不可对抗受害人李某的主张。(3) 根据过错推定原则，在蛟龙投资公司没有证明自己在维护或者管理案涉建筑物方面不存在过错的情况下，推定其依法承担次要责任与本案案情相适宜。(4) 从社会效果上来看，建筑物等设施的所有人委托专业物业管理机构进行管理，不应当成为所有人转嫁风险的手段和途径，此案的处理能够警示建筑物等设施的所有人，即使委托了专业物业管理机构，也不可以当“甩手掌柜”，该尽到的安全管理义务仍应尽到，否则就可能承担相对应的责任。

编写人：四川省成都市双流区人民法院　黎莎

55

高空坠物案件中物业公司责任的认定

——某保险公司诉啾咪物业江阴分公司等保险人代位求偿案

【案件基本信息】

1. 裁判书字号

江苏省江阴市人民法院（2019）苏0281民初4048号民事判决书

2. 案由：保险人代位求偿权纠纷

3. 当事人

原告：某保险公司

被告：啾咪物业江阴分公司、啾咪物业公司、殷某、韩某

【基本案情】

苏B×车辆在某保险公司投保了车损险，被保险人为韩某。苏B×车辆因玻璃坠落致损9220元，某保险公司根据韩某的索赔申请承担了保险理赔责任。

另查明，2018年8月30日10时韩某将涉案车辆停放在小区×幢楼下停车位上，8月31日9时许去开车时发现高空坠物将其车子砸坏，造成车身、前后挡风玻璃有损坏，后民警陪同其至小区×幢×室，发现阳台顶上的一块玻璃有破损。审理中，法院工作人员向出警民警刘×作谈话笔录一份，刘×陈述：上述情况说明系根据实际情况出具，事故发生时，涉案车辆周围没有围挡障碍物。2018年9月4日，啾咪物业江阴分公司出具情况说明一份，内容如下：2018年8月31日上午，巡逻岗巡视小区至×单元楼下，发现车牌苏B×车辆前后车窗已经破损，查询车辆信息后通知业主。业主查看后进行报警处理，民警到场后巡逻岗陪同各楼层查看，发现是×室殷某家玻璃炸裂掉落砸车导致（8月23日就有玻璃破损掉落砸车的情况）。审理中，四被告一致确认事发当天玻璃房正下方的停车位并无禁止停车的围挡及任何警示牌的事实。殷某系小区×室的所有权人，登记时间为2012年6月28日。殷某本人认可涉案车损系其阳光房玻璃坠落所致。

再查明，2018年6月30日，小区业主委员会（甲方）与啾咪物业江阴分公司（乙方）签订《物业服务合同》一份，第二条约定：在物业管理区域内，乙方提供的物业管理服务包括以下内容：车辆停放及交通秩序管理；公共秩序维护、安全防范等事项的协助管理。啾咪物业江阴分公司系啾咪物业公司在江阴设立的分公司。

某保险公司诉至法院，请求判令四被告赔偿9220元。

【案件焦点】

1. 涉案车损责任承担主体；2. 各责任主体应承担的赔偿份额。

【法院裁判要旨】

江苏省江阴市人民法院经审理认为：关于争议焦点一，殷某作为小区业主，违

章搭建阳光玻璃房，对其他业主的人身、财产安全产生了潜在的隐患，且2018年8月23日其玻璃房就曾发生玻璃坠落砸坏车辆的情况，殷某理应对此引起足够的重视，及时拆除破损的玻璃，但其未采取措施防止事故的再次发生。综上，殷某违章搭建玻璃房，疏于采取及时有效措施防止事故的再次发生是造成本次事故的主要原因，应承担赔偿责任。

根据《物业服务合同》约定，啾咪物业江阴分公司应做好公共秩序维护、安全防范等事项的协助管理工作。啾咪物业江阴分公司作为小区的物业管理人，对小区安全负有保障义务，理应加强小区内安全管理，预防事故发生。根据合同约定，其负有提醒和协助殷某及时拆除违章搭建的阳光房并谨防玻璃坠落、监督和制止车主在玻璃坠落处停车的义务，啾咪物业江阴分公司疏于管理，存在监管不力的过错，与车损存在一定的因果关系。虽然啾咪物业江阴分公司在2018年8月23日玻璃坠落砸坏车辆后在玻璃房下方的停车位上放置了花箱围挡，但其未严格监管阻止他人移走围挡，采取的措施不足以完全排除安全隐患，综上，其未能尽到根本安保义务是事故发生的次要原因，应承担赔偿责任。

韩某对本次事故的发生不具有可预见性，其系在正常车位停放车辆，且本案并无证据证明其知道或应当知道其停放车辆的行为可能导致车辆被玻璃砸损的后果，故其停车行为与车损的发生不存在因果联系，无需承担赔偿责任。

关于争议焦点二，作为本案赔偿责任的承担主体，殷某、啾咪物业江阴分公司不符合承担连带责任的法定情形，应依照各自的过错及原因力比例承担相应的赔偿份额。结合事故发生的原因及啾咪物业江阴分公司、殷某在事故中的主观过错程度，判令殷某承担车辆损失80%的责任，啾咪物业江阴分公司承担20%的责任。因啾咪物业江阴分公司不具有独立的法人资格，故啾咪物业公司应对啾咪物业江阴分公司不能清偿的部分承担补充清偿责任。

江苏省江阴市人民法院依照《中华人民共和国保险法》第六十条第一款，《中华人民共和国侵权责任法》第十二条、第八十五条及《中华人民共和国公司法》第十四条第一款之规定，作出如下判决：

一、殷某应于本判决发生法律效力之日起十日内支付某保险公司保险理赔款7376元；

二、啾咪物业江阴分公司应于本判决发生法律效力之日起十日内支付某保险公司保险理赔款 1844 元，啾咪物业公司对啾咪物业江阴分公司不能清偿的部分承担补充清偿责任；

三、驳回某保险公司的其他诉讼请求。

【法官后语】

本案系一起典型的责任主体明确的高空坠物案件，难点在于如何确定物业公司的责任。

近年来，高空坠物事件不断发生，严重威胁着人民群众“头顶上的安全”，最高人民法院对此也高度重视，2019 年 10 月 21 日公布了《关于依法妥善审理高空抛物、坠物案件的意见》（以下简称《意见》），《意见》第十二点明确指出要“依法确定物业服务企业的责任”。《中华人民共和国民法典》第一千二百五十三条规定，建筑物、构筑物或者其他设施及其搁置物、悬挂物发生脱落、坠落造成他人损害，所有人、管理人或者使用人不能证明自己没有过错的，应当承担侵权责任。所有人、管理人或者使用人赔偿后，有其他责任人的，有权向其他责任人追偿。作为建筑物、构筑物的管理人，物业公司根据法律规定及合同约定承担安保义务，这种义务可以高度概括为维修、养护、管理、维护四个方面，这四个方面又可以区分为两个层次：第一个层次是“对物的管理”，第二个层次是“对人的管理”，即当部分业主不当行使专有权，对其他业主构成妨害或者侵害业主的共同利益时，物业公司有义务对其进行提示和制止，本案业主就属于典型的不当行使专有权的情形。

我国对物业公司违反安保义务的法律认定适用的是过错推定原则，若物业公司不能举证证明其已充分尽到安保义务，就应依据过错程度承担违约责任。然而，如何判断物业公司是否完全尽到了安保义务并合理确定物业公司应承担的责任份额，相关法律未作明确规定，该问题涉及事实判断与价值判断的交错，司法裁判也缺乏统一性。本案法官在裁判时，主要考虑了以下几个因素：

（1）是否具有注意义务，判断物业公司对危险是否具有注意义务的标准是法律的规定或合同约定，若不属于法定或约定的注意义务，则物业公司就不具备可苛责性。（2）是否具备管理人法定资质，这要综合考察物业公司是否具备作为管理人相关资质条件、管理时间、管理水平，能否保障辖区内业主基本的人身、财产安全，满足业主的合理信赖。（3）是否理应提前预见到危险发生，在判断标准上应当以物业公司应当达到的通常注意程度或以诚信善良的管理人应当达到的注意程度来进行判定。(4) 是否采取了根本的安保预防措施，物业公司在危险发生前是否采取了充分的安保措施预防危险的发生，既包括安保人员及设施的配备、安保制度的建立、安保制度的落实，也包括当部分业主不当行使专有权，物业公司采取根本措施对其进行的提示和制止。(5) 与危险发生的关联程度。具体来讲，要先分析导致危险发生的原因有哪几个，进而区分主要原因和次要原因，然后再结合物业公司是否采取了措施或采取措施的有效性、根本性程度来认定其过错程度，最终结合过错程度及原因力比例确定其应承担的赔偿份额。

本案中，物业公司具有法定和约定的安全防范义务，在类似砸车事故已经发生一次的情况下，其理应预见危险的再次发生，采取根本的防范措施，虽然其采取了设置围挡的防范措施，但该措施不足以完全排除安全隐患的发生，其未从根本上尽到提示、制止、监管义务是事故发生的次要原因，综上，根据过错程度和事故发生的原因力比例，判定物业公司承担本案损失20%的责任。

虽然本案审结于《意见》出台之前，但裁判规则与《意见》传达的精神基本契合，进一步厘清了高空坠物案件中确定物业公司责任范围时应重点关注和考量的若干因素，对此类案件的审理具有较好的借鉴意义。

编写人：江苏省江阴市人民法院　王芳　徐芝若　郁明明

图书在版编目（CIP）数据

中国法院2021年度案例．侵权赔偿纠纷／国家法官学院，最高人民法院司法案例研究院编．—北京：中国法制出版社，2021.4

ISBN 978－7－5216－1724－5

Ⅰ．①中…　Ⅱ．①国…②最…　Ⅲ．①侵权行为－赔偿－民事纠纷－案例－汇编－中国　Ⅳ．①D920.5

中国版本图书馆CIP数据核字（2021）第045800号

策划编辑：李小草（lixiaocao2008@sina.cn）

责任编辑：韩璐玮　赵律玮　　　封面设计：温培英　李宁

中国法院2021年度案例．侵权赔偿纠纷

ZHONGGUO FAYUAN 2021 NIANDU ANLI. QINQUAN PEICHANG JIUFEN

编者/国家法官学院，最高人民法院司法案例研究院

经销/新华书店

印刷/三河市紫恒印装有限公司

开本/730毫米×1030毫米　16开　　　印张/13.75　字数/181千

版次/2021年4月第1版　　　2021年4月第1次印刷

中国法制出版社出版

书号ISBN 978－7－5216－1724－5　　　定价：53.00元

北京西单横二条2号

邮政编码100031　　　传真：010－66031119

网址：http：//www.zgfzs.com　　　**编辑部电话：010－66071862**

市场营销部电话：010－66033393　　　**邮购部电话：010－66033288**

（如有印装质量问题，请与本社印务部联系调换。电话：010－66032926）